多少往事堪重數

百年歷史餘溫 1890—1990

蔡登山——著

名家推薦

白先勇（加州大學榮退教授）

董橋（作家）

陳子善（華東師大教授）

許禮平（出版家）

王安祈（臺大講座教授、國光劇團劇作家）

朱嘉雯（臺灣紅樓夢研究學會會長、東華大學華語文中心主任）

多少往事堪重數〈代序〉

幾年前在董橋先生所主持的香港《蘋果日報》的副刊〈蘋果樹下〉寫專欄文章，起初並無主題，寫的都是些舊人舊事。之後在深圳《晶報》也開了專欄，還有廣州的《南方都市報》、北京、青島等地的報紙也陸續寫了一些。非常感謝香港的林道群先生、深圳的胡洪俠先生，還有其他報紙的編輯。因為是報紙的專欄，字數有限，文字必須更為簡鍊，內容必須生動，而言必有據，因此寫起來是比長文更為不易。而為讓讀者有新鮮感，題材就不限於一隅，從晚清到民國；從學人到伶人；從政治家到藝術家，包羅萬象。只要有一德之足式，或有一藝之堪賞，或有一言之可傳，都是我書寫的題材。

這些文章在編輯成書時，頗難分類，因此就讓它「大珠小珠落玉盤」，由讀者自己去串起。簡體書出版時挑選五十篇，繁體書增加到七十二篇。重數往事，從新發現的資料，或新的視角，確實可以看出不同的人生風景！雖只是鼎臠一嚐，但也足以讓您回味無窮！

感謝兩岸三地的師長友朋的推薦，白先勇教授、董橋先生、陳子善教授、許禮平先生、王安祈教授、朱嘉雯教授，他們或是著名的小說家、作家、收藏家、掌故家、史料家、劇作家，聲名卓著，有目共睹。承蒙他們的推薦，提攜鼓舞之意，銘記在心，不敢或忘。尤其是董橋先生當年不僅提供版面，刊登拙作。在本書付梓之前，更百忙中撰寫推薦語，唯有更加精進努力，以報其厚愛之心。

※　※　※

歷史是由許多的人與事構成的，這些人與事可謂複雜而多端。因此面對如此情況，「秉筆」寫歷史的史家如何「直書」，一直以來就是值得思考的問題。即如世稱良史的司馬遷，他書中所言的史事，鑿如目前，而這果如鑿鑿乎？實在不能不令人有此疑問。等而下之者，如「史傳」中的本紀列傳、「家傳」的事略行狀、甚至「自傳」的回憶錄、口述歷史等等，常常不是失之於略，便是病之於蔽，甚至於詭譎虛假，顛倒是非，不一而足。

觀之史書，常常囿於成王敗寇，子為父隱，以致相互標榜，自我誇飾；甚且文過飾非，出入主奴；重之以「名分」、「名教」那一套「跋前疐後」之瞻顧與諱忌，自不免難盡所言。更難的是在是非曲直的拿捏，無法恰如其份地暢所欲言，於是在「信而有徵」的成分上，自然大打折扣。難道真的三代以來無「信」史乎？這說法固然不免有欠公允，其言也過激，然孟子早已有「盡信書不如無書」之歎，是歷史之不可盡信之說，其來有自矣。

晚清到民國，可說是我國有史以來之大變局，不僅是從數千年專制到新創共和的政體大改變，也是中西潮流相激相盪的時刻。其間魁儒傑士、巨蠹神奸、巾幗英妙、山市隱淪、草莽豪俊，層出不窮；他們或懷利器而通顯，或抱絕學而潛藏，或夤緣而致青雲，或孤芳而溷塵土。面對這些人與事，或有一德之足式，或有一藝之堪賞，或有一言之可傳，都是書寫的大好題材。

然而一般為歷史人物寫傳，多用傳主之奏摺、文集以及實錄、上諭中的有關記載。這樣的傳記，從形式到內容，總給人有種千篇一律、千人一面的感覺，而且內容乾巴巴的，一點都不生動。倒不如稗雜者流之所記，儘可無拘無束、不瞻不徇，使人物有血有肉，有聲有色。然而這些稗雜者流之所記，也犯了一個嚴重的弊病，那就是游談之雄，好為捕風捉影之說，故事隨意出入，資其裝點。因此晚清金梁在三〇年代編寫《近世人物志》的前言，就有「欲考人物，僅憑正傳，既嫌過略；兼述野史，又慮傳誤；皆不必盡為信史也。」之歎。於是他花了許多氣力，用了大量時間，將翁同龢的《翁文恭日記》、李慈銘的《越縵堂日記》、王闓運的《湘綺樓日記》、葉昌熾的《緣督廬日記》，這四部號稱「晚清四大日記」中所記載的人物，按時日先後，整理排比，編成《近世人物志》。這些日記常流露出作者對所記人物的毀譽，對所發生事件之評論，如《越縵堂日記》不僅忠實記載李慈銘和樊增祥之間亦師亦友的關係，也暴露了南北兩派清流之間互相鄙視，彼此拆臺，鉤心鬥角，互不相讓的真實情景。為瞭解這些人物之間錯綜複雜的關係，提供難得的一手珍貴史料。吾輩若能循此線索，證之以清代檔案及清人信札等原始資料，則對晚清人物及其事蹟，當可收探驪得珠之效。

又晚清至民國，掌故隨筆一類的筆記雜著為數極多，但多為耳食之談，謬悠之說，其中能以淵博翔實及議論精闢見稱於時者，當推黃濬（秋岳）所撰的《花隨人聖盦摭憶》一書為翹楚。該書對晚清以迄民國，近百年間的諸多大事，如甲午戰爭、戊戌變法、洋務運動、洪憲稱帝、張勳復辟均有涉及。內容不僅廣徵博引，雜採時人文集、筆記、日記、書札、公牘、密電，因作者身分的特殊且多自身經歷，耳聞目睹，議輪識見不凡，加之文筆優美，讀之有味，被認為民國筆記的前茅。掌故大家瞿兌之推崇該書謂比之於洪邁的《容齋隨筆》，絕不遜色。而該書也頗受史家陳寅恪的青睞，後來旅美學人楊聯陞、房兆楹亦極力推薦，咸認其不但史料價值極高，而且是近五十年來以文言文所寫筆記的第一流著作。

學者趙益說：「《摭憶》一書，不僅能於晚清掌故一網殆盡，尤能知其人、同其情，因此述事或不儘然，議論則往往中的。……黃氏能做到這一點，一半是本人博聞強識、深明故實之學識使然，另一半則是與其平生遭遇相關。黃氏早年入京師學堂時，變故尚未發生，猶能親睹舊清之貌；鼎革之後，又以少年雋才見賞於梁任公、樊樊山、易實甫、俞恪士、陳石遺等老輩，……瞿兌之嘗謂掌故學者，既必須學識過人，又得深受老輩薰陶，並能夠眼見許多舊時代的產物。所有這些，黃氏可以說都已具備。見聞既富，體會並深，左右逢源，遂能深造自得。」

晚清至民國，百餘年間，多少人物及往事，在「雨打風吹」下，已「風雲流散」了。而剩下為市井之所流播的，里巷之所咨嗟者，又語多不實，甚至顛倒是非，厚誣古人。例如一九三二年的「王賡獻地圖」和一九三一年「張學良伴舞失東北」一樣，鬧得滿城風雨。當時馬君武寫了〈哀瀋陽〉二首，大大地譏諷了張學良「瀋陽已陷休回顧，更抱佳人舞幾回。」；無獨有偶的，北平燕京大學教授鄧之誠，也以「五石」的筆名，寫了一首〈後鴛湖曲〉，大大譏刺王賡為了和陸小曼幽會而丟失地圖之事。對此，陳定山在《春申舊聞》書中就說：「九一八事變，東北五省一夕失守，報紙喧騰，謂張學良與胡蝶共舞。其實胡蝶於時已戀有聲（案：潘有聲），事變之夕，胡蝶並未離開上海，此與一二八事變，謠言陸小曼與王賡者，事出一轍。美人禍水，常被後人歪曲描畫，點綴歷史。其實：『吳亡何預西施事，一舸鴟夷浪費猜。』千古沉冤，正恨無人洗刷耳。」

歷史在於「信而有徵」，對此不實之事，吾人當為之考辨、為之翻案。「多少往事堪重數」，「重數」之目的，在求信以俟徵。孔子說：「信則吾能徵之矣」，苟若我輩今日不為之，則年遠代湮，又何以徵於後且信於後乎？

目次

「文」與「人」的糾葛

我們常聽人說起「文如其人」或「人如其文」一類的話，但在實際上這「文」與「人」有著千絲萬縷的糾葛。不論過去、現在或未來，不論任何人，都不可能完全掌握「文」，只能無限地走近；因此要透過「文」去了解「人」，其實是有其難度的。至於「人」之相知，難也。儘管有作者的自白、親友的旁述、評論家的月旦，似乎也只能得到一個側影。何況其漫長的一生，還有其波瀾起伏、曲折變幻的不同面影。

再則「作品」與「人品」對某些人而言，似乎很難劃上等號的。例如在二、三〇年代，周作人的抒情散文，為人所津津樂道，有所謂的「啟明體」，它與「魯迅風」是截然不同的。「閒適小品」成了周作人的註冊商標。人們似乎忽略了他雜文的成就，也很難想像他也有「浮躁凌厲」的一面。但同為「五四」時代的溫源寧在評價周作人時，就說他有「鐵與溫雅」。其中「溫雅」的部分是大眾所熟知的周作人形象，至於「鐵」的部分，恐非如溫源寧之觀察入微而實際有接觸的人所不能了解的。溫源寧說：「周先生還有另外一面，我們切莫忘記。他大有鐵似的毅力。他那緊閉的嘴唇，加上濃密的鬍子，便是堅決之貌。他潔身自好，任何糾葛，他都不願插足，然而，一旦插足，那個攔阻他的人就倒霉了！他打擊敵手，又快又穩，再加上又準又狠，打一下子就蠻夠了。」也就是說一向給人感覺「平和沖淡」的周作人，有時卻有著「深刻潑辣」的一面，周作人自己也說：「平常喜歡和淡的文章思想，但有時亦嗜極辛辣的，有掐臂見血的痛感。」表明了他一旦憤怒起來，會「抓到事件的核心，彷彿把指甲狠狠地掐進肉裏去的」。這顯示出他和魯迅一樣都有浙東地方性格中的「硬氣」，只是它被「刻意」地掩蓋起來罷了。

據統計，自一九一八年至一九三〇年間，周作人自編文集未收的就有四百餘篇，而這些散見於《晨報》《晨報副刊》《語絲》《京報副刊》《世界日報‧副刊》等的文章，更能看出周作人早期思想及文學道路的發展與轉變。當然在這些文章中，大部分是頗為「辛辣」的「罵人」文章，只是後來他不願這些「少壯勇且厲」的文章，收入自編文集中，而強迫人們只認識他「平和沖淡」的一面。周作人是個複雜的人物，他斑雜的思想是需做整體的考察，而從他自己刪削的大量集外遺文，你才能看到作家的另一面！你才能印證他思想駁雜的一面！

正如他後來扮演一個「附逆」的尷尬角色，在對日抗戰中，他成了日本侵略者的幫兇，都是需要被正視的問題，而不能因為他文學上的成就而輕輕放過，這是大是大非的事。歷史是不能假設的，否則設若周作人在八道灣客廳遭暗殺時，設若那銅扣沒有擋住子彈，那就沒有後來成為「漢奸」的情節，他那些早就存在的「頹廢的歷史觀」將無所附麗，是這些對歷史悲劇性循環的無可奈何，難有作為的嘆息，蒸發出一股銷蝕鬥志的冷氣，也因此而引墮到「苟全性命於亂世」的政治漩渦中，一切是其來有自的。這不禁使我們想起白居易的著名詩句：「假使當年身便死，一生真偽有誰知！」是的，假使周作人當年身死，則後面「附逆」的事，無從發生，剩下的只是功成名就。但造化弄人，終究讓我們看清了周作人的另一面。

同樣在二〇〇九年八月去世的國際著名的道藏學者——柳存仁教授是一位傑出的學者，是華人漢學界「宗師」級的人物。學者余英時都讚佩其治學精神說：「他的著作，無論是偏重分析還是綜合，都嚴密到了極點，也慎重到了極點。我在他的文字中從來沒有看見過一句武斷的話。胡適曾引宋人官箴『勤、謹、和、緩』四字來說明現代人做學問的態度，柳先生可以說是每一個字都做到了。」

但瞭解上世紀四〇年代上海淪陷時期文學的人都知道，柳存仁曾以柳雨生之名，活躍於當時的文化界，是一附逆文人。柳存仁在早期寫的自傳裡說，「存仁」，是舅公左子興秉隆為他取的名字，至於「雨生」則是後來上海友人星卜家袁樹珊為他取的，袁樹珊說他五行缺水，遂取名雨生。柳存仁後來，對他早年經歷是諱莫如深的。有訪談者問起他抗戰期間在上海的歷史，他總是不著一語。他的友人對此段經歷也是避而不談。二〇〇七年四月十一日上午筆者在臺北南港中央研究院文哲研究所參考書室見到已九十高齡的柳教授，身體還算硬朗，慈祥溫和，聊了一會他對小說史及道教史的研究，我邀其把近年發表的論文結集出書，他表示需要有時間整理，對於學術研究，他總是一絲不苟的。我當然也不敢觸及他的忌諱，談他早年的經歷。但歷史是不容回避的，尤其對於一個人，我們總不能稱頌其英雄光輝的歲月，而掩飾其怯懦不光彩的時刻，否則都是失真而不全面的。對於柳存仁教授，我也是做如是觀。他在淪陷時期上海文壇的失足，歷史自有其是非功過的評定；而他遷居海外，多年來一直在異域堅持研究和張揚中國文學與中國文化，成績斐然，這也是事實。從柳雨生到柳存仁，正反映出中國知識份子在二十世紀的時代巨變中的一種出處選擇。而「一生兩世」也正是他生命歷程的概括。

要了解一個人，並非易事。尤其是身處大時代的變局中，仕與隱、出與藏，在在都是艱難的選擇。愛國與叛國常在一念之間，弄不好常常會「一生分作兩回人」。就像汪精衛當年「引刀成一快」何其豪氣干雲，但到後來居然落到一個如此的下場。因之我們在評價一個人一定要看全面，大陸學者僅批判柳雨生的附敵與海外學者只頌揚柳存仁的成就，都失之於未窺全豹。同樣看周作人的作品而不談其集外遺文，亦不免侷限於一隅。至於「文」與「人」之間還有著千絲萬縷的糾葛，不可等閒視之。

「同學」之說的誤讀

中國人喜歡攀親帶故的，以顯得相互間有交情，或是格外親切，例如常說「同鄉」、「同姓」、「同宗」、「同學」、「同窗」等等。而早年科舉尚未廢除之際，還有「同科」、「同榜」等之稱呼。其中「同科」、「同榜」因有時間上的界定，顯得較為精準；而「同學」、「同窗」，則無時間地點上的界定，就顯得相當籠統，加上中國人常常「一表三千里」，許多狀況都可拉在一起，因此後人在解讀時常常會「誤判」情勢，做出錯誤的解讀。

其中最大的謊言，是說嚴復與伊藤博文是留學英國的同學，錢基博的《現代中國文學史》說：「光緒二年，派赴英國海軍學校，肄戰術及炮臺建築諸學，是時日本亦始遣人留學西洋，伊藤相、大隈伯之倫皆其選；而復試輒最上第。……比學成歸，……教授北洋水師學堂。復見朝野玩愒，而日本同學歸者，既用事圖強，徑翦琉球，則大戚！」。當然錢基博是本諸於陳寶琛的說法，而將其「日本同學」，具體化為伊藤博文、大隈重信二人。而後以訛傳訛，嚴復與伊藤博文為「同學」，廣為流傳，幾成定論。另有學者又引用近年發現的嚴復致梁啟超信云：「憶昔居英倫時，與日人伊藤博文氏同窗數載，各與國事皆有同感。」，來坐實此一事件（但有學者已證明此信為偽作）。其實伊藤博文一八六三至一八六四年在英國學習海軍，當時嚴復才十一二歲，尚未進入船政學堂。嚴復遲至一八七七至一八七九年才作為福州船政學堂第一屆畢業生在英國留學。因此兩人根本不可能在英國同學。再者當時船政局派出與嚴復同為留英學生有十數人，卻從未見劉步蟾、林泰曾、羅豐祿等與伊藤博文「同學」的傳聞。偽造的致梁啟超信其用意在下面的幾句話：「然伊公回國後，所學竟成大用。而吾兄返國後，與香濤督都首次晤面即遭冷遇。此後始終寄人籬下，不獲一展所長。相形之下，彼此何懸殊之甚耶？」。這完全是為了對比出嚴復的「懷才不遇」，不惜「捏造」與伊藤博文「同學」之說。

名編輯家、作家周黎庵一九三五年在蘇州東吳大學唸書，當時東吳大學的學生很多是顯貴的子弟，大都是北伐成功後要人的第二代，他們把子弟送入這所教會大學而不去國立大學，原因是他們以為教會大學校規嚴，蘇州沒有聲色犬馬之場，而且學費昂貴，一般窮小子進不了，可免赤色思想的傳染。當時周黎庵的同學中便有位名叫蔣建鎬的，那就是蔣緯國的學名。周黎庵說：「我和緯國猶如《三笑》中的唐伯虎一樣，有好幾個『同』：同學一也，同鄉二也，同級三也，同舍四也，同伍五也，同齡六也，同會七也，同筆八也。」其中「同學」，一般人常會定義為「同班同學」，但周黎庵的定義是比較寬的，當時蔣緯國念的是經濟系，而周黎庵念的是法律系。蔣緯國屬於文學院，周黎庵則屬於法學院，按理說稱不上「同學」，但是有些「必修」課，如歷史課便是同課室聽的，因此周黎庵稱之為「同學」。

一九二八年，儲安平考入了上海的光華大學。儲安平入校時，校長是張壽鏞，文學院院長是張東蓀，中國文學系主任是錢基博，政治學系主任是羅隆基，教育學系主任是廖世承，社會學系主任是潘光旦，都是一時之選。擔任光華教授的有：胡適、徐志摩、吳梅、盧前、蔣維喬、黃任之、江問漁、呂思勉、王造時等等，都是名動四方的大學問家，都是自由主義知識份子的傑出代表。儲安平在校時間是一九二八年至一九三二年，這沒有什麼爭議。有爭議的是他所學的專業。作家戴晴說：「他在光華讀的新聞系。」學者陳子善認為「一九二八年秋，儲安平考入光華大學政治系」。而更多的說法認為儲安平讀的英國文學系，因為根據趙家璧在〈和靳以在一起的日子〉一文中說：「儲安平是我在光華附中、大學讀書時代的同班同學，娶女同學端木新民為妻。」而趙家璧是光華大學英國文學系的學生，既然是「同班同學」，當時是英文系無誤。但據臺灣史料家秦賢次查舊抄教育部檔案，儲安平係一九二八年九月入學「政法系」，當時政法系分為政治組與法律組，因為習法律者出奇地少，政法系旋即改為政治社會系。而在一九三二年畢業那學年，政治社會系已分為政治與社會兩系。儲安平一九三二年六月自「政治系」畢業。

另外有關小說家穆時英的求學過程，也說法不一。據秦賢次的考證：穆時英一九二八年九月，升入光華大學高中部一年級。次年九月，跳級改入文學院特別生。特別生係類似大學之預科或補習班，修滿一年經考試及格後，得入大學一年級。一九三〇年九月，穆時英升入理學院化學系一年級；第二年轉讀國文系一年級，當時國文系系主任為錢基博（錢鍾書之父）。有的學者也因趙家璧的一段話而認為穆時英讀的是光華大學英國文學系，趙家璧回憶說：「那時，我們學校已實行男女同校，新的女生宿舍也蓋起來了，有一個女同學開始和他搞得火熱，隨後把他丟了。於是他把他的生活經歷用表現都市生活的新的技巧手法和意境，創作了這篇富有意識流風格的小說。」那篇小說就是穆時英著名的中篇小說《被當作消遣品的男子》，一九三一年十月二日，由光華大學學長趙家璧收入他第一次主編的成套書《一角叢書》中，引起轟動。

因此「同學」之說，一定要查清楚，是否「同級」、「同科系」、「同班」等等，否則會產生「誤判」，當然最可靠的是查到「同學錄」或學籍資料，那才是「鐵證如山」！

改名換姓的逃生術

武俠小說中的好漢，最常說的一句話是：行不改姓，坐不改名。但到了文人手中，改名換姓，卻成了司空見慣的事了。似乎不取個筆名、弄個別號，甚至用個齋名，就不像個文人。於是有人用了上百個別名、外號，這就讓後來的研究者傷透了腦筋，不得不編個本名、筆名、別號對照的工具書了。

其實說起來作家的筆名，有的是妙手偶得，有的卻是大有來歷。像武俠名家金庸，他本名查良鏞，金庸乃是從「鏞」字拆開而得，誰知後來人們只知金庸，而忘記了他的本名。相同的例子，老舍是從舒慶春的「舒」字而得，曹禺是從萬家寶的「萬」字（拆開為「艸」「禺」）而得。至於魯迅本名周樹人，取名魯迅，是因母親姓魯之故，而「迅」字則有自勉之意。也有人的筆名，是為了紀念或懷人的，像本名李堯棠的巴金，為了紀念在巴黎的沙多吉里小城認識的好友巴恩波，而用他的姓。而本名徐嗣興的路翎，為了情人李露玲和好友兼情敵姚掄達，而取「露」的諧音，加上姚的筆名「彤翎」的「翎」字，成了「路翎」。另外女作家黃英似乎要隱去生命的某些東西，於是她以「不識廬山真面目，只緣身在此山中」，而取名「廬隱」。至於蕭紅、蕭軍都不是他們的本名，那是取「小小紅軍」之意，於是原名張迺瑩、劉鴻霖的兩人，就從此改名換姓了。

中國人好取名號，自古已然。於是除了本名外，還有字、號、堂名等。文人有筆名，藝人有藝名，連尼姑、和尚都有法號。但當這些名字被叫開之後，他們原本的姓名就被人們忘記了。這無疑是一種改名換姓，但純屬附庸風雅，也從無人去追究什麼。

但到了抗戰期間，它卻有種不同的意義了。我們知道從一九四二年到一九四四年間，日本軍國主義的文化機構「日本文學報國會」策劃召開了三次所謂「大東亞文學者大會」，其用意是想對中國淪陷區文學實施干預和滲透，企圖將中國文學拖入「大東亞戰爭」裡。那是日本軍國主義對中國淪陷區實施思想控制和文化殖民化的主要措施。而當時像柳雨生、周化人、錢稻孫、沈啟无、周越然、陶亢德、柳龍光、梅娘等作家，都曾參加過「大東亞戰爭」，柳雨生還是為數不多的三次都參加者之一。他還發表〈告日本文學界〉和〈大東亞戰爭與中國文學的動向〉等文章，對於「大東亞戰爭」、「大東亞共榮圈」，更是直截了當，不厭其煩的進行讚揚和鼓吹。柳雨生更廣為人知的是創辦了《風雨談》雜誌。吸引極多的南北名家，包括包天笑、秦瘦鷗、蘇青、予且、譚惟翰、文載道、周越然、錢公俠、譚正璧、陶亢德、路易士等上海文壇的知名人士，又有北方的文壇名家，如周作人、沈啟无、林榕、南星、莊損衣、朱肇洛、張我軍、聞青、李道靜、瞿兌之、徐凌霄、徐一士等。南京有紀果庵、龍沐勛等人。從作者的陣容而言，《風雨談》無疑是空前巨大的，《風雨談》是「當時上海乃至整個淪陷區最引人注目的大型文學期刊之一」。另外一九四四年柳雨生以敵偽資金接收「太平書局」，凡此等等，使柳雨生成為淪陷時期上海漢奸文學活動的「臺柱」之一。正是由於當時的這些具體表現，他戰後受到中國政府的法律追究，是被以「漢奸文人」罪名緝捕治罪的為數不多的作家之一。極短暫的牢獄之災後，柳雨生到了香港恢復的本名柳存仁，先後任教於香港皇仁書院和羅富國師範學院，後來更獲得了英國倫敦大學哲學博士學位，長期在澳洲國立大學執教，成為國際著名的道藏學者。

同樣的在一九四〇年二月任汪偽中央宣傳組主任，負責汪偽政權文化理論宣傳工作的周化人，後來又任汪偽鐵道部常務次長。一九四一年後，歷任汪偽社會行動指導委員會常委，汪偽廣州市長、汪偽全國經濟委員會委員、上海行政督察專員。抗戰勝利前夕他逃亡吉林，旋被國民政府以漢奸罪通緝，他繼而逃至香港。到香港後他也恢復本名周億孚，嗣後在香港擔任中學教員、大學教授，成為一著名的學者。著有《基督教與中國》、《中國文學史稿》等。直到一九七六年才病卒。

曾在上海淪陷時期，創刊《古今》雜誌，網羅諸多文士撰稿，使之成為東南地區最暢銷、也最具有份量的文史刊物的朱樸，因曾是汪偽政府中的一員，《古今》與汪偽政權還是有千絲萬縷的關係。加上後來他又成為漢奸梁鴻志的「乘龍快婿」。因此在抗戰勝利前，他即遁居北平，並沒有被捕。而後在一九四七年他到了香港，改名朱省齋。以他的天賦聰明，兼得他丈人梁鴻志的指點，又因先後與吳湖帆、張大千等名畫家交遊，耳濡目染之餘，寖饋於書畫，乃卓然有成。在香港二十餘年中，他已成為中國古代文物的鑑賞專家。並先後出版《省齋讀畫記》、《書畫隨筆》、《海外所見名畫錄》、《畫人畫事》、《藝苑談往》五本專談書畫的書籍。

類似的改名換姓的還不少，如附逆文人周黎庵變回周劭；文載道變回金性堯；金雄白化名朱子家等等。以筆名寫作原本是件風雅的事，如今改回原名卻是救命的逃生術。而在他們重新功成名就之時，他們是否有過悔意，或還是大言不慚的誇誇其談？這是值得思考的問題。而更多的是對附敵的諱莫如深，甚至要誤導讀者，讓不明究裡的人，無法劃上等號，割除前半生的附逆行為，苟若如此，則其心態就頗為可議了。

細微之處見真章

民國史雖說是距離我們最近的，但某種程度卻也是最為隱晦不明的。因為有太多的迷霧，有太多的人為刻意的遮蔽存於其間，以致讓人感覺是雖近卻又實遠，朦朦朧朧看不清。因此如何掃除這些迷霧，還原其歷史真相，是重要而刻不容緩之事。尤其是在抗日戰爭中，有一群文化人，他們或為詩人、文人、報人、小說家、政論家、翻譯家、編輯家，按理說他們在他們各自的領域上都卓然有成，奈何他們附逆了，大節一虧，遂所有半生成就付之東流。加之大家都「因人廢言」，因此有關他們的種種，都被刻意遮蔽了，只留下被扭曲或謾罵的材料。筆者認為對於他們的附逆，我們不應迴避不談，也用不著為其翻案，事實上他們絕大多數都已遭國法審判，得其應有之罪責。但我們也不應「因人廢言」，而將他們的成就全盤抹煞。我們要透過他們的作品，檔案資料、回憶錄、口述歷史、當年的報刊雜誌等等文獻，試圖去還原歷史的真相。

在大節一虧，便無足觀的成見下，相當多的史料幾被遮蔽與銷毀，因此目前大陸和臺灣能找到的資料很多都是斷簡殘篇，語焉不詳的。就如同兩岸對報人陳彬龢抗戰後的行蹤記載，都付之闕如，甚至錯誤百出，如《民國人物大辭典》等工具書，甚至把他的生卒年只記到一九四五年，只因為抗戰勝利後，有關他的種種就宛如人間蒸發，渺不可尋了，其實他是活到一九七〇年才在日本病逝。於是我擴大了搜索的範圍，將目標放在五、六〇代的香港，從香港的《大華》半月刊及《春秋》雜誌，找到陳彬龢後來發表的幾篇回憶錄及與他多所交往的金雄白、高伯雨（林熙）等人的回憶文章，甚至由他本人口述，胡敘五（拾遺）筆錄的長文〈一個逃避漢奸罪刑者的自述〉，從而梳理出他的生平大要，這篇文稿可說是至今最完整而詳細的資料。對於趙叔雍也有類似的情形，因此文友黃岳年兄在看過我寫的趙叔雍的文稿後覆信說：「先生大作，亦破謎之作也，先睹為快，我之幸也。」他認為對於趙叔雍：「內地出版物刊載的文章連生卒年也多沒有弄清楚，遑論其他，而蔡氏謙稱自己的文章『查考當年與他有過交往的人士，梳理出一些線索，或可拾遺補闕也。』實際是他以近萬言的篇幅，搜盡了目前能找到的關於趙叔雍的資料，還原了一個鮮活的趙叔雍。」

對於附逆這段不光彩的過去，不管傳主本人或親友大都諱莫如深，因此常常找到相關的人的回憶文章，卻僅見一筆代過。例如王新命在一九三四年間是《晨報》的總撰述和主筆，有名的〈中國本位的文化建設宣言〉是由他起草的，按理說他對於事情的來龍去脈，及樊仲雲的個人，當有一手的記載，但當我找到他的回憶錄《新聞圈裡四十年》，翻到相關章節時，卻是令人失望的，不但因有所忌諱而輕描淡寫，許多情況還寫錯了。還好我找到了也參與這事件而沒具名的葉青（任卓宣）寫的〈「中國本位的文化建設宣言」發表經過〉一文，才作了應有的補正。

有失望，當然也有喜悅，這種喜悅常是意想不到的發現。當我為報人管翼賢的資料「上窮碧落下黃泉」搞得焦頭爛額之際，突然在臺灣早期的一本雜誌看到一篇〈抗戰前故都的新聞界〉的轉載文章，映入眼簾的作者的名字是「李誠毅」，那不是和管翼賢一起辦《實報》的，由這篇文章我再追蹤，得知李誠毅後來到了香港，並在一九六一年出版他的回憶錄《三十年來家國》，我在中研院圖書館找到這本由香港振華書局出版的絕版書，摩挲著陳舊昏黃的紙頁，往事歷歷，心中的喜悅油然而生。當然在這之前我就找到與管翼賢有多所交往的報人龔德柏的《回憶錄》，龔德柏說有一天在漢口王芃生處，王芃生拿出一件香港電報給他看。龔德柏得悉管翼賢在香港與日本新聞記者有接觸，即斷定他有投敵之意。而王芃生當時是馳名中外的研究日本問題的權威，有「日本通」之稱，他所主持的國際問題研究所，是「中統」、「軍統」外的第三個情報單位，其消息無疑是可靠的。

為了還原歷史的真相，許多細節是不能輕易放過的。例如梁鴻志抗戰勝利後被捕的經過，許多書籍的說法是不對的。我從後來他在獄中寫給女兒梁文若的遺書看出，他是被黃秋岳的弟弟，也就是他的姪女婿黃竹生所出賣，而通報任援道的。任援道在「維新政府」時是梁鴻志的部屬，抗戰勝利後他亮出了「牌子」，說他是軍統派出潛伏人員，所以沒有當為漢奸，但軍統要他把漢奸一個個「咬」出來，因此他認為黃竹生與梁鴻志有姻婭之誼，遂逼迫黃竹生「交出」梁鴻志躲藏的地點。而至於梁鴻志被關入「楚園」，甚至提藍橋監獄，許多書籍都沒描寫到獄中的細節，作為一個詩人，他在獄中寫下許多詩，也與同因附逆的詩人趙叔雍多所唱和，而金雄白、孫曜東諸人與梁鴻志也關在同一監獄，他們都留有回憶文章，這些文章與梁鴻志的遺詩合看，才能還原歷史的場景與當時梁鴻志的心境。

歷史真相，常常見之於細微之處，儘管蒐集匪易，儘管一鱗半爪，但也要追本溯源並詳加考辨，其所以如此，是對史料的重視與求真也。

共眠一舸聽秋雨

清代文人曾有不少風流韻事，流傳於後世，如錢牧齋、吳梅村、侯朝宗、冒辟疆等人，但他們的事蹟都是「才子與名妓」，自可公之於世者，而且讓人艷羨於一時。然另有事涉曖昧，雖其詩文留有不少痕跡，還有待於後人去鈎稽者，此當推被陳衍稱為「經史既淹通，詩文復跌宕」的朱彝尊（竹垞）的〈風懷詩〉了。

朱竹垞的這首五言〈風懷詩〉有二百韻，長達兩千字。唐朝杜工部曾寫過一百韻的長詩，到了宋朝王元之寫過一百六十韻的。竹垞的〈風懷二百韻〉可稱前無古人。他何以要寫這麼長的一首詩呢？他在《靜志居詩話》中說：「蓋感知己之深，不禁長言之也。」因此這首長詩有著他情意深長，言之不盡之意存焉。

竹垞晚年自編《曝書亭集》時，曾有道學的朋友勸他別把這首詩刊入集中，免得詩中所寫的情事會給他的道德名譽帶來不好的影響。竹垞考慮再三，「欲刪未忍，至繞几迴旋，終夜不寐」，最後決定，寧可身後不得配享孔廟兩廡，也決不刪掉〈風懷二百韻〉。但《四庫全書提要》卻嫌此詩「流宕冶豔」，因此在四庫本裡的《曝書亭集》是將它連同《靜志居琴趣》一卷，全部刪去。而被梁啟超稱為「其文辭斐然，論鋒敏銳」的桐城派弟子方東樹，也罵竹垞：「八十餘歲刊集，不去風懷詩，躬行邪行，自暴於世。」然竹垞居然無所畏懼，將這些詩詞保留下來了，這在當時非常注重名教的氛圍中，亦屬難能可貴了。而到底他何以甘願冒禮教世俗的譴責，甚至因此未能錄入儒林傳？只為這是他一生的憑弔，一生的誓言。「為誰風露立中宵」，卻只因那「金風玉露一相逢，便勝卻人間無數」。

詞人冒鶴亭說：「世傳竹垞〈風懷二百韻〉為其妻妹作，其實《靜志居琴趣》一卷，皆〈風懷〉注腳也。……蓋真有本事也。」儘管如此，但若說《靜志居琴趣》八十三首詞只為一人而作，恐有深文周納之嫌。晚清詞人陳廷焯在《白雨齋詞話》中說：「惟《靜志居琴趣》一卷，盡掃陳言，獨出機杼。豔詞有此，匪獨晏（殊）、歐（陽修）所不能，即李後主（煜）、牛松卿（嶠）亦未嘗夢見，真古今絕構也。惜托體未為大雅。《靜志居琴趣》一卷，生香真色，得未曾有！前後次序，略可意會，不必穿鑿求之。」

冒鶴亭又說：「竹垞年十七，娶於馮。馮孺人名福貞，字海媛，少竹垞一歲。馮夫人之妹名壽常，字靜志，少竹垞七歲。」其實當時竹垞家窮得沒錢置辦彩禮，因此入贅於馮家，與馮福貞成親。馮家女兒名字以福、祿、壽、喜排序，因此冒鶴亭所指的妻妹，當指當年十二歲的老三馮壽貞，非名壽常，是字山嫦。也非字靜志也，蓋「靜志」二字，始見於曹植的《洛神賦》，在此有特殊涵意。當竹垞入贅馮家的四年裡，他與馮家姐妹朝夕相處，馮壽貞也由豆蔻少女出落成如畫秋娘了，馮壽貞未嫁時，雖與竹垞蹤跡不疏，但守禮謹嚴，總以姊夫之禮待之。至嫁後，因所適非耦，故常回娘家，又常與竹垞接近，竹垞竟戀上了她。馮壽貞習書法，臨的是王獻之的《洛神賦十三行》（簡稱《十三行》）小楷殘帖，《靜志居琴趣》之〈洞仙歌〉有「十三行小字，寫與臨摹，幾日看來便無別」之句。又〈兩同心〉詞中有「看不足，一日千回，眼轉迷離，比肩縱得相隨，夢雨難期。……《洛神賦》，小字中央，只有儂知」，其中小字中央，正是指「收和顏面而靜志兮，申禮防以自持」二句，剛好在十三行的中央。是馮壽貞窺見竹垞有得隴望蜀之心，恐涉造次，致犯非禮之舉。而此事難於言說，因此馮壽貞藉臨帖就正為理由，特示之以「靜志」二句，令會心人自悟，欲止乎禮義也。否則《洛神》帖本係小字，何待明言？「靜志」二句，人盡皆知，何必說「只有儂知」？因此學者姚大榮說：「彼姝用心如此，以筆代舌，借古諷今，詞嚴義正，剴切分明。宜竹垞心寫不置。後來即以靜志標題所居，又以署《琴趣》及《詩話》，蓋一以自懺，一以示心折其人，敬佩其意，是即此詩之微旨也。」後人都以為「靜志」是馮壽貞之字號，是完全不明此事之來歷，也誤解〈風懷〉之微旨也。

況周頤《蕙風詞話》說，有人問他本朝詞人誰的詞最好，他回答是金風亭長（朱竹垞）。又問他：朱詞哪首最好？他回答是〈桂殿秋〉。該詞云：「思往事，渡江干，青蛾低映越山看。共眠一舸聽秋雨，小簟輕衾各自寒。」

此詞是寫順治六年（一六四九），也就是竹垞婚後四年，他為避寇隨岳父從練浦遷居王店途中，與馮壽貞一起渡江的往事。在僅只二十七字的小令中，其情感從白天延續到半夜。「青蛾低映越山看」，把「青蛾」與「越山」人景雙寫，我看青山多嫵媚，但那青山又焉有伊人嫵媚呢？雖時時似在看山，實則時時在看伊人。那種癡迷之情，神往之情，意在言外矣。到了半夜雖然「共眠一舸」，但隔著薄薄的板壁一對不眠的人兒，只能共聽秋雨瀝瀝，你在你的輕衾（被子）裡想著你的心事，我何嘗又不是呢？我們彼此只能孤獨地面對自己的世界、現實和命運，心願而身違，只能「各自寒」罷了。幾許相思，幾多無奈，竹垞把這一段情緣深埋在心底、留駐在筆端，欲說還休。直到康熙六年（一六六七），遠在外地的竹垞收到家書，得知馮壽貞因結思成疾，加上謠諑紛紛，遂至病入膏肓，於此年閏四月魂歸離恨天，年僅三十三歲。〈風懷〉詩云：「返魂無術士，團土少媧皇。剪紙招南國，輸錢葬北邙。」伊人真的永訣了，從此天上人間，此情只能常懷想了。

冒鶴亭說《靜志居琴趣》詞可為〈風懷〉詩之注腳，因此歷來談〈風懷〉詩本事者，皆捕風捉影，大談兩人之間的「鴛水情緣」，有類說部。其實《靜志居琴趣》恐非全為馮壽貞所作，因此陳廷焯特別說：「前後次序，略可意會，不必穿鑿求之。」又苟若有寫的是馮壽貞，其中的描寫也很可能是竹垞自己的想像，對無望的戀情，聊作「畫餅充饑」而已。因為馮壽貞自幼就受到「三綱五常」的薰陶，自不可能做出有悖於封建禮教的事來。她既以「靜志」二句示之竹垞，而竹垞也心折其人，敬佩其意，故亦不敢有所造次，因此那種「春蠶不死絲不盡，蠟炬未了淚長流」的一往情深，才深深地折磨著詞人，無時或已。此情既痛苦又甜蜜，迴環往復，一唱三歎，終於讓他完成了千古絕唱的長詩，綿綿無盡。

也談董小宛

明朝末葉，秦淮河畔，佳麗特多，且精藝事，識詩書、明義理、尚節操，實開歷代未有之奇局，有所謂「秦淮八艷」之稱。其所以盛名遠播，還在於她們與當時的「名士」在一起，名妓加上才子，自是絕佳的話題。如柳如是與錢謙益（牧齋）、顧媚與龔鼎孳（芝麓）、李香君與侯方域（朝宗）、董小宛與冒襄（辟疆）等，均稱羡於一時。史學大師陳寅恪晚年在目盲足臏之下，燃脂暝寫，窮十年之力，完成八十餘萬字的煌煌大著《柳如是別傳》。雖然他謙稱「著書惟剩頌紅粧」，但好友吳宓卻看出其寫作之動機：「蓋藉此察出當時政治（夷夏）、道德（氣節）之真實狀況，蓋有深素存焉，絕非清閒、風流之行事」。

無獨有偶的，另一研究清史的權威孟森（心史）也寫了一篇洋洋灑灑的〈董小宛考〉，因為從清初即有冒辟疆之愛姬董小宛後為清兵劫去，入清宮為清世祖（順治）后妃的傳說。孟心史列舉各種證據以駁斥前人把清世祖與董鄂妃之事，比附之於董小宛，他認為陳其年「董承嬌女拜充華」的詩句和吳梅村〈清涼山讚佛詩〉當是詠董鄂妃的，「何必另於疑似之間，強指他人而代之？又何必於凡姓董之人中，牽及冒氏侍姬之董小宛？事之可怪，無逾於此。」他力闢野史傳聞之謬。

孟心史的論證中舉出董小宛的年紀長清世祖十四歲，可說是最為有力之證據。考清代皇帝大婚，多在十六歲之後，大婚後方能立妃。清世祖在十九歲，也就是順治十三年，立年僅十八歲之董鄂氏為妃。此時董小宛已死了五年了（董小宛於順治八年病逝，年二十八歲），即便不死，其時年已三十三歲，以十九歲之皇帝，而納三十三歲已嫁為人婦者為妃，寧有此理？何況董小宛為漢人，當時滿漢並不通婚。

又據清史稿后妃傳記云：「董鄂氏，內大臣鄂碩女，年十八入侍，上眷之特厚，寵冠後宮。」同書鄂碩傳中也說董鄂氏為滿州正白旗人，至於「董鄂」二字，似是滿人姓氏而譯為漢文者，也可譯為「棟鄂」或「東果」，並不能因有「董」（那是譯音）一字，而比附早他十餘年的江南名妓董小宛，此不言自明也。

然歷史小說家高陽卻針對前人之說寫了〈董小宛入清宮始末詩證〉的長文，他說：「更覓清初名流詩文，旁涉異邦教士記傳，爬羅剔抉，窮思冥索：寸寸積功，一一發覆，始知《影梅》憶往，別隱奇痛；〈清涼讚佛〉，真乃實錄，不獨董鄂確為小宛之不妄，即世祖出家事，亦絕未可謂為子虛。」其中《影梅》是指冒辟疆的《影梅菴憶語》，而〈清涼讚佛〉是指吳梅村的〈清涼山讚佛詩〉。高陽從冒辟疆宣布董小宛病死後，冒之好友寫詩文弔祭或悼念的，其措辭用典，幾乎都只是以「生離」而非「死別」，而推定董小宛並非「真死」。他認為董小宛是先被睿親王多爾袞的部下劫走後，曾有過為多爾袞妾侍的身分，後多爾袞歿，其部下蘇克薩哈首告多爾袞陰謀篡逆，其家產遂被籍沒，人口入官，董小宛亦被沒入「辛者庫」（收容罪人的地方），後由孝莊太后識拔而入慈寧宮，並由她照料清世祖的幼弟博果爾，三年相處，在博果爾十四歲、董小宛三十一歲時，兩人遂成畸戀，而此時清世祖卻向孝莊太后提出納董小宛為妃的要求。一年半後，博果爾「傷心長枕被，無意候牽牛」，在順治十四年七月初三日，也就是預定為世祖冊封董小宛為「賢妃」的七夕之前四天，自殺了。而後董小宛又因子夭折而憂傷成疾，終於順治十七年病歿，世祖則因此事而出家，最後董小宛也以皇后身分葬於清世祖之孝陵。

高陽以吳梅村的詩句有「墓門深更阻侯門」，而認為董小宛若葬於如皋（冒辟疆為如皋人），則日日可弔，何嫌於「墓門」之「深」？此已點出董小宛非葬於如皋，以「深」字形容「墓門」，是暗指孝陵，皇陵重地，欲弔無由，是所謂「阻侯門」也。高陽原本想「以詩證史」，但吳梅村的原意是「墓門」之「深」，不如「侯門」更「深」，所謂「侯門一入深如海，從此蕭郎是路人」，高陽刻意求實，已誤解吳詩之原意，反而有「借詩造史」之嫌。又史學家陳垣在文中亦提到，「詳考世祖當日確有出家之意，只是並未實行。至於董妃，或為順治之弟婦，然絕非董小宛。」

又清世祖「御製」的〈孝獻皇后行狀〉（按董鄂妃後被追贈「孝獻皇后」亦稱「端敬皇后」）談到董鄂妃不僅有父兄及家族，而且其父兄曾倚仗董鄂妃之被寵幸而在外為非作歹，試想如果董鄂妃是董小宛，她早就賣予青樓何來有其父兄之事，此當可使主張董鄂妃即董小宛之人，從此緘口。

順治八年，董小宛以癆瘵（咯血及肺結核）死，冒辟疆悲甚，因作《影梅菴憶語》一萬二千言，以誌哀念之懷。後人讀此《憶語》，或以其後段甚為簡略，且未及董小宛病中情況及臨終之語，似不合理，於是被附會為是未死而被清兵擄去，而入清宮，遂有董小宛即董鄂妃之謬論。其實有關董小宛之死，已在冒辟疆的〈哀辭〉中敘及，《憶語》是後寫且為瑣憶，故從略。又因《憶語》文辭優美，流傳甚廣，未見〈哀辭〉者已有先入為主之見，因此附會之說，本不足怪。而董小宛患癆瘵病，此病傳染性頗大，古人亦深知之。當時冒辟疆並不在如皋，而其家人及戚友，或者於董小宛病重時，移往別處療治，而不令冒辟疆知之，以免其傷心過甚，故其《憶語》中未有詳述董小宛病革時及其死後狀況耳。若董小宛如一般人所說於順治八年被劫，到順治十七年董鄂妃死，這其中有九年的時光，並無任何有關董小宛的事蹟可尋，我們又如何能證明被劫去的董小宛即是董鄂妃？

由於當時流傳於江南的傳說：董小宛之死，乃冒辟疆「諱飾之辭」，入宮是其真相。此種謠言多了，連吳梅村和錢謙益這些人也都相信，甚至將此事形之於詩句，乃造成此一「千古疑案」。所以孟心史說：「然不應將無作有，以流言掩實事，不可以其事本屬離奇，而用文筆加甚之；不得節外生枝，純用指鹿為馬方法，對歷史上肆無忌憚，毀記載之信用。」因此戲劇中雖有《順治帝與董小宛》之搬演，此皆後人之向壁虛構，把謠言當正史，然清世祖與董小宛無關，正猶如唐伯虎點不了秋香，此讀史者不可不明辨，否則將馮京當馬涼，恐貽笑大方也。

季子平安否？

清康熙十五年（一六七六）冬雪之日，顧貞觀（梁汾）在北京千佛寺中，思念遠戍寧古塔（今黑龍江省寧安）的好友，百感交集，揮毫寫下〈金縷曲〉二首。詞曰：

季子平安否？便歸來、平生萬事，那堪回首。行路悠悠誰慰藉，母老家貧子幼，記不起、從前杯酒。魑魅搏人應見慣，總輸他覆雨翻雲手。冰與雪，周旋久。淚痕莫滴牛衣透。數天涯、依然骨肉，幾家能夠？比似紅顏多薄命，更不如今還有。只絕塞、苦寒難受。廿載包胥承一諾，盼烏頭馬角終相救。置此札，君懷袖。

我亦飄零久。十年來、深恩負盡，死生師友。宿昔齊名非忝竊，試看杜陵窮瘦，曾不減、夜郎僝僽。薄命長辭知己別，問人生到此淒涼否？千萬恨，從君剖。兄生辛未吾丁丑。共些時、冰霜摧折，早衰蒲柳。詞賦從今須少作，留取心魂相守。但願得、河清人壽。歸日急翻行戍稿，把空名料理傳身後。言不盡，觀頓首。

詞中所稱季子者，乃明末清初詩人吳兆騫，字漢槎，號季子。清人喜以詞代書信，此詞上片先安慰好友，儘管流放漠北苦寒之地，儘管拋母別子，但畢竟有妻相隨，不若作者晚年喪偶，竟成孤單寡人，故云「比似紅顏多薄命，更不如今還有」，此讓吳兆騫覺得自己並非世上最不幸之人。「廿載包胥承一諾，盼烏頭馬角終相救」，則是借用申包胥哭秦救楚的故事，表達將拼盡一生來救好友的誓願。而下片則是顧貞觀自慨，他傾訴十餘年來對好友的思念，以「杜陵消瘦」自比，而以流放夜郎的李白喻吳兆騫，兩人雖萬里相隔，但不減終生情誼。其悲之深，其慰之至，反覆叮嚀，無一字不從肺腑流出，因此被晚清詞人陳廷焯譽之為「千秋絕調」。其實它原是一封書信，並非精雕細縷之作，更無名言警句，卻給人如話家常般地推心置腹，它感動了無數的讀者，膾炙詞壇，至今傳誦。

吳兆騫當年博涉文籍、才華最富，年少時即為名人徐乾學、王士禛所賞識。十三歲時就仿杜工部〈秋興八首〉而寫有〈秋感八首〉，好友計東稱其「悲涼雄麗，追步盛唐」，足見其才。著名詩人吳偉業（梅村）更常對賓客說：「江左三鳳凰，陽羨有陳生，雲間有彭郎，松林吳兆騫，才若雲錦翔」。吳梅村的肯定，奠定了吳兆騫在江南文壇的地位。順治十四年丁酉（一六五七年）吳兆騫中舉人，就在其意氣飛揚將展開其仕途攀升之際，一場意想不到災難——「丁酉科場案」卻發生了。此件科場案的起因是由於江南主考官方遒取中的舉人，係少詹事方拱乾的第五子方章鉞，與主考官有「聯宗」之故，因此有「聯宗有素，乘機滋弊」的游詞。當時士子認為考試不公而群情譁然，而清世祖亦大怒，遂責成刑部嚴鞫之。當年十月「立斬」正副主考官方遒、錢開宗及房考官和相關官員五人，新舉人兩名。第二年的三月，清世祖決定親自覆試此批新科舉人，以定真贗，史稱為瀛臺覆試。關於此次皇帝親自「御試」，據王應奎《柳南隨筆》、李延年《鶴徵錄》等諸家筆記記載：為防止有任何舞弊的情形發生，考場是「黃銅之夾棍，腰市之刀，悉森布焉」，可謂警衛森嚴，以致考生都失「皆惴惴其慄，幾不能下筆。」而從來的說法都認為吳兆騫亦「戰慄不能握筆」，終至交了白卷，但這是嚴重的失實。

向以考證翔實、論斷精準的史學大師孟心史，在其名著《心史叢刊》論及此事仍不免為此言之鑿鑿的野史筆記所惑，而加以引證。試想以吳兆騫之才華，有此覆試之機會，不正可洗刷考試作弊之嫌，何以會因警衛森嚴，而竟交白卷，讓此沉冤無法得雪呢？事實上，吳兆騫並未參加此覆試，不僅吳兆騫沒參加，凡是被認定有作弊嫌疑的八人都沒有資格參加覆試。據清史方玄成傳（案：方拱乾之長子方孝標）說：「方章鉞等九名不與焉」（案：其中一名在逃，連同「就緝」的八人，共為九名），當是正確的說法。

又覆試的日期為順治十五年三月十三日，而吳兆騫在四天前到禮部報到時已經被捕了，身在獄中的他，何能參與此御試呢？請看他的〈戊戌三月九日自禮部被逮赴刑部口占二律〉其一云：「倉皇荷索出春官，撲面風沙掩淚看。自許文章堪報主，那知羅網已催肝？冤如精衛悲難盡，哀比鵑啼血未乾。若道叩心天變色，應教六月見霜寒。」即知他原本是要到禮部報到，準備參加覆試的，然而事出突然，卻遭逮捕，其中當是有人密告，是可斷言的。顧貞觀詞也云：「魑魅搏人應見慣，總輸他覆雨翻雲手。」對此吳兆騫在被流放寧古塔後，給父親的家書中也說：「昌、發二賊因文社恨兒，遂乘機搆毒」，由此可知搆仇由於文社，只是吳兆騫並沒有指明「昌、發」者究為何人耳！回顧清順治六年（一六四九）吳郡成立「慎交」、「同聲」二社，吳兆騫、尤侗、計東、顧貞觀都是「慎交社」的重要人物，但與另一「同聲」社卻勢同水火。據鄧之誠《清詩紀事初編》卷三考證出：「吳兆騫為慎交社眉目，與同聲社章在茲、王發爭操選政有隙。順治十四年，罹科場之獄，遣戍寧古塔，章、王所告發也。」

吳兆騫在刑部被拘禁約一年，但並沒入獄，只是住在戶部「火房」，內部行動是自由的，所以自稱「浮繫」。而順治十六年則遣戍寧古塔，到康熙二十年方才贖罪入關，前後共二十三年。方其出關時僅廿七歲，而被赦還回京時，年已年半百。這位江南名士一生最美好的歲月，竟就這樣在冰天雪地中給磋跎了。

吳兆騫給顧貞觀的信中寫道：「塞外苦寒，四時冰雪。……回念老母，煢然在堂，迢遞關河，歸省無日」。顧貞觀也一直為營救好友費盡心思，但只因他只是一個「小吏」，歷經十餘年的奔走而苦無門路，康熙十五年（一六七六）冬，他課館於納蘭明珠家。他想起當年的諾言，想起遠在天邊生死未卜的好友，寫下了〈金縷曲〉。顧貞觀的詞也感動了納蘭性德（容若），當時他的父親是吏部尚書，正漸受康熙寵信。據顧貞觀詞後自註說，納蘭性德讀了這兩首詞，為之泣下數行，說他這詞可和「河梁生別之詩，山陽死友之傳」鼎足而成三。「河梁生別之詩」是指傳說中的西漢李陵所作的三首〈與蘇武詩〉，而「山陽死友之傳」則指向秀悼念亡友嵇康的〈思舊賦〉，也就是「山陽鄰笛」典故之所由出，此皆為古典詩文中抒寫友情的千古絕唱。而〈金縷曲〉二首之情真語切，更不讓前賢專美。納蘭感動之餘答應在十年之內，救回吳兆騫，而顧貞觀則認為人壽幾何，請以五載為期。納蘭重然諾，便說動他父親，吳兆騫終於在五年之後生還回京。顧貞觀此詞與吳梅村〈悲歌贈吳季子〉一詩並讀，死生友誼之感，誠令人慨慕無窮！吳兆騫何其不幸而罹此沉冤，又何其有幸有此兩位知己，令其得此盛名，難怪孟心史要說：「其時為吳曾重者，實緣梅村一詩，顧梁汾兩詞耳。」有友若此，人生可以無憾矣！

霸才雄筆固無倫

王闓運（一八三二－一九一六）字壬秋又字壬父，號湘綺，湖南湘潭人。當他去世後，他的同鄉吳熙曾輓之曰：「文章不能與氣數相爭，時際末流，大名高壽皆為累。人物總看輕宋唐以下，學成別派，霸才雄筆固無倫。」道盡了這位近代大儒與奇士一生的寫照。

王闓運少時天資魯鈍，因得良師激勵，發憤苦學，學業猛進。十五歲明訓詁，十九歲補諸生，二十四歲撰《儀禮講》十二篇，二十八歲通《春秋》，張公羊、申何休，一變乾嘉諸老之古文學家言，開現代今文學之先河。因此錢基博曾讚之曰：「方民國之肇造也，一時言文章老宿者，首推湘潭王闓運云！」。

在晚清之際，一般學者，承乾嘉以來之餘風，重考證，略論辯，不講修詞。而王闓運卻認為做文必須講究修詞，他說：「文章者，聖之所托，禮之所寄；史賴之以信後世，人賴之以為語言；詞不修則意不達；意不達則藝文廢。」而修詞必須追古；「文不取裁於古，則亡法！文而學摹乎古，則亡意！」大抵前清一代，學駢仗者，像汪容甫一流人物，皆主張四六文體。闓運崛起，能夠不受風氣的影響，有魏晉的遺風。盧冀野則認為王闓運做文章推源於《詩》、

《禮》、《春秋》，而糝以莊、列、賈、董。所以他的文章，有庾信的精彩，而能夠去其糟粕，很像魏晉時代人的作品。汪國垣的《光宣詩壇點將錄》把托塔天王晁蓋比他；正因為他能夠開一代之風氣。

王闓運在咸豐二年中舉人時，湖南督學張金鏞閱其卷，驚為「此奇才也，他日必以文雄天下」，並當面勉之曰：「湖嶽英靈，鬱久必發，其在子乎」。但「科運」不佳，他進京會試不第，其後入肅順幕府，以霸才自居，大有縱橫之志，不料咸豐皇帝突然崩殂，慈禧太后垂簾聽政，肅順遭伏誅。王闓運從此宦途偃蹇，於是更加放誕不羈，目無餘子，自是更無人敢為保薦，以致侘傺一生。乃專心治經講學，著書立說；曾先後主持成都尊經書院、長沙校經書院、衡山船山書院及江西大學堂講座，成為近代一代宗師。

王闓運曾一度走依曾國藩祁門軍幕，曾國藩當時是炙手可熱的名臣，除優禮相待外，亦不敢重用。相傳王闓運希望曾國藩取清以自代，屢次暗地進言「與其出死力替別人爭天下，何不自己來創業垂統？」嚇得曾國藩不敢答話，而以指醮杯中茶汁，連寫著不少的「妄」字，王闓運只好知難而去。在別曾幕一詩中，曾有「我慚攜短劍，真為看山來」之句，可見不為所用，而牢愁滿腹。直到曾國藩去世，王闓運在日記中還說：「念曾侯魂歸故山，真如大夢，惜其賷志有不敢行者，可惋也。」

王闓運自認最得意而後人又最稱頌的史學著作則是《湘軍志》。為此，他除親身所經歷及走訪調查外，還設法借閱了軍機處的大量檔案，仔細閱讀了曾國藩的日記。據載，他列出了寫作大綱，請曾國藩過目，曾看後，建議道，為尊者諱，省下幾處給我抹黑的地方，但王闓運並不買賬，說既要我寫志，就必須秉筆直書，何諱之有？曾又說，願以萬金相謝，王闓運竟以「我做不來」作答，既拒為尊者諱，又拒萬金。該書於曾國藩弟曾國荃部分尤事事直書，不少假借，湘軍將領一致認為該書是「謗書」，而「殺人成性」的曾國荃看後更是暴跳如雷，揚言要「宰」了王闓運，逼令毀版，並安排其幕僚王定安重作一部《湘軍記》。然《湘軍記》原屬徇人請託撰寫，自不得不有其所瞻徇之私；而《湘軍志》，由於王闓運的「目無餘子」的縱橫霸才，自難免不於走筆行文際，逞其快意，掉以「師心」的唯我獨是。

王闓運一生放誕風流，韻事頗多。在妻妾相繼去世後，這時他已六十歲了，便公開和女僕們結緣，從其日記觀之，就有金嫗、湛嫗、周嫗、房嫗、孤嫗等人，而房、周兩位老媽相從最久，周媽是一直侍奉他到死的「身邊人」，名氣尤大。他們兩人形影不離，宛如夫婦，凡宴王闓運者必宴周媽，否則不歡。袁世凱當國時，由於弟子楊度的慫恿，民國三年王闓運接受了國史館長之聘，他固嘗以「素王大業」自任，國史館長恰如其分；老人北上，袁嘗請宴，老人攜周媽以俱，且為之安座已側，及進饌，則先擇精美者置於周媽前。周媽在王闓運國史館長任內，包攬人事財務，鬧過不少笑話。而王闓運因不參加洪憲偽朝，於次年十一月辭國史館長職，辭職信說：「闓年邁多病，飲食起居，需人料理，不能須臾離女僕周媽。而周媽過事招搖，可惡已極，致惹肅政使列章彈奏，實深慚恧。上無以樹齊家治國之規，內不能敷移風易俗之化。」章太炎說王闓運拿周媽為擋箭牌，無疑是高招，他說：「不意八十老翁，狡猾若此！

如周媽者，真湘綺老人之護身符也。」

再一年王闓運去世，有人代周媽撰一輓聯曰：

忽然歸，忽然出，忽然向清，忽然向袁，恨你一事無成，空有文章驚四海；

是君妻，是君妾，是君執役，是君良友，嘆我孤棺未蓋，憑誰紙筆定春秋。

而還有流傳更廣的一聯，是輓湘綺老人兼懷周媽，云：

講船山學，讀聖賢書，名士自風流，只怕周公來問禮；

登湘綺樓，望七里鋪，佳人應宛在，不隨王子去求仙。

其中上聯「周公」是指周媽的丈夫，而下聯「七里鋪」，乃周媽是湘潭七里鋪人氏，與王闓運故居湘綺樓相距不過十數里。此聯詼諧入妙，對玩世不恭的湘綺老人幽默一番，平添儒林佳話。

狂放不羈龔定庵

著名中醫費子彬對於龔定庵詩集研讀甚精，能就龔詩重新剪裁排比而天衣無縫，他曾寫有《古玉虹樓集龔定厂詩》。當年「集龔」可說是文人愛玩的一種文字遊戲，連新文學作家如冰心都喜愛「集龔」，我曾在冰心家看到那幅梁任公為她寫的楹聯「世事滄桑心事定，胸中海嶽夢中飛」，便是她集龔的詩句。

龔自珍（定庵），才氣縱橫，平生學問涉及之廣，世無其匹，自經史百家、詩詞、雜說、人文、地理、朝章、掌故，旁及內典、蒙古語文，幾於無所不窺，可謂出入九經七緯諸子百家，而自成一家之言。其為文幽渺深邃，詩亦獨闢奇境，以奇才而聞名天下。在鴉片戰爭的前一年，他寫下「九州生氣恃風雷，萬馬齊喑究可哀！我勸天公重抖擻，不拘一格降人才。」的詩句。在那無聲的時代，他預見了時代的衰危，他為此大聲疾呼救世的人才。就在那一場令百世悲愴的圓明園火光中，一群人進行著十九世紀末最輝煌，也最悲壯的演出。而龔定庵扮演著啟蒙者的角色。

因為如此，所以從康、梁維新人物，到南社眾詩人，乃至魯迅等「五四」文化巨將，都對龔氏情有獨鍾，並不同程度受其濡染。康有為稱其散文為清代第一，南海的詩作也明顯地因襲定庵的痕跡。而黃遵憲更是步龔氏的後塵，「浸淫定庵」。他模仿定庵的《己亥雜詩》寫下八十九首絕句，亦名《己亥雜詩》。而南社詩人如柳亞子、楊杏佛諸人，更是私淑定庵，號稱「龔癡」。據統計，一九三六年出版的《南社詩集》中，集龔句的詩，竟有三百餘首，楊杏佛就是其中的健者。不僅傳統詩人學定庵，新文學作家亦復如是。少年的魯迅、沈尹默也學龔詩，沈尹默就有〈追懷魯迅先生六絕句〉中云：「少時喜學定庵詩，我亦離居玩此奇。血薦軒轅荃不察，雞鳴風雨已多時。」而郁達夫更有詩云：「江湖流落廿三年，紅淚頻揩述此篇，刪盡定公哀豔句，儂詩粉本出青蓮。」郁才子正是欣賞龔詩的哀感頑豔。憂道者喜其奇警，醫國者摭拾議論，狂狷者效其「不依恒格」，恃才者慕其哀豔纏綿，大家各取所需。對社會現實的思考，和對人生憂患的感悟，使得慷慨激奮的風雲之氣，與迴腸盪氣的自憐意緒，緊緊扭結在一起，構成了龔詩的特色。

但龔定庵恃才傲物，放誕風流，偏宕奇詭，不矜細行，在有清二百餘年的儒林文苑中，也是很難找出第二人。他性好罵人，而且罵得尖酸刻薄，每使受者無地自容，因之他的文名與罵名同樣震動京城。道光己丑會試，龔卷落王中承（植）房，王看到他那篇怪文，反覆誦讀，愈讀愈笑不可仰。不想竟被隔房的溫平叔侍郎聽到，怪問何事？王植答道：「快來！奇文當共賞也。」於是兩人同看，不覺相對捧腹，再看試卷上註明浙省卷，溫對王曰：「此必浙江龔自珍的試卷無疑，請看滿紙有如蚯蚓的筆畫便知。只是這小子好罵人，如不薦他，將來必然要被他罵得狗血淋頭，好歹還是薦上去的好。」王植不欲開罪他，果然薦之。等到揭曉之日，定庵果然錄取了。有人問定庵房師為何人，他卻輕蔑地答道：「真稀奇！竟然是那無名小卒王植呢！」此語傳出後，終為王植所聞，他向溫平叔抱怨道：「當時依君之言薦了，而且錄取了，但結果還免不了罵，奈何！」溫拱手笑答：「君家累世積德，收得這大名鼎鼎門生，便捱幾句罵也是值得的！」王植無奈，只好搖頭嘆息，自認倒楣！

定庵好罵，不但對他人如此，即對自己的叔叔亦復如此。其叔任禮部尚書時，有人問他關於乃叔學術事，定庵答道：「吾叔根本一竅不通，何來學問？……」其人頗不以為然，反問道：「我常謁令叔於家中，每見他手不釋卷，何得無學問？」定庵笑答曰：「我叔僅讀五色書，紅面者縉紳，黃面者京報，黑面者稟帖，白面者知會，藍面者帳簿，他天天為這五色書忙得不得了，那能有學問？」又一次有新翰林來求見其叔，定庵乃避入側室中，聽其叔問該人以近作何事？其人回答寫白摺子（館閣體），其叔稱善並告之曰：「凡考卷字跡宜端秀，墨跡宜濃厚，點畫宜平正，則考時未有不入彀者。」其人唯唯聽命，龔忽自側出，鼓掌曰：「翰林學問，原來如是！」其人惶遽去，其叔大怒訶之，叔姪之間由是廢往還。

說到館閣體，講究黑、大、光、圓，定庵是不拘繩墨之人，那堪寫這種中規中矩的字體，但不諳館閣體書法，就不能點翰林。當年陳寅恪的父親陳三立（散原老人）的書法，雖質樸古拙，然而並不合館閣體潮流。在第一次會試中並沒有通過，他回鄉苦練了三年之久，才於光緒十五年（一八八九）成為進士。而定庵終其身竟與翰林無緣，他在憤激之餘，除寫了〈干祿新書〉以諷刺那些點了翰林的人。又命其女、其媳、其妾、其寵婢，統統練字，寫館閣體。其夫人頡雲女史更以書法聞名。當有客人到他家來，如果說到某某翰林，他就說：「嗤！當今之翰林何足道矣！我家女眷，無一不可以入翰林！她們皆工書法也。」

才抱馬、班，學通鄭、孔；使得定庵恃才傲物。他熱中功名，但又仕途蹭蹬，沉浮郎署者凡十餘年，初則以副貢考充武英殿校錄，繼則以舉人充內閣中書，因不諳館閣體，遂不得為翰林，考軍機又不入直。盱衡當世，見乎滿漢軒輊之分，乃益增其憤激。因此造成他那種行徑怪、文字怪，乃至於生活起居、待人接物，幾乎無一不怪的性格。但儘管如此，他「亦狂亦俠」的風度，傷時使氣的作派，歌哭無端，幽怨雜以慷慨，壯烈合以哀豔，都構成一種極富魅力的人生境界。因此近乎三甲子以來，時間證明，人們還是沒有忘卻他。

羅振玉與《清實錄》

羅振玉（一八六六－一九四〇），號雪堂，是近代金石學家，語言文字學家、甲骨文學家、文物收藏家。他和王國維（觀堂）、郭沫若（鼎堂）、董作賓（彥堂）號稱「甲骨四堂」。他平生很注重蒐羅和保存文獻史料，當年他曾在故宮中搶救出了很多清代的檔案，免於被銷毀之命運。後來他圍繞效忠和扶植廢帝，擬復舊王朝，與日本侵華勢力發生了愈益緊密的關係，終於淪為偽滿洲國的漢奸高官。但在偽滿洲國時，又因他的推動，將煌煌巨籍的「清代各朝實錄」，影印問世，使研究清史的人，得到極為寶貴的參考史料。

實錄是記錄一朝一代國政章制的重要典籍，具有檔案性史料的作用。實錄所記載的內容，雖然並不都是歷史的真實記錄，往往有一些不盡不實之處，但它畢竟是依據檔冊及起居注等原始資料修撰而成，所記載的許多重大歷史事件，在時間、地點、人物姓名及主要情節等方面，大都有史實根據。所以歷代修纂正史，多取材於實錄。尤其在原始檔案史料已經不存或所存不全的情況下，其重要的史料價值是無可替代的。

往昔每一王朝都有實錄之輯，每一代皇帝駕崩後，下一代的皇帝就指派大臣，纂修大行皇帝的實錄，用編年體將一代大事，盡行纂入。清代也不例外。清代十二個皇帝中有十一個撰修了實錄，最後一個皇帝宣統帝溥儀即位未久即被推翻，無人為其修實錄，但在他遜位後，遺臣們也曾將宣統三年中的大事，仿照實錄的體裁，編成一部名叫《大清宣統政紀》的書。清代實錄除未入關前的清太祖、太宗兩朝，別經編纂，更有一種稱《滿洲實錄》八卷（即帶圖本《太祖實錄戰績圖》），是書為研究清開國初期歷史的珍貴資料。

清代每朝實錄繕抄多少部，說法不一，一般認為有五部：以黃綾為封面呈進皇帝的送審本一部，俗稱小黃綾本；以滿、蒙、漢三種文字繕抄，分別以大、小紅綾為封面的大、小紅綾本各二部。大紅綾本為尊藏本，一存皇史宬，一存盛京（今瀋陽）崇謨閣；小紅綾本一為御覽本，一為閣本（內閣收藏）。也有人認為乾隆朝以前有一部大黃綾本，雖見諸檔案記載但目前未有實物發現。

從《滿洲實錄》到《大清宣統政紀》，正是滿清一代三百年間的全部史料，具有很大的文獻價值。可惜這寶貴的史料，一向是藏在大內，外間向無流通。後來在一九三〇年遼寧省通志館曾委託東北大學工廠印刷系，將《滿洲實錄》影印問世。一九三二年遼海書社將《大清宣統政紀》以鉛字排印發售。其餘各朝實錄，除了一九二三年劉承幹（近代私家藏書的顯赫人物，南潯嘉業堂主人）曾在北平故宮博物院雇人傳抄一份外，外間向無別本流傳。

偽滿成立後，便動議影印清代全部實錄，作為「建立新邦」的紀念。對於此事最熱心出力的，就是羅振玉。他在《貞松老人遺稿》中有〈與柯鳳蓀學士書〉，就詳道他早在民國六、七年間極力倡議影印實錄的經過，信中說：「玉避地六年矣。爾來抱病逾年，僅存一息，不復措意於人間事。惟尚有一事，極不能忘，則二百餘年之信史是也。……鄙意能……先將實錄史稿，由史館早日刊行，此上策也。否則如下走者，雖轉徙餘生，生計將絕，而天良未泯，願盡斥鬻所藏長物，出私資印行。……總裁趙尚書（按：即指清史館館長趙爾巽），世受國恩，……請以鄙意轉達。若不以為誕，玉定趨赴國門，面商此事。玉往者矢於神明，莽卓尚存，此身不忍入春明，今為此事渝盟，不悔也。」

在這封寫給柯劭忞（亦為清代遺老，曾代趙爾巽主持清史館館務。著有《新元史》）的信後，羅振玉後來又附有〈跋語〉一通，對於趙爾巽極表不滿。羅振玉說他為此又寫信給寶熙宮保表示由他出錢找人傳抄，但趙爾巽表示國史未刊行，史稿不能隻字流出。過了數年，清史館缺錢，趙爾巽向劉承幹請求資助，羅振玉告訴劉承幹當以傳抄實錄說之，果獲首肯。趙並對劉說此事不可告之羅，因羅曾請傳抄，未允也。但劉的實錄抄成，譌奪甚多，無從勘正。這也是羅振玉後來想要影印出版《清實錄》的原因。

羅振玉長年居住日本京都，與京都學者內藤湖南等有著廣泛深厚的交誼。內藤湖南也正是「滿日文化協會」的發起者和重要人物，一九三三年十月，「滿日文化協會」在瀋陽的成立大會他也參加，這是他最後一次到中國來，在此時他已罹患胃癌，次年六月二十六日去世。羅振玉說：「及滿洲舊邦新造，予函商亡友內藤湖南博士，博士極贊同。及兩國創立文化協會，遂議決刊行，顧中間阻尼百出，蜚語橫生，又德宗、今上兩朝不在預算之內，乃由予先倡捐萬二千元，會中諸君贊之，乃勉強告成。」

據羅振玉的孫子羅繼祖說：「據我所知，當時日偽滿當局並不支持《清實錄》的刊印，但滿日文化協會是個文化事業單位，既已提出刊印，他們也不便公然阻止，而是設下了幾道難關來支吾。其中第三道難關便是《清實錄》中與日本有關的幾個問題。如在甲午戰爭一段裡，把『日軍』寫成『日寇』，這是日本人非常忌諱的，並且認為妨礙『日滿親善』，非改掉不能付印。這個問題好辦，遂由祖父將文溯閣的《實錄》原本調來，親自檢閱，將其中『倭寇』字樣全加挖改後付印，當時我就是執筆填寫的人。」

影印實錄議決交由日本東京大藏出版株式會社承印，攝影及製版印刷等技術方面事務，統由日本人擔任。影印所據的底本，同治朝以前各帝的實錄，均用瀋陽崇謨閣藏本。惟宣宗朝缺道光十八年正月至六月七冊，文宗朝缺咸豐十一年七月至九月五冊，當向北平故宮博物院抄補。其《德宗實錄》和《宣統政紀》，則以溥儀私人所藏之本為底本。一九三四年十月，由偽滿國務總理大臣鄭孝胥和日人經理木村省吾，簽訂影印契約，至一九三六年十二月，清代歷朝實錄全部影印完成，定名為《大清歷朝實錄》，分裝一二二帙，每帙十冊，共一二二〇冊，現通稱偽滿本。

據云，實錄以卷冊浩繁，工本甚大，由溥儀出資三十萬元，共只印三百部。原議是一概不發售的，只分發給日滿有關團體及個人。後來因為「滿日文化協會」職員的薪水沒有著落，便劃出二百部來發售，其餘一百部封存在瀋陽的文溯閣。後來在蘇聯紅軍開入瀋陽後，必已遭到散失甚或銷毀的命運了。一九六四年，臺灣華聯出版社據偽滿本縮印精裝發行，仍名《大清歷朝實錄》，簡稱臺灣本，共九十三冊。二十世紀八〇年代，遼寧社會科學院又據臺灣本影印出版。這是研究清代政治、經濟、軍事、文化、外交等各有關方面的重要文獻。著名清史專家王鍾翰先生曾說過，翔實而有系統的記錄，「捨《實錄》外，世上似無第二部書可以與之相比擬」。而它能影印問世，羅振玉是功不可沒的。二〇〇九年初，中華書局將一九八六年版的《清實錄》影印本進行重印，分六十冊面世。

王孫畫家溥雪齋

民國以後，滿清皇族宗室中人，有兩位傑出的天才畫家：一位是人所共知的溥儒（心畬）（一八九六—一九六三）；另一位則是較少人知的溥伒（雪齋）（一八九三—一九六六）。溥心畬作為皇室後裔，他不僅自幼博覽群書，更有機會飽覽許多宮廷藏唐宋名畫古蹟，心摹手追，皆能得其神理，善山水、人物、花鳥、走獸。山水以「北宗」為主，筆法參略「南宗」，注重線條鉤摹，較少烘染。溥心畬學畫是無師自通的。他自己說：「蓋有師之畫易，無師之畫難；無師必自悟而後得，由悟而得，往往工妙」。溥心畬又是書法名家，他家藏古代書法極富，面對真蹟心追手摹，所以他臨米芾幾可亂真，臨趙孟頫帖也極得神韻。溥心畬又是位詩人，舊體詩寫得極好，「腹有詩書氣自華」。因此他晚年在臺灣對弟子就曾說：「如若你要稱我為畫家，不如稱我為書家；如若稱我為書家，不如稱我為詩人；如若稱我為詩人，更不如稱我為學者。」溥心畬具備很高的藝術天賦，詩文書畫無一不精。因此當一九六三年他辭世時，藝術史家們蓋棺論定，說「中國文人畫的最後一筆」去了。

溥心畬是恭親王奕訢（道光第六子）之孫，貝勒載瀅之次子，後因其父載瀅於庚子拳亂獲罪，革職圈禁，奪爵歸宗，所以溥心畬遂無爵可襲。而溥雪齋則是惇親王奕誴（道光第五子）之孫，貝勒載瀛之長子，但後來卻過繼到孚郡王奕譓（道光第九子）支下為承繼孫。他原本居住在惇親王府（俗稱五爺府）內，到後來卻成了孚郡王府（俗稱九爺府）的主人，這其中是有段故事的。

孚郡王是惇親王的幼弟，但在光緒三年死了，他無所出，乃以奕棟子載沛為嗣，但不到一年也死了；又以奕瞻子載澍為嗣。載澍娶慈禧太后內姪女為妻，自成婚起，便夫妻失和，爭吵不斷。有史料說載澍「性情乖張，不遵教訓」，也有史料說他為人耿直；不過有一點可以肯定，這位貝勒爺是有點口無遮攔。不然小倆口吵架，不會把妻子的娘家人都給數落、責怪一番——包括妻子的姑母慈禧太后。他甚至說過「牝雞司晨，非國家之福」這類在當時被認為大不敬、要殺無赦的話。以載澍說的那些大逆不道的話，再加上慈禧那種殘酷的性格，載澍的命運是可想而知了。據說，慈禧當時要砍了這位侄兒的頭，幸虧幾位王爺的力保，才得以免了死罪。光緒二十三年，老佛爺降下懿旨，革去載澍的貝勒爵位，交宗人府杖責八十大板，並永遠圈禁。此時慈禧的內姪女方感事態嚴重乃向老佛爺求情，她說是孚郡王因為無後，才把載澍過繼過來，如此一來豈不仍舊是使孚郡王絕了後嗎？她以為如此說法，一定可以打動慈禧的心，那知慈禧棋高一著地說：「我給孚郡王過繼一個嗣孫，這個問題，不就解決了嗎？」因此，溥雪齋便成為孚郡王的承繼孫了。

載澍在宗人府被關了四年，到光緒二十七年才被加恩釋放，但仍不准回九爺府。光緒三十四年十二月，也就是在慈禧去世之後，載澍才奉旨回到九爺府。民國成立後，載澍還惦記著九爺府的產業，乃具狀向北京的法院申請歸本人享有；但溥雪齋亦延請律師辯訴，兩人打了一場「父子」（繼承人）官司，結果以載澍早已被奪爵歸宗，對於九爺府的產業實已無權過問，法院判由溥雪齋以嗣孫的資格，執行管理。可是溥雪齋最後亦未能保有這份產業，他不善治生，坐山吃空，因此到了一九二七年，他將九爺府賣給了東北軍閥楊宇霆，一九二九年楊宇霆被張學良所殺，九爺府後來又成為前北平大學女子文理學院的校址。溥雪齋則遷往西堂子胡同，那也是一座大宅，是左宗棠的故宅。王世襄在〈懷念溥雪齋先生〉文中說該宅「庭院深深，不下四五進，旁有園，前有廄，仍是京華豪第。」但溥雪齋住了不過十多年，又支撐不下去了，「再遷无量大人胡同一宅中院，已僦居而非自有矣。」

溥雪齋與末代皇帝溥儀，是同為道光曾孫的堂兄弟，溥雪齋六歲時封貝子爵，他年長溥儀十三歲。當溥儀登基當了皇帝，溥雪齋就成了御前行走的侍從官。好景不長，清帝遜位，溥雪齋的仕途也就終結了。民國成立後，溥雪齋從此遨遊在自己的藝術天地之中，以書畫為生。

溥雪齋自幼飽讀詩書經史、能文善賦，琴棋書畫無不精通，尤擅丹青。他和溥心畬一樣，是全能的畫家，山水、人物、花卉，乃至畫馬，均具風采，兼善畫蘭，風神飄逸，堪稱一絕。他年輕時畫已有名，精於南派山水，和溥心畬互為南北宗之健者。他的畫初承宋、元諸家遺風，後襲明、清文人格調，淡遠蕭疏。惜其成就不能超越溥心畬，而名亦漸為溥心畬所掩。在三〇年代有《雪齋畫集》行世。

溥雪齋號松風老人，一九二五年與溥心畬（松巢）、溥僩（松鄰）為首發起「松風畫會」，其中每位成員都取一個帶有「松」字的名號，如溥靖秋（松穎）、啟功（松壑）、和季笙（松雲）、恩雅雲（關松房）、葉仰羲（松蔭）、惠孝同（松溪）等，定期舉辦雅集並小型畫展，成為北方京津畫壇主流。一九三〇年他應陳垣之聘，創辦輔仁大學美術專修科，並任導師兼系主任，後改美術系，任教授兼主任，達二十多年。

又他青少年時即師從當時名古琴家黃勉的弟子賈潤風學彈古琴，後改彈三弦等其他樂器，一九四七年與張伯駒、管平湖、王世襄、楊葆元等人發起組織了一個「北京琴學社」，聯絡同好，切磋琴藝，使傳統古樂得以流傳發展。一九五四年更名為「北京古琴研究會」。據啟功先生回憶：「每年當翠錦園的西府海棠盛開時，心畬先生必定邀請當時知名文人前來賞花。這是真正的文人雅集，類似這樣的雅集，還有溥雪齋的松風草堂，溥雪齋先生是著名的書畫家，而且精通音樂，他那裡的集會多以書畫、彈琴為主，儼然就是一次小型的畫會或古琴音樂會。」

一九六六年，「文革」風暴驟起之時，像溥雪齋這樣的「遺老遺少」、「封建餘孽」自然不能倖免於難。在八月三十日，溥雪齋就遭到抄家了，他的古琴被毀、字畫遭焚、藏書遇劫，他所賴以安身立命的東西，一下子全沒有了。因此在受到慘無人道的批鬥之後，這位七十三歲的老人不堪凌辱，帶著女兒離家出走了，據說身上還帶了十斤糧票，七塊錢，從此杳如黃鶴，消失於人世間。在那個年月，像這樣的失蹤者何止一個！溥雪齋就如同另一個儲安平，他們同樣都是「活不見人，死不見屍」！在中國的舊文人中，他們視古琴為高雅生活方式的行為準則，所謂「眾器之中，琴德最優」。溥雪齋的絕塵而去，應該是抱著「寧為玉碎，不為瓦全」的決絕之情的。

張之洞起居無節

晚清李伯元在其名著《官場現形記》的第四十三回〈八座荒唐，起居無節〉，寫的是張之洞（香濤）在做湖廣總督的趣事。據說張之洞有怪癖，可以一連兩天辦事不睡覺，一睡又是一兩天，有時召集下屬開會議事，他老人家忽然坐著呼呼睡去，眾官不敢驚動他，只得宣布散會。柴萼在《梵天廬叢錄》載：「某道以機要進謁，略談數語，南皮（案：張之洞河北南皮人）已執卷眠下，亦不呼茶送客。」來者發現他已睡去，「坐則不耐，行又不敢」。待他醒來，已是滿壁燈火。陳恒慶在《歸里清譚》則說，張之洞宴客時，不等飯菜上齊，就會在座位上睡去，睡醒之後，飯菜已涼，而僚屬又不敢先嚐，「故一饌重溫者數次」。

陳巨來在《安持人物瑣憶》中提到他聽聞已八十二歲的張之洞老友清末郵傳部尚書吳郁生（蔚若）說：「香濤有怪疾，好色，人所共知，終年不睡床，倦即伏案假睡，至多一二小時即醒，雖在會客，亦恒如是，凡其下屬司官，亦無不知也。某年因招商局公事，特至湖北督署，與張相談。張以老友也，故不拘常禮，一面剃髮，一面暢談，不料尚未及談正經公事，而張已昏昏睡著了，那時只能坐待其醒了。」

因此當時曾有人擬對聯嘲諷他：「起居無節，號令不行；面目可憎，語言無味。」後來此聯語為張之洞得悉，他笑對親信道：「外間謂余號令不時，起居不節，事誠有之。面目可憎，則余亦不自知。至於余之語言，何嘗無味，餘人特未嘗與余談耳。」是下聯取其渾成，良非實錄，而「起居無節」則真實而不妄也。而後來，大理寺卿徐致祥參劾張之洞辜恩負職，其中一條即為「興居不節，號令無時」。清廷諭令粵督李瀚章查明具奏。李瀚章因張之洞督粵時理財有方，自己繼任時應用裕如，心存感激，遂奏覆：「譽之則曰夙夜在公，勤勞罔懈。毀之者則曰興居不節，號令無時。既未誤事，此等小節無足深論」。將此事以「查無實據」不了了之。

光緒二十八年（一九〇二）九月間兩江總督劉坤一在任病歿，朝廷一時找不到合適的人選，乃以湖廣總督張之洞署理兩江總督，十月初九日接印視事。其時袁世凱正回籍葬母，十月二十一日取道信陽到漢口，代理湖廣總督的端方接袁世凱到武昌看鐵廠、看槍炮廠，禮數周至。袁世凱卻藐之，而對張之洞的「總文案」鄭孝胥稱讚張之洞在湖北「規畫之宏達」，揚言「當今唯吾與南皮兩人，差能擔當大事」。十月二十八日乘輪由漢口到南京拜訪張之洞，張之洞設宴款待。酒喝到一半，張之洞已經趴在桌上進入夢鄉。袁世凱等了一會兒，起席不辭而別。清制，凡總督進出轅門，照例鳴炮，俗名「放銃」，袁身為直隸總督兼北洋大臣，自當鳴炮禮送。炮聲一響，將張之洞驚醒，他自知失禮，急忙趕到下關，相見各致歉忱，申約後期而別。

在許同莘的《張文襄公年譜》中對此事隱約其詞云：「袁世凱督部回籍營葬，事畢，由汴過漢，赴滬北上。二十八日，道出下關，登岸，公（指張之洞）請稍留，不得。設筵款待，不終席而行，至江干，挽留不及。」何以「不終席而行」，何以到岸邊又挽留不及，其中必有緣故，許同莘後來在張之洞幕府充文案，或知其詳而不欲筆之於書，為已故府主諱耶？而由袁世凱授意門客沈祖憲、吳闓生所寫的欽定傳記《容庵弟子記》（袁世凱字慰庭，號容庵）則隻字不提此事，當是可以理解的。而李伯元的《南亭筆記》雖言之鑿鑿，但與事實不盡相符，只能以小說視之。

梁啟超在光緒二十九年的《新民叢報》對此事有文評論道：「……夫張之待袁，為敬乎？為慢乎？以南洋大臣款北洋大臣之重客，而居然睡熟，則其慢之意可知也。張何為而慢袁？張任粵督時，袁僅一同知，袁以後輩突居上游，張自負老輩，或隱然示之以老督撫之氣派，旋繼之以優禮，其玩弄袁之狀，袁其能終忍之乎？……」梁任公認為張之洞光緒十年就已當到兩廣總督，那時袁世凱還只是一個五品同知，在朝鮮吳長慶軍中「會辦營務處」。連個「學」都沒有「進」過的乳臭小兒，現在居然成了疆臣領袖！最可氣的是，直隸總督兼北洋大臣袁世凱是實授，而兩江總督南洋大臣張之洞反是暫局！這豈不是笑話？但以張的齒德俱尊，與後生小子爭功名，說出去會叫人看不起，因此暗中給袁世凱「示威」一下。

但光緒二十九年五六月間，張之洞過保定，據徐樹錚給馬通伯信云：「……親見項城（袁世凱）率將吏以百數，飭儀肅對，萬態竦約，滿坐屏息，無敢稍解，而公欹案垂首，若寐若寤，呼吸之際，似𪗋𪗋然隱鼾動矣。……」世人泰半又疑張之洞偃蹇作態，徐樹錚甚至說：「項城每與僚佐憶之，猶為耿耿也。」但說張之洞是故慢以取嫌，則必不如此。實在是張之洞的日常生活，與眾不同，他自以為一天當兩天用。他這一天當兩天，即以午未之交為分界。大致每天黃昏是他的早晨，起床就看公事，見賓客，到午夜進餐，食畢歸寢，往往只是和衣打盹，冬夏都用藤椅，不過冬天加個火爐，這樣睡到凌晨五六點鐘又醒了，辦事見客，直到日中歇手吃飯，飯罷復睡，終年如是。而南京保定兩次宴會，都是在午未之交，是他精神格外不濟之時，頹而不能興矣，並非是有心輕慢，更不是梁任公所說的以倨傲鮮腆之老態凌折同僚。何況光緒三十三年丁未以後，張之洞與袁世凱同入軍機，張之洞極心折袁世凱，一時號為廉（頗）藺（相如）也。黃秋岳亦云這是南皮的生活習慣，「以名士而為達官，既為達官，而仍不脫名士習氣，律己簡慢，待物宏獎」。可謂知言。

清道人二三事

在南京中央大學校園西北角，北臨北京東路，西臨進香河，南臨六朝松，有一個地方叫做梅庵，是為了紀念我國晚清著名學者、教育家、書畫家李瑞清而建的。李瑞清（一八六七－一九二〇），江西臨川人，字仲麟，號梅庵。在光緒二十二年，他做了南京兩江師範監督，兩江師範為南京高等師範的前身，後改組為東南大學，最後又改組為中央大學（一九四九年後改名為南京大學）。梅庵是李瑞清任監督時日常起居治事之所，旁有棵老松，是六朝故物，樹齡已在千年以上，李瑞清治事之餘，揮毫和吟詠其間，顧而樂之。

宣統三年（一九一一年），革命軍起，南京風鶴頻驚，岌岌不可終日。江寧藩司樊樊山（增祥）見大勢不妙，棄職逃往上海。同年九月二十九日，兩江總督張人駿電奏清廷，請以江蘇候補道李瑞清署理江寧藩司，清廷覆電照准。而李瑞清接任時，發覺藩司的銀印被樊樊山帶走了，只得臨時刻了一個木印以執行職權。只幹了十多天的江寧藩司，南京就為革命軍攻克，城破之時，李氏認為既食清廷之祿，當然要忠於清廷之事，期以一死殉清。後經南京士紳護送，離開南京，轉往上海，住在北四川路，即易黃冠為道士，自號清道人。詩人陳三立〈集滬上酒樓〉詩有句云：「隔坐道人兼涕笑（自注：李梅庵易道士冠服，自金陵兵間至），學仙且戰一時無。」可見李瑞清一到上海就自稱道人，也作道士裝扮了。他的住所門外，掛「玉梅花庵道士」匾額，不久後，有人來敲門請道士往做法事，李瑞清大笑，自此即將風雅的「招牌」摘下。此事曾傳遍滬上。

在上海期間，李瑞清因銀印木印之事和樊樊山避不見面，但兩人的門客朋友，卻各為其主，互相譏誚。樊山方面的人說李瑞清臨走時，把藩庫所存的現款百餘萬，全部吞沒，帶到上海存入外商銀行了。而李瑞清的人則說樊樊山私帶銀印逃走，居心叵測，李是他的後任官，自是有權向樊索取銀印的。雙方人馬如是吵吵鬧鬧一兩個月，滬上報紙大加炒作，清道人之名於是不脛而走，而他原本的寫字生意，因此而頓增數倍。正在此時，湖北軍政府派代表到上海，請樊山回湖北故鄉做民政長，樊山婉辭。李瑞清的人知有此事，又立即製造謠言，謂樊山已往湖北，不在洋場做「伯夷叔齊」，而下首陽吃周粟去了。於是要求樊山交回銀印。陳三立聞知此事，笑對友朋說：「滿清既經遜政，什麼都完了，還有人要爭此爛銅爛鐵耶？如果銀印還在樊山手上，就留給樊山做紀念品好了。『蝸牛角上爭何事，石火光中寄此身。』不爭也罷！」。至於李瑞清為人，倒真是廉潔自守，並未吞沒半文公帑，當南京城破之時，李氏把藩庫百餘萬元，用正式公文，列明數目，請地方士紳到衙門，當面點明，交給他們保管。

清道人早年原不工書，後學黃山谷書而悟用筆之法，旋改習北碑，蒼勁圓渾，自備一格，晚年偶寫木石，亦秀逸可喜。曾熙（農髯）論他的書法道：「瑞清於古今書無不學，學無不肖，且無不工，能以隸法窮古人荒寒之境。」沈曾植（寐叟）嘗說：「清道人書，恢奇絕世，余嘗病其行書無功，道人自亦歉然，乃觀其簡札佚麗天然，居然大令風流，在近代猶當抗手希哲。」馬宗霍《霎嶽樓筆談》說：「清道人自負在大篆，而得名則在北碑，余獨愛其倣宋四家，雖不形似，而神與之合，其行書尤得力於山谷。」這句話證之於清道人的弟子張大千身上，洵非虛言。大千居士書雖脫出山谷窠臼，但行書仍不脫山谷「行篆」筆意。

當時由於清道人的字在上海風行一時，大家爭傳他賣字的收入可觀。（陳定山說：「清道人李梅庵、鄭孝胥，皆歲入四萬金。吳倉石畫兼篆刻亦不過六萬耳。」）因此竟引起匪徒的覬覦，假「維良會」名義寫恐嚇信向其勒索三百元，還指明要上海匯豐銀行的鈔票。李瑞清接信後，啼笑皆非，於是按址覆了一封信云：「……寒家幾四十人，恃貧道一管以食，六年以來，困頓極矣！……有一日而得數元，數日而不得一元，……近日銀根緊急，十餘日來，無一元之錢收入，自顧不暇，何能為貴會之助？……如有謊言，手槍炸彈，引領甘受，而無悔焉。」這封信（按：此信管家以抄本寄出，正本為管家所藏，清道人死後，張大千之弟君綬以善價向管家收買，君綬既死，遂為張大千所藏。）到了匪徒手中，匪徒看了甚為感動，竟然義氣起來，倒送了三百元給清道人維持家計，他也只好「受之有愧，卻之不恭」了。其實他那時賣字平均每月有千餘元的收入，上海的南紙店（即經理他賣字的朵雲軒、九華堂）皆有數可稽，所謂「十餘日來，無一元之錢收入」，殊非事實。後來他在一九二〇年病逝上海時，還有許多收了人家筆金而還沒有寫的字，據說，都是由張大千學老師的筆法，蓋上老師的圖章來還清這些字債。

丁巳（一九一七年）復辟，溥儀又坐起龍廷，由張勳等人擺布，封官賜爵，當時凡在租界上表現積極的遺老，無不封以「尚書」、「侍郎」、「巡撫」、「總督」，使大家皆大歡喜。清道人義不忘清，又和一班遺老往來密切，於是得到「學部侍郎」之封，雖復辟只不過十二天，然而擁此卿貳之「職」，亦可以自娛了。清道人死後，溥儀因他忠於「皇室」，且又是官居二品的朝廷大員，便謚他為「文潔」。這一謚號，有清二百六十八年間極少見，按照清制，翰林非留館授職者，死後不得謚「文」字，清道人並未留館授職，居然謚「文」，此亦可見溥儀的小朝廷的胡為。而若不是張大千後來寫文章時時提到「先師李文潔公」，我們還不知清道人有此謚號呢？

清道人品德高潔，是張大千一生中最崇仰的人，雖相從僅一年時光，但由於清道人的啟發教導，使得大千在書法上終有所成，因以奉之為恩師，終生孺慕。清道人逝世後，張大千為繪造像，對老師追思無已，更常不惜以重價收購老師的遺作。後來張大千的書畫更是名滿天下，遠較清道人宣赫多了。但由於張大千的不忘師恩，清道人的名字終被人們記住了。

辜鴻銘的另一面

辜鴻銘給人的印象是個怪人：怪在終生穿長袍馬褂、怪在留長辮子，還怪在娶妾、逛妓院，一手握女人小腳、一手下筆千言……但國務總理王寵惠曾讚佩他道：「鴻銘先生，學博中西，足跡遍天下，早歲遊學歐美，精研各種文化科目，均能擷英掇華，發其秘奧，著為宏論。曾榮獲博士頭銜，達十三個之多，其為國增光，馳譽國際，曠古未有，洵足多也。迨歸國後，專心講學。春風化雨，桃李盈門，數十年如一日。更以餘閒，從事著述，獨具隻眼，尤以用西文迻譯之我國古籍多種，皆能盡信達雅能事，於中西文化交流之貢獻，厥功甚偉。」

辜鴻銘在晚清曾被視為邃於西學西政的奇才，一八八五年，方遊學歸返中國之時，因偶然的機遇而入張之洞的湖廣總督幕府，擔任「洋文案」（即外文秘書）。張之洞是晚清最後一位著名儒臣，他的實施新政、編練新軍，重視高等教育種種措施，其背後都有著辜鴻銘鼎力謀劃的身影，此後兩人相隨共事二十餘年，結下了一段不解之緣。一九一〇年，也就是張之洞死後的第二年，辜鴻銘寫了《張文襄幕府紀聞》一書，在序言就寫道：「余為張文襄屬吏，粵、鄂相隨二十餘年，雖未敢云以國士相待，然始終禮遇不少衰。去年文襄作古，不無今昔之慨。」

漢陽兵工廠是張之洞在湖北時所籌畫創設的，當初曾有「中國的克虜伯」之譽，規模宏大，設備齊全，出品精良，管理嚴密，在東方可算首屈一指，而這一切縝密的佈置，都是辜鴻銘的策劃。在籌創之初，盛宣懷介紹一位華德伍爾滋給張之洞，說是英國的兵工專家。張之洞很是高興，把他安頓在賓館裡，厚予招待。過了二日，張之洞傳見，卻被告知此洋人已被辜鴻銘打發回上海去了。張之洞大為詫異，便請辜鴻銘來問，辜見面便說：「伍爾滋和我敘起來，算是同校後輩，比我低了五六年級，他是學商科的，現在上海開設洋行，道地是個商人，根本不懂兵工，因此我打發他回去了。」說完，順手從袖管拿出一個洋信封，掏出一封信，說：「這裡有個威廉福克斯，是我同學，這人才是研究兵工學的，現任德國克虜伯兵工廠的監督。我國不辦兵工則已，要辦的話，就要找個這樣的專家，絕不能含糊。盛宮保（宣懷）辦洋務，祇是利用洋人做招牌，不管阿貓阿狗，拿來做晃子，嚇唬朝廷，誇示新政的！」張之洞一向倚重辜鴻銘，於是便函邀威廉福克斯來華協助建立兵工廠。

對於外國人，辜鴻銘是極力宣揚「孔子之教」，滔滔之論有如長江大河。有次，他的外國朋友在家裡宴客，客人中只有他一個中國人，大家推他坐首席，坐定，大家談論中西文化。洋主人問他：「孔子的教育究竟好在哪裡？」辜鴻銘回答：「剛才諸君你推我讓，不肯居上座，即是行孔子之教。若照爭競原理，以優勝劣敗為主，勢必等到勝敗決定，然後定坐、然後舉箸，只恐怕這一餐大家都不能到口了。」辜鴻銘以淺顯的例子，借題發揮，言雖詼諧不莊，理卻雄辯萬鈞。

中國文明五千年，開國亦較歐美為早，然而由於禮教廢棄，風氣敗壞，竟被歐美人視為「未開化國」，真是奇恥大辱！因此辜鴻銘大聲疾呼：「今人有以除辮服為當今救國急務者，余謂中國之存亡，在德不在辮。」他的意思是當時能亡我中華者，將不是西方人的堅船利砲，而是我們自己「教之不講，德之不修」也。他認為，日本在明治維新後之所以能成為東亞唯一的強國，除了因為採用歐洲的文明利器，更是因為在根本上保留了中國傳統的禮教文明。他說：「洎甲申馬江一敗，天下大局一變，而文襄之宗旨亦一變。其意以為非效西法圖富強無以保中國，無以保中國即無以保名教。雖然，文襄之效西法，非慕歐化也；文襄之圖富強，志不在圖富強也。蓋欲借富強以保中國，保中國即所以保名教。」

對於風雨飄搖的晚清，辜鴻銘有著清醒的看法，他說：「竊謂中國自咸同以來，經粵匪擾亂，內虛外惑，紛至迭乘，如一叢病之軀，幾難著手，當時得一時髦郎中湘鄉曾姓者（按：曾國藩），擬方名曰『洋務』清火湯，服若干劑未效。至甲午，病大變，有儒醫南皮張姓者（按：張之洞），另擬方名曰『新政』補元湯，性燥烈，服之恐中變，因就原方略刪減，名曰『憲政』和平調胃湯。自服此劑後，非特未見轉機，而病乃益將加劇焉。」在那些年頭裡，國家早已弊病叢生，面臨無可救藥的地步，所謂預備立憲的狗皮膏藥，根本醫不了千瘡百孔的病體。辜鴻銘的這席話，真是一針見血的點出病入膏肓的根由，卻也是他的痛心之論。他在《張文襄幕府紀聞》一書說：「惟歷觀近十年來，時事滄桑，人道牛馬，其變遷又不知伊於何極，是不能不摧愴於懷。」其憂患愈深，傷痛愈深也。

辜鴻銘對當世人士的評騭，除誇讚曾國藩、文祥為大臣，郭嵩燾為上流人之外，其餘甚少見許；即如張之洞，亦時有微詞。對端方、袁世凱、盛宣懷等人，更是罵到入木三分，挖苦得淋漓盡致。除當面幽默盛宣懷「賤貨貴德」；謂端方「質美而未聞君子之道，雖屬有情，亦如水性楊花之婦女，最易違良心事。」說袁世凱則最為不堪，有「袁在甲午以前，本鄉曲一窮措無賴也，未幾暴富貴，身至北洋大臣，於是營造洋樓，廣置姬妾；及解職鄉居，又復構甲第、置園囿，窮奢極欲，擅人生之樂事，……人稱袁世凱為豪傑，吾所知者袁世凱實賤種耳。」罵得非常苛刻毒辣，但仔細思量，並非無的放矢。

辜鴻銘憑著出眾地智慧，在時人的不解和鄙視中處處捍衛中國傳統文化的尊嚴。在長衫長辮、滑稽突梯的外表下，隱藏著他為禮教之寢廢而憂患，為民本思想之淪喪而憂患，為求學問之不誠而憂患……他不該簡單地被看成是孔乙己式的人物，他有著維護中國傳統文化尊嚴的良苦用心。

《庚子西狩叢談》的筆錄者劉治襄

歷史學家翦伯贊在《義和團書目解題》認為眾多有關義和團的歷史文獻中，最有價值的就是《庚子西狩叢談》，他還高度評價該書為紀述「西逃」諸書中最佳之著作，可見其史學價值之高。民國二十四年（一九三五年），美國教士浦愛德更將《庚子西狩叢談》譯成英文，由美國耶魯大學刊行，之後更有德文、日文的譯本。中外推崇，視為信史。該書若以現代的說法，是真正名符其實的一本「口述歷史」。口述者是吳永，而筆錄者是劉治襄。

吳永（一八六五－一九三六），字漁川，別號觀復道人。祖籍浙江吳興，生於四川西昌縣。清光緒四年（一八七八年）父歿，次年隨母徙成都。因家貧無力延師，從親友處借書攻讀，刻苦自勵。涉獵經史之餘，還工於繪書，精通音律，特別對金石頗有研究。光緒十年，法軍入侵中國雲南，吳永投筆從戎。次年，清政府與法國議和，遂解甲歸田，客居長沙。光緒十三年，吳永由湖南入京師，經侍郎郭嵩燾推薦，到戶部侍郎曾紀澤家教書。因勤於職守，頗得器重，曾紀澤以次女曾廣珣嫁之。婚後納資捐得知縣，分發直隸候補。或許是因為與當時的北洋大臣李鴻章弟弟李鶴章第四子李經馥（曾紀澤長女曾廣璇丈夫）是連襟關係，成為李鴻章幕府中一員不可多得的幹才。中日甲午戰爭結束後，吳永曾隨李鴻章赴日本商談「和約」，任「辦約文案委員」。光緒二十三年，經李鴻章的大力推薦，補授直隸懷來縣知縣。光緒二十六年（一九〇〇），八國聯軍侵華，慈禧偕光緒微服倉皇出走，首站就到了當時隸屬懷來縣的雞鳴驛。吳永得知慌忙接駕，他任職的懷來縣非常貧瘠，又加之當時兵荒馬亂，雞蛋、小米粥、玉米麵、窩窩頭就已經是傾其所有了。儘管食物簡陋，但饑寒交迫的慈禧仍然非常高興，對吳永心中頓生感激之情，又得知他是曾家女婿，又與李鴻章世交，見駕時應對從容，對朝廷的忠誠溢於言表，自然更加的賞識。之後，吳永又隨慈禧西行，擔任前路糧臺會辦，日夕召對，故對當時諸多事宜，深知內情。回京後，慈禧就將吳永官職升至五品，連升三級。但李蓮英等宮廷幕僚嫉恨心泛起。慈禧為了歷練也為了保護吳永，最後就把他「下放」到西安做了一個四品的道臺。不久，又將他「下放」到了更遠的廣東雷瓊道。

劉治襄（一八六九－一九三六），名焜，譜名振書，字芷薌，晚號甓園居士。浙江蘭溪官塘鄉厚同人，生於清同治八年（一八六九）十月二十三日。才華橫溢，雅博宏深，曾受業於俞曲園（樾），光緒二十七年鄉試第一，會試得中進士。歷任翰林院庶士、編修、北京京師大學堂教授、省議會副會長、國務院參議、內務部總務廳廳長等職。民國八年（一九一九）七月，屈映光（文六）署山東省省長，劉治襄是他的秘書長。這時吳永剛在山東任膠東道尹，因有事進省，屈氏讌之於省署西園，並要劉治襄作陪。兩人因同屬浙江，地緣相近，人緣相親，席間暢談庚子「西狩」故實，合座傾聽，屏息靜氣沒有一點動箸的聲音，剛說到緊要關頭，忽報某鎮帥到，主客紛紛離席，一番酬應，故事便中斷了。一斷便是七、八年，直到民國十六年（一九二七），因潘復入京任內閣總理，劉治襄和吳永一同入樞府任記室，兩人同處一室，這才重續八年前未完的「傳奇」故事。劉治襄形容當時的心情說：「此次所談，……予既溫舊聞，復償新願，胸藏宿塊，頓爾消解，欣慰殆不可言喻。最可異者，區區一夕談，發端於八年之前，而結委於八年以後。假當時稍延片刻，一氣說盡，亦不過曉此一段歷史，茶前酒後，偶資談助，反不覺如何注意。乃無端畫成兩橛，神山乍近，風引舟開，偏留此不盡尾聲，懸懸心坎。直至今日，言者聽者，乃復無端聚集，完此一樁公案。地隔數千里，時閱六七年，以萬分渴望之私，當十九難償之願。本非絕對必需之事，已作終身未了之緣，成日蓄之意中，而一旦得之意外，便覺得一字一語，皆成瑰寶。奇書殘本，忽然足配完編，一如蕩海萍花，既離復合，西窗聽雨，重話巴山，此豈非人生難得之快事耶！」

《庚子西狩叢談》一書，凡五卷，共七萬餘言。初稿就在三個晚上寫成，可見劉治襄的才思敏捷，他說：「因率就燈下援筆記述，取案頭日報，用寸草塗抹其上。初意數紙可竟，乃引而愈長，既盡一紙，更取一紙，直至曉鐘將動，尚未罄其十一。」可見當時他在記敘此書時是如何地興之所致，一發而不可收。後來經過兩次增補修正，又經吳永看過，根據吳氏日記增訂了名物時地，方才完稿。

吳永對劉治襄讚不絕口地說：「筆致縱橫，詞采磊落，事皆翔實，庶可傳信，先生記憶強密，精力滂魄，即此可見」。以十天功夫寫成這樣的傳世之作，可見劉治襄的才華橫溢之一斑。

《叢談》既畢，劉治襄又寫了一段頗長的模仿「太史公曰」的文字，提出他自己的看法。他認為，庚子一役，釁自我起，衡情量理，我們當然不對。但既已到宣戰階段，那就不必論理而論勢了。他們的聯軍，從千萬里外而來，以當時的交通工具，後繼的援軍，一定趕不上來的。他們集合了「風習各殊之眾，猜嫌互異之情」，勉強推定了統帥，號令決難一致。聯軍總數，不過三萬餘人，「懸軍深入，冒百忌以賭一日之得失，以兵法論，實處於必敗之勢，所謂越國鄙遠，吾知其難者也。」當時，中國軍除禁軍不計外，所號北洋六軍，環列於京津間，為數當在十萬以上。「以眾禦寡，以主敵客，以逸待勞，睎之登陸而斷其後，八面犄角，一鼓而覆之，固非甚難事也。否則圍而錮之，勿加殺害，杜絕接濟而使之自屈。」再等而下之，「乃既不能戰，並不能守，京津三百餘里間，一任其從容馳騁，長驅突進。則又何也。」劉氏這些論點已不是書生談兵，紙上作論，他清楚地提出「堅壁清野」的戰術，「長期抵抗」的戰略，他認為八國聯軍並不可怕，只要韌性抵抗，洋人一定要失敗的。

劉治襄又進一層推尋構成「義和團」事件的社會因素：一則民智之過陋，二則生計之窳薄。因為老百姓缺乏教育，以致迷信於仙道鬼神之魔法。因為長期失業而貧而困，靠著一些僥倖的機會混吃混喝，終至恣意燒殺搶奪來滿足自己的慾望，而存著萬一僥倖的希望以逃過法網。因愚而頑，因游而暴，適有民教互鬩之問題以作之導線，遂轟然爆發而不可復遏。

《叢談》是由吳永口述，劉治襄記錄並加以自己的評述，是一本記錄當時義和拳動亂、清廷腐敗、外國軍隊入侵、慈禧光緒西逃及回鑾的真實歷史寫照。該書從作者對李鴻章的肯定，對清朝官宦之間的爾虞我詐的揭露，乃至對慈禧過失的微詞，均可見他有清醒的政治看法。而且由於此書為當事人的經歷，又與事件經過不久，自是應當可補正史之闕的。

世間已無沈寐叟

沈曾植，字子培，號乙庵，晚號寐叟。浙江嘉興人。他是清末民初的一代大儒，受當時學人所推崇。陳寅恪稱他為「近世通儒」，王國維說他：「少年固已盡通國初及乾、嘉諸家之說；中年治遼、金、元史，治四裔地理，又為道、咸以降之學。」是集有清三百年學術之大成且繼往開來的學者。而胡先驌稱他「清同、光朝第一大師，章太炎、康長素（有為）、孫仲容（詒讓）、劉左庵（師培）、王靜庵（國維）先生，未之或先也。」

沈曾植致力於學術研究，尤以治西北史地最見重於世。他長於才而博於學，可謂淵廣無涯，其最負盛名的是史學、佛學、詩學、書學。當他後來居於上海「海日樓」的一段時間中，中外學人，爭相質疑問學，幾乎無日無之，座上客常滿，儼然為一代儒宗。他對於蒙古語、滿州語、西夏語等，尤有研究。王國維的《蒙古史料四種校注》，中華書局的《聯綿辭典》，都受過沈氏的潤飾。他著有《元秘史箋註》、《蒙古源流箋證》、《海日樓詩集》、《海日樓札叢》及《寐叟題跋》等，而尤以《寐叟題跋》為最精采之作，藝林人士，莫不交相讚譽，而競相搜藏，以資參考研究之需。

沈曾植的詩被譽為「同光」體的魁傑，他以「經史百子、佛道二藏、西北地理、遼金史籍、金石篆刻、醫藥等方面的奧語奇詞以入詩」。但他也不是有意在詩中雜拉生詞、炫學矜奇，而是在完全通融了學術之後，不自主地將其中的學術用語、典事奧語引入詩作之中，與刻意堆垛生詞硬語者迥乎不同，這非學識宏富之大師無以至此。他將清代的「學人之詩」引向更險更僻的路數，在此前此後都沒有人引學問入詩如此之深、之繁、之僻，而形成了「奧僻奇偉，沉鬱盤硬」的詩風。與沈曾植同為「同光」體詩派的陳三立就說：「故其詩沉博奧邃，陸離斑駁，如列古鼎彝法物，對之氣斂而神肅。」汪辟疆在《光宣詩壇點將錄》中也說：「子培詩多不解，只恨無人做鄭箋了」。後來為沈詩作箋注的錢仲聯也認為注其詩「難度超過了任何一位大家名家的專集」。清代的「學人之詩」發展至此已是高處不勝寒了。

沈曾植也是著名的書法家，論者謂：「三百年來的書家，沈氏可推為第一人。」他早精帖學，師法包世臣、吳讓之、張裕釗。晚年則轉向黃道周、倪元璐，並以此為基點，向上攀援鍾繇、索靖，吸收新出土資料《流沙墜簡》。參分隸而加以變化，書風益見古健奇崛。「融通」是沈寐叟重要的書學觀念，無論是用筆、用墨、結字、章法、碑帖結合、南北書流、古今體勢都主張融通一起，泯滅「碑帖對立、南北分歧」之限。他是以無法為有法，是貫眾法為我法。書家曾農髯（熙）說：「余評寐叟書，工處在拙，妙處在生，勝人處在不穩。下筆時有犯險之心，故不穩，字愈不穩則愈妙。」拙、生、不穩、犯險，頗能道出沈曾植的書法特色。

沈曾植晚年所作章草，抑揚盡致，委曲得宜。章草學易成難，功力不逮，輒多乖誤，尤忌甜熟，沈書獨以峭拔古拙稱勝。論者謂：「晚歲所作，多用方筆翻轉，飛騰跌宕，有帖意、有碑法、有篆筆、有隸勢，開古今書法未有之奇境」，真有如西晉書家索靖所言「和風吹林，偃草扇樹，極繽紛離披之美」。在其後的書家，如于右任、馬一浮、謝无量、呂鳳子、王秋湄、羅復堪、王蘧常、臺靜農等人或多或少都受其啟示與影響。

沈曾植與康有為交誼篤厚，至老不渝。此源於甲午之前一年，寐叟識康有為於粵，時南海以舉人講學於廣州萬木草堂，刊《新學偽經考》，舉二千年之疑案，加以辯證，又從而推翻之，一時士林引為怪異，清吏咸譁然以為大逆不道。此事後為言官交章彈劾，幾興文字獄，賴翁同龢、李鴻章為之緩頰於上，沈曾植則連合文廷式、曾廣均等奔走疏散於下，始得毀版銷案。沈與康當時不過僅是文字之交，卻能於康遭逢大厄之際，不顧個人前途，亦不懾於權勢，竟捨身相救，實具古人風義。

沈曾植在戊戌變法前，本是一個維新派，曾贊助康有為創立強學會，敦促康有為公車上書。辛亥革命後，沈曾植賃屋於上海麥根路，所居自署「海日樓」。他因足疾，終日沉浸在古碑帖和版本中，甚少外出。凡所題跋，全用遜清甲子，稱得上是滿清遺老。張勳復辟醞釀期間，一般遺老們都在策劃奔走，沈曾植也是其中之一，外間人只知道他參與其事，卻不知他在這次復辟事件中，完全居於主謀地位，這可以從他致復辟派首腦之一劉廷琛的密函中窺見一斑。在沈的這封信中，可以看出他是有深謀遠慮的。他對當時形勢的分析，充滿樂觀，要求實現復辟的迫不及待的心情躍然紙上；至於對張勳，在稱呼和口氣上也是寄予厚望的。

更為人所疵議的是，他竟然應康有為之召抱病到北京，並接受溥儀的學部尚書的任命，老境愚忠，亦可憫矣。復辟失敗後，沈和康一同逃入東交民巷美森園（即美國公使館）請求政治庇護。康、沈兩人同為維新人物，如今卻是逃亡的復辟派，當兩人寄住美使館時，曾互相酬唱以解憂愁。在沈和康的詩句中有：「香火因緣定幾生，百年憂患飽同更」之句。

沈曾植一生學問書法皆為世人所稱道，唯獨民國成立後，他卻成為丁巳復辟的要角，白璧有瑕，故不為當時的民國所重，談論者不多。如今時移世變，民國已過百年，我們對其傑出的成就，自當要有更深入的認識。

枉拋心力作詞人

清末民初，詞人雖眾，但名重海內，被稱為近代第一詞宗的，當屬朱彊村。他本名祖謀，後改孝臧，字古微。詞曲家盧冀野說：「他雖是浙江歸安人，但小時隨宦在豫，開封是他的釣遊之地。那時王半塘（鵬運）的家也僑寓在汴，因此他們成為『詞友』。開封人傳說彊老的父親曾為著發覺冤獄，把一個已將執行斬刑的囚犯釋放回來，寧可自己罣誤，不肯犧牲那人性命。他們說彊村的發科名、負文譽是『食德之報』。」朱彊村自幼天資穎異，光緒八年（一八八二）中舉人，光緒九年中癸未科二甲一名進士，後改庶吉士，散館授編修，歷官會典館總纂、江西副考官。官至禮部右侍郎，兼署吏部侍郎，出為廣東學政，因與總督不和，最後辭官，寓居蘇州，任教於江蘇法政學堂。民國成立後，隱居滬上，著述以終。

一九〇一年，汪精衛應廣州府試第一，因深受當時廣東學政朱彊村及廣東水師提督李準的賞識，所以他一直對朱彊村持弟子禮。但據況蕙風的女婿陳巨來說：「朱丈任廣東學臺時，得門人汪精衛。入民國後，汪逆每至上海必詣朱宅晉謁，仍跪拜如舊儀，朱丈亦不擋駕，也恭送為儀，汪有贈禮，則原封不動退之，絕不與之通一訊者。居上海後，只認一龍榆生（沐勛）江西萬載人為弟子，臨終以常用一硯贈之，龍君遂倩人作遺硯圖，遍求題詠為紀念者。」

龍沐勛一九三〇年在上海曾與旅滬詞流如潘蘭史（飛聲）、程子大（頌方）、洪澤丞（汝闓）、林鐵尊（鯤翔）、冒鶴亭（廣生）、夏劍丞（敬觀）、袁伯夔（思亮）、葉玉虎（恭綽）、吳湖帆、陳彥通（方恪）、黃公渚等二十餘人約結『漚社』，月課一詞以相切磋，共推朱彊村為盟主。當時龍沐勛年最少，與朱彊村往還最密，屢欲執贄為弟子，而朱彊村謙讓未遑也。朱彊村嘗語之：「生平不敢抗顏為人師。除任廣東學政時所得士例稱門生外，不曾接受談詞者列弟子籍。有以此請，即為轉介於臨桂況蕙風（周頤）。」對於朱彊村，龍沐勛又說：「後來他在病榻，又把他平常用慣的硃墨二硯傳給我，叫我繼續他那未了的校詞之業。並且託夏吷庵先生替我畫了一幅〈上彊村授硯圖〉（案：一九三一年十月繪），他還親眼看到。」朱彊村是冀望龍沐勛能傳其衣缽。

一九三一年十一月十一日，溥儀瞞著陳寶琛等遺老，祇帶著鄭孝胥、鄭垂父子離開天津，偷渡白河，出大沽，達營口，一星期後又搬到旅順，對於鄭孝胥的附敵行為，同為遺老的朱彊村曾找人勸阻，但終告無效，令他相當痛心。據龍沐勛說：「會『九一八』變起，東北淪於倭寇。鄭孝胥圖挾愛新覺羅溥儀由天津潛往遼瀋。先生愁焉憂之，曾囑陳曾壽力加勸阻。先生病日篤，一日強起，邀予往石路口知味觀杭州餐館小酌，語及東北事，相對噓欷者久之。復低聲太息云：『吾今以速死為幸。萬一遜帝見召，峻拒為難。應命則不但使吾民族淪胥，即故君亦將死無葬身之地。』嗣是遂臥床不復能興。」盧冀野也說：「（朱彊村）後來聽說溥儀的出關，他是不贊成的，罵鄭孝胥『置吾君於爐火之上』！他與陳散原同負文學重名，也同是比較明白大義的遺老。」

朱彊村歿於一九三一年十二月三十日，龍沐勛說：「我從他下世之後，就把所有的遺稿，帶到暨南新村去整理。『一二八』的晚上，我用我的書包，把這些稿件，牢牢的抱在身邊，首先把它送入『安全地帶』。後來就在音樂院（案：國立音樂專科學校）的一間僅可容膝的地下室裡，費了幾個月的功夫，把它親手校錄完竣。同時得著汪先生（案：汪精衛）和于右任、劉翰怡、陳海綃、葉遐庵、李拔可、林子有、趙叔雍諸先生的資助，刊成了一部十二本的《彊村遺書》。」

朱彊村詞風近於姜夔、吳文英，與況周頤、王鵬運、鄭文焯合稱為「清末四大家」。論者有謂「近代詞人之作，自以彊村所為最為富麗精緻，此因步武夢窗、清真，得其潛氣內轉之功，並刻意講求字面四聲格律之故；王國維《人間詞話》所謂學人之詞者是也。」

朱彊村生平進退分明，出處不苟。耿耿孤忠，不受外誘，可算文苑中的千古完人！散原老人稱之為「進為國直臣，退為世詞宗」。他臨終前寫有〈鷓鴣天〉詞云：

忠孝何曾盡一分，年來姜被減奇溫。眼中犀角非耶是，身後牛衣怨抑恩。
泡露事，水雲身。枉拋心力作詞人。可哀惟有人間世，不結他生未了因。

其大意是：他痛心親身經歷庚子的慘變，以迄宣統退位，身為侍郎，卻無法貢獻一絲一毫的力量，等於為臣不能盡忠，同時也是為子不能盡孝。而他素性友愛，晚年一直和弟弟朱孝威相依為命，老來卻喪弟，其悲痛是可以想見的。他的兒子方飴英年早逝，過繼孝威的兒子作為嗣子，他希望嗣子能成「犀角」，但終竟成不了「犀角」，真是莫可如何？又其妻性強悍，平時極少唱隨之樂，冷落一生，死後種種更難補救，一切只好歸之於「怨由恩生」，沒有恩，哪有怨？也就當他「怨就是恩」吧！寫至此處，五倫已盡，生逢憂患，死為孤孽，回眸一生，正如佛家所言如夢幻泡影，如露亦如電，絲毫不留痕跡，一一逝去。「枉拋心力」，在改朝換代之際，到頭來祇落得一個詞人的份！看起來「人世間」是現實的，也是最可哀的！今生已經等閒空過了，來生何苦再來重演一回呢？以短短五十五個字，寫盡一生對家對國的隱恨，是至為沉痛的血淚絕筆之作！

康有為玩假古董

一八九八年戊戌變法慘遭失敗，「六君子」被殺，康有為和梁啟超則逃亡海外多年。從一八九八年到一九一四年間，他四渡太平洋，九涉大西洋，八經印度洋，泛舟北冰洋七日，先後遊歷美、英、法、意、加拿大、希臘、埃及、巴西、墨西哥、日本、新加坡、印度等三十多個國家和地區。後來吳昌碩曾為他治印，文曰：「維新百日，出亡十六年，周遊大地，遍四洲，經三十一國，行六十萬里」。

康有為打著保皇的旗號，向各地華僑募集不少金錢。但他並沒有將這些錢用來做營救光緒皇帝之用，而卻拿去滿足了他的「古董癖」。據說當時新加坡有位鉅富叫邱菽園的，曾斥三十萬兩銀子交給康有為供保皇黨發動唐才常起義之用，而等到唐才常起義失敗後，才知邱所捐的這筆錢，唐僅得到三萬，其他二十七萬都被康有為拿去買古董去了。而有次保皇會在海外募得基金一百萬美元，也曾以十萬美元給康有為作遊歷各國「考察政治」之用，他以此款購買了不少中外文物、古董。

因此，康有為遊蹤所至，中外古董商和掮客嚮導之流，如蟻附羶，總是尾隨一大群的。而當他返國之後，自是滿載而歸，有來自南洋的鱷魚標本、耶路撒冷圓頂清真寺模型、伯利恒握筆盒、歐洲獵童漢白玉雕像……一件件濃烈異國風情的文物。康有為遊歷世界期間，每至一處必去當地博物館遊覽。異國文物之盛貌讓他自慚形穢：「我國之大，以文明自號數千年，而無一博物院以開民智。歐美人每問吾國博物院，事為赧然面赤，奇恥大辱未有甚於此者。」因此在流亡海外期間，他購買了不少文物，當時便計劃回國後開設博物館。

康有為自稱「天遊散人」，他把從世界各地搜羅來的洋古董，分別陳設在青島的「天遊園」和西湖別墅。於是，他自翊「聚百國之寶書，賅九流之學說」。散原老人陳三立還贈詩讚他：「歷從絕島求靈藥，獨獲微言證寶書」。而這在當時是可以誇耀時流，嚇唬當代名士的，因為當時連「兩牙」（即葡萄牙和西班牙）都分辨不清的士大夫們，他們何嘗見過這些洋古董，開過這些洋葷呢？

康有為曾分別以所集洋古董餽贈門弟子，並鄭而重之的為文以記此一「盛事」。就他文中來看他的贈品，如：他將視為奇寶的一個貼滿了各國旅館招貼的破皮箱贈與弟子壽文；以瑞士放孔園贈的一扇和美國黃石公園文石一件贈與弟子徐君勉；以火山灰石一件、黃石公園文石二件，贈與梁啟超之女令嫻；另以礦石數件分贈弟子伯惠等。像這樣連破皮箱、火山石都視若瑰寶，可以想見康有為所收集的洋古董的範圍之廣和品質之低了。

但在中國古董的收藏中，有一部分是康有為花了錢買來的，有些則是巧取豪奪或騙來的。例如，清末與樊樊山、朱祖謀、況周頤號稱清季「四大詞宗」的鄭文焯（大鶴）死了，身為好友的康有為，他知道鄭大鶴所藏的宋版書不少，又打聽得大鶴的兒子恰巧不在家，於是便一把眼淚，一把鼻涕的跑到鄭的靈前去弔祭。弔祭完以後，便對鄭的姨太太說：「大鶴生前曾答應過送我幾部書，如今他亡故了，我今天特來取去，用以紀念我最尊敬的老朋友。」可憐這位姨太太在悲痛之餘，哪裡會往壞處想，更不知宋版書的價值，素來只知康先生是當代大名鼎鼎的人物，能如此悲痛的來弔祭故世的丈夫，已屬殊榮，要幾本舊書算得了什麼，何況又是亡夫生前答應過的。於是便將藏書籠篋打開，任由康有為飽載了許多宋版書而去。等到鄭大鶴的兒子回來，才知道上了大當，便不待服滿，立刻趕去找康，想取回被誆騙的那些宋版書。誰知康的手法更高明，每天設最豐盛的筵席宴請他，還寫了一些詩文贈給他，每一提起從前和他老太爺的「深厚」交情，便如淚人兒似的哭得悽慘萬狀，結果弄得鄭大鶴的兒子總是開口不得，只好垂頭喪氣而歸。

張大千也說他老師清道人李梅庵曾花四百元買到宋代陳希夷的一副對聯：「開張天岸馬，奇逸人中龍」，剛在家裏掛出，就被康有為看見了，硬是借了回去。後來李梅庵去世，康有為只送了一副輓聯和六元大洋的奠儀，借去的陳希夷對聯卻不還。李的老朋友曾農髯氣極了，寫信給另一老朋友沈曾植說，梅庵身後這麼窮，康有為太對不起老朋友了，他如果不把對聯還給李家，我要請律師打官司。最後費了九牛二虎之力，方才把對聯要回來。

康有為晚年還發生一件「盜經」風波，那是一九二三年十一月，他應陝西督軍兼省長劉鎮華之邀去西安講學。其間去遊臥龍寺，該寺藏有一部南宋平江府延聖院摹刻的磧砂《大藏經》，十分珍貴。康有為見經卷殘缺不全，又生書魚，而邊頭竟被人剪作鞋墊，便說：「此經已如斷玉，若不即刻搶救，將成齏粉。」該寺住持早就有付梓打算，但困於資金短缺。康有為趁機提出由他籌集資金，整理補齊後，運往上海以珂羅版重印，住持欣然答應了。但前往運經的劉鎮華的部下，不懂得佛經版本，進了藏經閣之後，見到經卷就搬，偏偏康有為和該寺住持都不在現場。寺中僧人發現短少了經卷，就找康有為查詢。康有為聽了之後，覺得這不是什麼大不了的事，將拉錯的幾本經卷退還就是了。但眾僧不答應，認為是康有為蓄意渾水摸魚，一時輿論譁然，聲討康有為「圖謀不軌」的行徑。又推舉省議員起訴至地方法院。法院立案後，派法警持票前往中州會館，想要拘捕康有為歸案，但被阻止了。人們氣憤至極，團團圍住會館，以防康有為攜經逃跑。事態發展至此，康有為十分生氣地說：「有些人不明真相，捕風捉影，胡罵亂咬，我康某不予計較。若打官司，康某倒願奉陪，敝人要在大堂之上討個公道，還我清白！」但最後，他還是十分冷靜地在南歸前派車將經送還臥龍寺。

對此此事，學者章立凡在〈康有為「西安盜經」的真相〉文中有不同的說法，他說他當年在康同璧（按：康有為的女兒）家密室，非常震撼地見到貼著封條的楠木書箱，箱上用墨筆寫著「大藏經」三字，就是康有為生前從陝西運回的那部磧砂版《大藏經》。章立凡說：「毫無疑問，《大藏經》是混在幾十大箱的秦磚漢瓦中蒙混過關的。想當年，康有為在陝人聲討之下，鎮定自若，在歸還大部分佛經的同時，擇其精品，藏於行囊，同時故意丟棄部分於路途，以轉移陝人目光，遂得從容挾寶出關，可謂謀勇兼備，卒告成功。」

康有為所藏古書畫豐富，他特別輯印了一冊《萬木草堂藏畫目》，看內容，盡是宋元明各大家的墨寶，真的會令人對他收藏之富，欽佩羨慕不置；但真正了解那些貨色的內行人，則為之竊笑不已。康有為又自認為他是歷史人物，凡經他題過或鑑定過的古董，雖是假的，後人也必定認為是真的，而且會加以珍藏，於是他就學乾隆皇帝一樣，見字畫就題跋，一題就是洋洋灑灑一大篇，弄得原物面目全非。好在都是假的，否則才真是糟蹋名作！

羅癭公與程硯秋

在「四大名旦」中，程硯秋是年齡最輕的，卻死得最早，硯秋死後，從此程腔，遂成絕響。一般人都知道程硯秋原是滿清旗人子弟，但不知道他還是旗人中的貴族。馬敘倫在《石屋餘瀋》中說：「硯秋為清宣宗相穆彰阿之曾孫行，穆相權傾一時，然至硯秋兄弟已無立錐之地，其母鬻之伶工。」而潘光旦的《中國伶人血緣之研究》則考證說道光初年另一位相國英樹琴（號熙齋，著有《恩福堂筆記》），是程硯秋的高高祖。照潘光旦所說，程硯秋的祖先是姓英而非姓穆，英樹琴與穆彰阿雖同為道光朝的相國，論氣焰之盛，名聲之大，則英不及穆多矣。不管程硯秋是英或穆相之後，總之他是滿清大臣之後，似可確定的。不過到他父母這一代，業已成為破落戶，江河日下的家道，使得他的母親終於不能不將他賣入戲班之中。

程硯秋後來之所以能在劇壇發跡，那完全是出於那一位「性好顧曲」的粵籍名士羅癭公之所賜了。現在知道羅癭公的人不多，但在清末民初的北京，順德羅癭公可以說是無人不知、無人不曉的大名人。其人精通詩詞書法，喜好飲酒交遊，為人俠義，上至達官貴人，下至平民寒士，大凡才通風雅者，都有他的好朋友。羅癭公少年時代就讀於廣州萬木草堂，與陳千秋、梁啟超等同為康有為弟子。羅癭公有才華，有抱負，但是滿清末造政治風氣敗壞，賄賂公行，親貴當道。像他這樣徒有才名的窮詩人當然找不到好出路。即使到了民國二年，袁世凱恢復帝制的說法甚囂塵上，時任總統府秘書的羅癭公雖與袁氏有舊，卻不肯附逆。因此他辭官避居在廣州會館中，每日縱情詩酒，流連戲園。羅癭公的佯狂而歌，實為避禍。羅癭公也只向老朋友黃晦聞吐露過實情，「吾欲以無聊疏脫自暴於時，故借一途以自托，使世共訕笑之。」

這時候他的好友楊穆生跟他談起榮蝶仙那兒有一名極堪造就，前途不可限量的青衣，羅癭公愛才如渴，他又問過看過程劇的朋友，幾乎異口同聲地說程硯秋這雛伶不錯。而當羅癭公親眼見到程硯秋的演出，他驚為天人，認為程硯秋未來的成就至少可以步梅蘭芳的後塵，當時他就作過預言說：「爾來菊部頹靡，有乏才之嘆，方恐他日無繼梅郎者。今艷秋（按：當時名艷秋後才改名硯秋）演出，風華輝映，他時繼軌，捨艷秋其誰？」。羅癭公對於程硯秋的提攜培植，真可說不遺餘力，他當時不過一介名士而已，家累既重，開銷又大，但他竟然籌出一筆款子來給程硯秋贖身，還將他送往京劇界有「通天教主」之稱的王瑤卿處去學藝，並鄭重地拜託王氏，予以好好地調教。王瑤卿也認為程硯秋是個可造之材，乃以平生絕藝，毫無保留地傳授給他。直到王氏臨死之前，他還不無得意地談到程硯秋說：「一個學藝的人，應該虛心學習別人的長處，但若鑽進別人的小圈子，拘而不化，充其量也不會把別人的長處全學了去，那才是一輩子沒出息。程老四（指硯秋）記得我說過這樣的話，後來他自己才創造了程腔。他要是死學我，也就不懂得變化的道理了，哪還會有什麼程腔呢？」

除此之外，羅癭公還親自教程硯秋識字、讀詩、練習書法。在羅癭公的薰陶下，程硯秋不但精通經史，一手字也寫得很漂亮，這在當時的藝人中是非常少見的。他又親自為程硯秋編寫劇本，如《紅拂傳》、《青霜劍》、《春閨夢》、《孔雀東南飛》、《碧玉簪》、《文姬歸漢》、《鴛鴦塚》、《沈雲英》、《鎖麟囊》等，多半悲鬱蒼涼，正是大作家、大詩人對於現實生活不滿的一種反映，這在軍閥時代也可以說是反映時代苦悶的歌聲，當然會風靡一時，因此程硯秋很快成為僅次於梅蘭芳的紅伶了。羅癭公曾向友人剖白其心跡說：「吾既不能囚匡天下，僅藉此一縻心力，亦當引之（指程硯秋）於正道。」卅年以還，梅派與程派分庭抗禮，各有千秋。梅蘭芳雖擁有《霸王別姬》、《生死恨》、《鳳還巢》、《太真外傳》、《宇宙鋒》、《洛神》、《廉錦楓》等得意傑作；而程硯秋亦擁有《文姬歸漢》、《聶隱娘》、《荒山淚》、《鎖麟囊》、《金鎖記》、《春閨夢》、《硃痕記》、《賀后罵殿》、《紅拂傳》等私房好戲。而在四大名旦中之尚小雲與荀慧生固不能與梅、程兩派相提並論也。

而當程硯秋在紅氍毹上大紅特紫，聲譽扶搖直上之際，羅癭公卻窮愁不堪，家庭多故，再加上失業，境遇是每下愈況了。民國十二年，他和夫人最鍾愛的一名掌珠又一病不起，使老夫妻倆傷心欲絕，肝腸寸斷。夫人竟因此神經失常，成了瘋癲。兩個兒子宗震、宗艮，又都在求學階段。全家的生計瀕於斷絕，一日三餐都煞費經營，羅癭公的豪情壯志在妻啼兒號聲中終於被消磨殆盡。民國十三年端午節後他終因心力交瘁不支而病倒，經醫院檢查證實是三期肺病。八月初他自知不起，曾向經常抽暇到醫院照料他的程硯秋透露，程硯秋淚下沾襟地說：「您老放心，我受您老的大恩大德，一直圖報無門。不論有什麼事情，我都唯有竭盡所能而已。」八月四日，羅癭公一大早就勉力撐持倚枕執管，寫下他平生最後一篇文章，那就是他的遺囑。八月二十五日羅癭公歸去之時，親屬皆不在側，程硯秋當時是第一個趕到，見到恩師遺下的數頁遺囑，悲慟得幾近昏厥。回到家中，即為恩師設立靈堂，朝夕哭奠，並輓以聯曰：「當年孤子飄零，疇實生成，豈惟末藝微名，胥公所賜；從此長城失恃，自傷孺弱，每念篝燈製曲，無淚可揮！」又日夜抄寫經書，以慰恩師在天之靈。在羅癭公喪事期間，程硯秋停演數月戴孝志哀，說：「我程某人能有今日，羅師當推首功。」羅癭公後事所用的祭奠、棺木、墓地之費都是程硯秋獨力料理承擔，費金過萬元，務極完美。這種事情，一般的士大夫都難以做到，但一個藝人卻做到了，怪不得後來康有為作詩稱程硯秋為「義伶」。

在羅癭公的遺囑中希望墓碑由散原老人陳三立來書寫，於是程硯秋特地跑了一趟杭州西湖，拜見散原老人，乞書「詩人羅癭公之墓」七字，並酬以潤筆五百金，散原老人感其風誼，拒收潤金並贈詩一首云：「湖曲猶留病起身，日飄咳唾雜流塵。斯須培我淩雲氣，屋底初看絕代人。絕耳秦青暗斷腸，故人題品費思量。終存風誼全生死，為話西山涕數行。」其中「為話西山」是指程硯秋為羅癭公營墓於北平西山。羅癭公去世後，每次程硯秋出京演戲，行前必先去羅癭公墓前憑弔。逢羅忌日，也必去墓前祭奠，二十餘年，從未間斷。真是世事雖無常，但有義伶半生情！

顛倒眾生的劉喜奎

劉喜奎（一八九四－一九六四）與梅蘭芳同庚，為一代紅遍南北的女藝人。當時在梨園界一度傳出「男有梅蘭芳，女有劉喜奎」的佳話。戲劇大師曹禺在一九八〇年曾著文這樣說：如今戲劇界很少有人提到劉喜奎了。然而在一、二十年代，她可是紅透半邊天的名坤伶，是唯一能跟譚鑫培、楊小樓唱對臺戲的女演員。

劉喜奎在習藝之初，學過老生、武生、刀馬旦以及花臉，以故她在十三歲前是以武生應行的。後來她從小金鐘學花衫，又拜七盞燈（即毛韻珂）專攻花衫。她為了動作身段的傳神美觀，不惜於深夜以燈取影而苦加揣摩。又為了練走碎步，常將銅錢夾在兩膝間疾行不使掉落，而成為舞臺一絕。如此勤奮，再加上她的年輕貌美，終成為色藝雙全、蜚聲南北的名角兒。她身材小巧玲攏，眉目如畫，她未出場時，滿臺都是鶯鶯燕燕，個個美如天仙，令人目不暇接，一到她登場，一聲婉轉嬌啼，唱腔圓潤，與她配戲的坤伶們相形之下，就都變成了庸脂俗粉。為她著迷的上至達官貴人，中有士紳名流，下至販夫走卒，真是轟動九城，顛倒眾生。

《亞細亞報》的名記者劉少少，雖年逾花甲，不甘寂寞，亦單戀劉喜奎，在報上替劉喜奎大吹特吹，最肉麻的兩句詩是：「願化蝴蝶繞裙邊，一嗅餘香死亦甘。」某日，他在報上發表一篇駢文，冊封劉喜奎為「喜豔親王」，刻在銀盾上叫樂隊送到劉家，自己坐上馬車，吹吹打打，押在後面。當劉喜奎獲悉此事，立即躲避，由家人出面迎接，並對劉少少說：「承先生盛情，真是蓬門生輝，三生有幸，心領敬謝，萬不敢當。」遂即將原件退回，這下子使得劉少少氣得臉上紅一陣，白一陣，甚為尷尬。又張聊止的《歌舞春秋》還說：「丙辰（一九一六）秋，少少獨居法源寺，余一日趨往訪談，四壁蕭然無長物，而床頭一案，置喜奎放大倩影一幀，談及喜奎色藝，津津有味，曰：喜奎演《醉酒》，吾意當年玉環無此美姿，蓋玉環之肥，決不及喜奎之穠纖得中，且玉環無歌喉，而喜奎則珠圓玉潤，寧非此勝於彼耶！」。

而易順鼎（字實甫，號哭庵），曾瘋狂追捧劉喜奎尤力。劉成禺的《洪憲紀事詩本事簿注》有詩云：「騾馬街南劉二家，白頭詩客戲生涯。入門脫帽狂呼母，天女嫣然一散花。」注曰：「劉喜奎色藝，當時實領王冠，名士如易哭庵、羅癭公、沈宗畸輩，日奔走喜奎之門，得一顧盼以為榮。哭庵曰：『喜奎如願我尊呼為母，亦所心許。』喜奎登臺，哭庵必納首懷中，大呼曰：『我的娘，我的媽，我老早來伺候你了！』每日，哭庵必與諸名士過喜奎家一二次，入門脫帽，必狂呼『我的親娘，我又來了。』喜奎略通文墨，後拜哭庵為師父，日習藝文。喜奎曰：『易先生見面，呼我為娘，我今見面，即呼彼為父，豈不兩相作抵？』。」

易實甫，才思橫溢，文名藉甚，曾寫過許多詩詞贊美劉喜奎，並曾對天發下七大願望：

一願化蠶口吐絲，月月喜奎胯下騎。
二願化棉織成布，裁作喜奎護襠褲。
三願化草製成紙，喜奎更衣常染指。
四願化水釜中煎，喜奎浴時為溫泉。
五願喜奎身化筆，信手摩挲攜入直。
六願喜奎身化我，我欲如何無不可。
七願喜奎父母有特權，收作女婿丈母憐。

如此露骨的表態，極盡猥褻之能事。

另又有某青年僑生，家境極為富有，常往「三慶園」專包一廂，狂捧劉喜奎。那晚劉喜奎演出《辛安驛》，亦笄亦弁之態，使得該青年僑生神魂顛倒。散戲後，等到後臺門口，當劉喜奎將上馬車之際，該僑生竟搶上一步，捧住劉喜奎嬌嫩香甜的臉蛋，狂吻不放，口中念念有詞：「心肝寶貝，我想死你了！」嚇得劉喜奎花容失色，人們立即將他扭送警察局裡，問他姓名他死不回答，於是罰他五十大洋了事，出了警察局，他大呼：「痛快！痛快！值得！值得。」當時報上大事渲染，好事之徒作詩一首：

冰雪聰明目下傳，戲中魁首女中仙；
何來急色兒唐突，一聲心肝五十元。

民初年間，「辮帥」張勳，以長江巡閱使，坐鎮徐州，威福自恣，雖已年近花甲，仍為一老色胚，見劉喜奎的花容月貌，巴不得一口水把她吞下肚去。乃假壽辰為名，將劉喜奎從天津特地接到徐州，參加堂會演出。十天堂會過後，劉喜奎向張勳辭行時，卻被扣留不放。張勳的妾侍們直說出大帥看中她，有意藏之金屋。劉喜奎乍聆此訊，直如晴天霹靂，表示寧願一死，決不低頭。張勳眼看霸王硬上弓不成，且柔聲下氣向她說了一大堆肉麻當有趣的體己話。劉喜奎見張勳軟下來了，知道非用計謀，不易逃出虎口，於是，她向張勳說：「我在幼年時，早已許配了人家，一女不能兩嫁；如果順從了大帥，就得先將那樁婚事退掉，以免大帥背上強奪民妻的罪名。我對大帥的抬舉，決無不知好歹之理，大帥如果真個憐惜我，就當體諒我的苦衷，讓我回到天津，先把手續辦好。」張勳覺得她說得理正，心想反正你是逃不過我的手掌心的，才讓她離開徐州。但臨行之際，張勳特地派韓、王兩個心腹隨行，美其名為保護行旅安全，實則乃是沿途監視脫逃。但最終還是讓劉喜奎以「調虎離山」之計，而「金蟬脫殼」地安然回到天津。

才逃出張勳魔掌，北洋政府的參謀本部次長陸錦的陰影又將她包圍。陸錦和劉喜奎是青梅竹馬，一起長大，也算近水樓臺，處處以護花使者自居，對劉喜奎小心呵護，殷勤備至。今日送錢，明日送物，連幾百塊大洋一件的猞猁猻皮大衣也買來送去。陸錦在追求劉喜奎的同時，也有將劉喜奎獻與當時大總統曹錕的意思，劉喜奎險遭曹錕毒手一事，就有陸錦在中撮合的成分，其人品可見齷齪。於是劉喜奎託人傳話給陸錦說：「陸大人一心娶我作他的二房，叫他做夢也休想。甭說二房了，便是明媒正娶的大太太，我也不幹。咱們家從前固然是窮些，但卻就耕讀傳家。他呢，不過是個吹鼓手的兒子罷了。」

迫於現實，二十七歲的劉喜奎只能匆匆出嫁。由媒人撮合，與參謀本部的崔承熾論婚。相親之日，她二舅代表她親眼看到崔承熾是一位英俊的軍官，引為喜慰。詎知成婚之夕，崔承熾忽變為一個四十開外、瘦骨嶙峋的癆病鬼，始知相親全屬騙局。而陸錦以總長之尊，竟被屬員撬了牆角，自是妒火中燒，滿腔憤慨，即在崔承熾成婚後的第四天，就假公濟私，濫用職權，以「擅娶優伶，久假不歸」為名，予以撤職。其後經人疏通，雖仍回部，卻遭降級處分，由局長調任「視察」；陸錦並故意地差東遣西，使其馬不停蹄，夫婦間難得見到一面。崔某以一個多年癆病之人，沉疴積勞，同時併發，死於法國醫院，距其結婚之期僅三年四個月。

自此，劉喜奎便洗卸鉛華，守寡撫孤，足不出戶，杜門謝客，紅極一時的一代名伶，此後在氍毹臺上銷聲匿跡。一九六四年，劉喜奎病故於北京，她寡居四十年不再嫁。如花美眷，似水流年，穿過漫長歲月的雲煙，依稀能聽到遙遠的地方傳來她那幽咽、婉轉的淺唱！

「臣記者」的薛大可

薛大可在民國年間是報界名人，他與劉少少、黃遠庸同為報壇怪傑。他是湖南才子，也是文壇一傑，詩文均有根底。他平生有一「悔不該」的往事，乃是在袁世凱稱帝時他列名「勸進表」，因此有人指稱他為「洪憲餘孽」。

薛大可（一八八一－一九六〇），字子奇，湖南益陽人。與胡林翼為同鄉，少年時期，其立身處世，放蕩不羈，亦與胡公少年時期相似。他常說：「早年是一個酒徒，中年是一個賭徒，晚年則為一釣徒。」他少年時之酒徒，據云有一斗亦醉，一石亦醉之概。民國初年他任國會眾議院議員，議論縱橫，常為時論所重。也自然與當時權貴，多所往來。花天酒地，豪放自如，似乎不大拘於細節。

民國初年，袁世凱一心要恢復帝制，一幫文人跟在身邊大吹法螺，夢想成為袁氏王朝的開國功臣，將來也有個好位子坐坐，薛大可就是其中一個。《亞細亞日報》是袁世凱任大總統後，直接出巨資，由薛大可出面所辦的御用報紙。該報曾經在北京、上海出版。其中北京版於一九一二年六月創刊，薛大可任主編，樊增祥、易順鼎等人任撰述，每日出三大張。上海版於一九一五年九月十日日創刊，亦是薛大可任主編。北京版和上海版均擁護袁世凱，曾積極為袁世凱稱帝製造輿論。薛大可一時成為帝制的要人，袁世凱登基，《亞細亞日報》率先改以洪憲紀元，並尊袁為「今上」。薛大可隨各方諂媚者上表稱賀，表文自稱「臣記者」。袁稱帝之日，召薛大可等「報界代表」入新華宮賜酒，用一個大缸盛滿黃酒，叫他們圍著缸喝酒，美其名曰「皇澤普被」。賜酒罷，薛大可等北面稽首九叩，三呼萬歲。

據同為報人羅敦偉的文章說薛大可嘗與吳光新之流聚賭，呼盧喝雉，一夜之間，輸贏數十萬銀元。據聞某夜正與吳博，時張宗昌任某直屬混成旅長，哭喪著臉侍立在側，不發一言。詢之謂來京領全旅軍餉。偶來賭博，將餉輸盡，無法明日回去發餉。吳光新是時任陸軍總長，薛遂向吳建議：「我們不過為興之所至，輸贏本無所謂。彼既將全旅軍餉輸盡，無法回營。何不將吾等所贏付還之，俾其明早回營辦事。」吳直謂：「這是他本人的事，與我們無關。那個叫他來賭博！」表示不肯退還。薛當時與張無深交，惟感到不能以賭博，妨及軍旅。於是即席而起，謂我來推莊。輸，算我的；贏，即發還給張回去發餉。果然，手氣大紅，連賭皆捷。頃刻之間即足一旅軍餉而有餘，遂付還予張宗昌。並戒張曰：「效坤！（張宗昌之號）賭場如戰場。戰場有戰術，賭場亦有賭術。既不嫻賭術，不可輕於嘗試。」張娓娓而退。私衷感激薛氏。後張宗昌官運亨通，地位蒸蒸日上，貴為山東督軍時，特聘薛氏為高等顧問。但薛大可認為張宗昌為一粗魯鄙夫，故未前往就任。

一九二六年八月五日，著名報人林白水在他的《社會日報》上發表了時評文章，罵張宗昌的心腹紅人潘復為「腎囊」。當天夜裡，林白水就被抓了起來。次日凌晨，薛大可直奔張宗昌官邸，他要去營救林白水。等到他趕到張府的時候，不出意外，張宗昌正在打牌。同時趕到的還有楊度，他也是來勸張大帥槍下留人的，但張大帥牌局未散，任由楊、薛二人百般勸說，全不理會。薛大可急了，撲通一聲跪倒在地，聲淚俱下地說：「大帥，少泉（林白水字少泉）實不可殺！若殺此人，報界人人自危，首都民心盡失，連外國人都會指責大帥鉗制輿論。某等乞留少泉一命，非為少泉惜，實為大帥全譽耳！」雖是情急之中，卻說得字字妥貼，入情入理。大帥終於發話了，「立即執行」改成「暫緩執行」吧！但林白水的命到底沒有保住，張大帥的手令剛到，憲兵司令王琦報告：半小時前，槍決已執行。

一九四九年，薛大可不知何動機，來了臺灣。寓臺北建設廳招待所，之後省政府南遷，建設廳招待所改歸警務處管轄，改設臺省警務處招待所。開始清理房屋，對於原居人一律下逐客之令。所幸薛氏原與該所管理員交誼甚篤，他們對之素來禮重。但改隸警務處後，亦不能安居。幸羅敦偉向警務處郭永處長說明，乃得以居住。他來臺時，只帶姨太太一名，因不治生產，由大陸帶來的少數積蓄，久已用罄。他曾想以舊日之律師資格，執行業務。但當時來臺之律師甚多，有立法委員而兼律師者，比比皆是，薛氏的律師業務，遂一蹶不振。但老詩人風流仍不減當年，終日詩酒自娛，別署「南溟老漁」。人們戲語「薛老先生已不漁名，只是漁色了。因為他專愛為女人作詩詞。」

有一位滿清貴族唐石霞女士，她是末代皇帝溥儀的弟弟溥傑的原配夫人，瑾妃、珍妃的親姪女。姓「他塔拉」（漢譯是「唐」字），隸屬鑲紅旗。當年由瑾妃作主，許配給溥傑為妻，後來滿州國時代困於日本軍方的逼迫，溥傑不得已，與之離異，改娶日籍女子嵯峨浩為妻。唐石霞則避居香港及上海，以作畫自遣；其畫法全係北宗，工筆山水。一九四九年一度來臺，後又卜居香港。她來臺時曾以師禮薛大可，因此薛氏撰有〈石霞歌〉，捧之不遺餘力，與紅霞老人之〈石霞曲〉，傳誦一時。其次，便是坤伶「祭酒」顧正秋，也是他吟詠的對象，那時顧正秋在永樂大戲院演出，薛氏常去捧場的。他看了顧正秋演的《荒山淚》一劇後，便填了〈浪淘沙〉云：「一顧果傾城，曲譜秋聲，嬋娟三五正盈盈。河滿歌聲落雙淚，悲憤填膺。當路虎狼橫，歲歲刀兵，山川草木有餘腥。我為蒼生腸九轉，況乃佳人。」除了大大讚美顧正秋之外，還把她的名字置入詞中。而後又贈以一聯，集工部、漁洋句云：「正是江南好風景，秋來何處最銷魂。」

據報導，有一次《掃蕩報》總編輯許君武請作家吃飯，在座有著名的易君左、謝冰瑩、薛大可，還有一位劉一萍（該報編輯）等二十餘人。主人因為天熱，請大家「寬衣」，薛大可穿的白夏布長衫，卻不解脫，劉一萍向他說：「眾人都脫了，你為什麼不脫？」他說：「我沒有穿汗衣，脫了便是光桿。」其實是真話。劉卻誤以他是「倚老賣老」有些傲慢，即諷道：「這兒不是金鑾寶殿，脫衣也不失禮的。」於是兩人唇槍舌劍，大吵特吵起來，擊桌摔杯，若不是許君武即時勸解，難免大打出手。因此文讌而武散，正所謂「草草終席」。有幾位作家戲語主人說：「今天是為《掃蕩報》副刊拉稿而請客，給你們貴同鄉薛、劉兩位先生幾乎至流血，要先掃蕩酒席了。」

一九六〇年十一月一日，薛大可病逝臺大醫院。薛氏當年雖享盡榮華富貴，而垂老之際卻落拓江湖。他自說晚年為釣徒，其實來臺後，他一籌莫展，終年並無所釣，釣徒不過為詩人自號而已。大可，拼起來為一「奇」字，因此他號子奇。終其一生，其遭遇之奇，命運之厄，在古今亦不失為一奇人也。

「聯聖」方地山

製聯雖屬小道，但要做得好，還得才思敏捷、腹笥淵博、思想新穎、見聞豐富，四者缺一不可。由於聯語多數是急就章，非才思敏捷，無法頃刻立就；但也貴在學識豐富，才可勝任。又聯語以自然風趣為上乘，所謂信手拈來，都成妙諦，因此不比應考文章，切忌帶有頭巾氣，一有頭巾氣，便失諸於迂，縱然學問好，做出來亦無足觀也。近百年來，不乏製聯高手，但能備具上述幾項條件者極少，有之，當推揚州方地山。而後在臺灣有張佛千，亦稱此中高手。

方地山原名爾謙，又字爾止，別署大方。出生於書香世家，他和胞弟澤山，少時同負神童之名，弱冠赴鄉試，澤山獲榜首解元，地山為第二名。其後，澤山嘗官兩淮鹽運使，地山則淡於利祿，惟流連於詩酒，未曾服官，其為文千言立就，尤善屬聯，信口道來，無不佳妙。人過中年的他在漂泊多年之後，到天津主持《津報》筆政。對蒙疆史地他素有研究，眼見日本人虎視眈眈於東三省，而北洋政府的官員又顢頇無能，當即在《津報》上對此事大加撻伐。因其言辭犀利，語氣峭拔，引起了袁世凱的注意。袁慕其才名，乃聘為西席，使課諸公子，故與袁二公子寒雲有師弟之誼，而情誼甚篤，名雖師徒，實類兄弟也。

聽說某年終歲末，袁世凱問方地山是否返鄉過年，方答以聯曰：

出有車，食有魚，當代孟嘗能客我；
裘未敝，金未盡，今年季子不還家！

他巧借兩個典故——孟嘗與季子（張翰），來表達對袁世凱的知遇之恩。不過私誼歸私誼，方地山的政治頭腦還是頗為清醒的，他並沒有因此而取媚於袁世凱。後來他預感袁世凱經受不了「幾番風雨」，很快會出來稱帝的，於是毅然出走上海，並以聯明志云：

更能消幾番風雨，
收拾起大地河山！

袁世凱命歸黃泉後，方地山在輓聯中說：「誦瓊樓風雨之時，南國早知公有子；承便殿共和期間，北宋未以我為臣。」他以一介布衣寒士，對於袁的隆遇深恩，長期以來縈繞在心，難釋於懷，但也坦露了他對其稱帝是不贊成的。

又聽說袁世凱聘方地山為西席時，袁寒雲對這位老師有幾分不服氣，於是用線繫了一枚古錢，燃香懸於一銅盆上。方地山明白寒雲在以詩鐘形式考校他的學問，便欣然應對。寒雲出

「少之時不亦樂乎」聯後，方地山一驚，聽出是集古句，沉思後對出「卿以下何足算也」，也是古句。此時，錢落銅盆，響聲未絕，寒雲雙膝跪倒，拜為老師。師生之外，他們更成為兒女親家。一九一二年，方地山把女兒初觀（慶根）許給袁寒雲之子伯崇（家嘏）。訂婚時，兩家僅交換了一枚古錢。後來結婚時，更別無儀式，只在旅館中一交拜而已。方地山遂作聯以志其事：

兩小無猜，一個古錢先下定；
萬方多難，三杯淡酒便成婚。

上聯「兩小無猜」，語出李白〈長干行〉：「同居長干里，兩小無嫌猜。」；下聯「萬方多難」，語出杜甫〈登樓〉：「萬方多難此登臨」句。用典自然，通俗易懂，尤以將婚事與國事相連，更見作者立意不隨流俗，用筆不同凡響，當為上乘之作。

方地山為名士，為詩人，自古詩人名士無不好色，方氏與寒雲均不例外。他縱情詩酒聲色，對自己好色並不避諱，曾製二印「寡人好色」、「男女多於飲食」。寒雲曾有姬妾五六人，方氏則多至九人。某年自北平遷居津門，在某胡同，覓得一巨宅，共有十室，方氏與姬人各踞一室居之，而於其門外書「大方家」三字，作為標識，想見其人之富於風趣。

在方地山的聯語中，有不少嵌名聯是贈給青樓女子的。其中有為妓女「馬掌」作的：「馬上琵琶千古恨，掌上歌舞一身輕。」上聯用王昭君典故，下聯用趙飛燕故事。「馬掌」之名本來俗不可耐，但經作者獨運匠心，竟以兩大美人之典嵌名入聯，工巧無雙，真有化腐朽為神奇之功。而贈給妓女月紅一聯為：「楊柳岸曉風殘月；牡丹亭姹紫嫣紅。」此聯以雁足格（末字）嵌入受贈者名。上聯典自柳永〈雨霖鈴〉句；下聯典用湯顯祖《牡丹亭》句，堪稱巧對。

他與畫家張大千也成忘年之交，一九三四年張大千有韓國之行，友人在天津紫竹林為他餞行。方即席作了兩副嵌名聯贈張，其一為：「八大到今真不死；半千而後又何人。」「八大」，即指明末清初畫家「八大山人」朱耷，擅畫水墨花卉禽鳥，張大千師其畫，亦師其人，從不事權貴，因有此句。下聯「半千」，乃是明末清初「金陵八大家」之一的畫家龔賢，擅畫山水，用墨濃重蒼潤，別具深鬱氣氛。此聯贊張大千繼承八大、半千，卓然成家，上下聯第二字嵌名「大千」，可謂工巧。

一九三一年正月，袁寒雲染上猩紅熱病，方地山來天津寓所探望，在寒冷的冬天裏，袁寒雲拖著病弱的身體，面對每況愈下的生活，兩位聯壇的大家苦笑著以各自名字寫了個對聯：「大方大，大莫能容，但一味模糊，不怕再來天大事；寒雲寒，寒真徹骨，要百般忍耐，才知自有歲寒心。」方地山後來加注：「辛未正月自與寒雲枯坐，戲為此聯，渠欲買佳紙書之，乃弗果，可為流涕。」幾天後，在猩紅熱沒澈底痊癒的情況下，寒雲又到青樓去吃花酒，舊病復發，因此辭世。噩耗傳來，地山悲慟欲絕，揮淚撰聯以悼之：「誰識李嶠真才子；不見田疇古世雄。」並為奔走身後之事，親書「袁寒雲之墓」五字，樹碑立於墓前，想見其人之篤於道義也。

一九三六年，方地山歿於津沽，臨終時猶以「王師北定中原」為念，故在一九三七年的《北洋畫報》上，有〈輓大方聯〉云：

聯堪稱聖，書自成家，沽上早知名，遺墨頓成和氏璧；
病已瀕危，心猶念國，中原何日定，思君怕誦放翁詩。

對於方地山的才情書藝，特別是他那犖犖大節的愛國情操，予以了高度的評價和讚揚。北大教授周一良對方地山的評價是：「文酒風流，聲色追逐，其一生為典型的舊式文人」。又說：「先生善詩詞，尤善於聯，雅言俗諺，情文相生，信口而成，聞者驚服，人稱聯聖。」而張大千也說：「他的聯對工夫，就算不是空前，也屬絕後，可惜他從不留稿」。時移世易，如今聯苑難再有方地山了！

由縣太爺到戲子的汪笑儂

京劇演員汪笑儂，雖不被正史所重視，但在晚清野史筆記中，卻記載甚多，可見他被當時人所重視之一斑，連梁啟超的《飲冰室詩話》都說道：「上海伶隱汪笑儂，以戲劇改良自任。吾未識其人，大約一種之實行家也。」汪笑儂以演《哭祖廟》、《馬前潑水》、《黨人碑》、《罵閻羅》等戲著名，在中國梨園中，演員的文化水平一般都不高，能寫劇本和詩文的演員可說鳳毛麟角，而汪笑儂卻是寫、編、導、演，樣樣精通，稱得上是罕見的奇才。

汪笑儂本是滿族旗人，名德克津，生於清咸豐八年（一八五八）。同治十三年（一八七四），中秀才。光緒五年（一八七九），考中舉人，被分發河南，任太康縣知事。因秉性剛正，拒絕賄賂，被以「耽於聲色，怠於牧民」的罪名，革了他的官職。但另有一說，說他赴知縣任，行前買一妾帶往任所，這在當時並不犯法，但他這次卻犯了滔天大罪。原來這個女子是宗室之女，他一時沒有弄清來頭，貿貿然就買了帶去，給御史奏他一本，說他私買宗室女為侍妾，罪應大辟。他有一忠心的家奴，見主人得禍，表示願意替主人一死，承認是他買來獻給主人的，如此一來，縣太爺就可以減輕罪名，最多不過充軍而已。後來縣太爺得失察之罪，免其死刑，但革職永不敘用，而置家奴於法。為感念家奴，等到後來他演戲成名，終身不演《穆成替死》之劇，這是後話。

革去官職的縣太爺，遂在北京的翠峰庵「賞心樂事房」學老生，自是絕意仕途，隱身於伶。他曾走訪京劇老生「汪大頭」汪桂芬，想要拜師。汪桂芬認為他的嗓音不佳，有點瞧不起地說：「儂談何容易！」。他從此發憤用功，勤學苦練，到正式公演時，就以「汪笑儂」為藝名（意為汪桂芬曾笑我不夠演戲的材料）以自勵。汪笑儂善於吸收程（長庚）、譚（鑫培）、汪（桂芬）、孫（菊仙）等各名家的長處，同時借鑒徽腔、漢調的演唱技巧，結合自己的嗓音條件，形成了一種高亢深沉、蒼勁樸實的演唱風格。當時人稱讚他的唱工：「檀板一聲，淒涼幽鬱；茫茫大千，幾無托足之地。出愁暗恨，觸緒紛來；低徊咽嗚，慷慨淋漓，將有心人一種深情和盤托出，借他人酒杯澆自己之塊壘。笑儂殆以歌場為痛哭之地者也。」京劇大師譚鑫培對汪笑儂也有極高的評價，他曾對汪說：「菊仙氣質甚粗，余亦日趨老境，來日之盟主實讓於使君。君之學問為吾輩所不及；咬字之切，吐音之真，亦為吾所不及。」

說到汪笑儂的學問，可說是學識淵博，文史功底扎實，他又喜歡琴棋書畫，寫過不少小說、詩詞，他懂得星相醫卜，給朋友談過佛學與金石學，還涉獵過「西學」的心理學、法學、西洋史、商業史等等。他曾寫〈擬英國詩人吟邊燕語〉二十首，每首寓莎士比亞戲劇一齣，這在當時的士大夫中，幾人能夠？由於他鑽研西學，而接受了西方民主、自由的理念，他的思想在同時代知識分子中是處於領先地位的。

民國元、二年之間，詩人樊樊山在上海租界中充遺老，閒來無事，找朋友打詩鐘、上戲園看戲來消遣。某日，樊樊山召集一班名士雅集，汪笑儂也在被邀之列，樊樊山問他會不會打詩鐘？汪說很少作此遊戲，不過可以試試，請出個題目。樊樊山就說「八股文」、「東三省」分詠格。汪笑儂略一沉思，即說：

能使英雄皆入彀；
可憐帝子已無家。

樊樊山見了為之擊賞，座中有幾個遺老感懷身世，幾乎要嚎啕大哭起來。

汪笑儂被稱為「愛國伶人」，他常感於民眾的愚昧，而「哀其不幸，怒其不爭」，他有詩云：「四百兆心容易死，五千餘歲體難支」、「人盡陳摶睡不醒，世多崔灝詩休題」。因思利用戲劇來呼喚民眾，激勵民心。袁世凱密謀稱帝之時，汪笑儂以詩諷之，中有句云：「利用共和竊專制，奸雄依樣畫葫蘆！」憤而辭去天津伶職，隻身南下，再在上海登臺，並編演歷史劇《博浪椎》，借張良之口唱出：「堂堂奇男子，最好沙場死；死只一回勿浪死，不雪國仇誓不止！」繼以大段快板唱道：「只恨我窮書生身微力小，空懷著報仇志晝夜心焦，望國民起義師速行天討，如今還不見草澤英豪！休讓那虎狼秦皇行凶暴，只苦了眾百姓受盡煎熬；我要把好神州重新創造，把專制君萬剮千刀！」

民國六年陰曆四月七日，汪笑儂在上海演《哭祖廟》時，因為鋒芒畢露，引起地方惡勢力的嫉恨，竟遭到流氓向劇場投擲煙霧彈的的示威。但鄭孝胥的日記卻有另一種說法云：「……往丹桂第一舞臺聽戲。汪笑儂演《哭祖廟》，為北地王殉國之狀，觀者皆感動。俄有巨響震於樓左，濃煙瀰漫，乃炸彈也。戲止，眾皆奔散，此革命黨仇視忠義之說，故作此惡劇耳。」。不管如何，汪笑儂慷慨悲歌的動人演出，是有目共睹的。

民國七年的陰曆九月二十三日，汪笑儂在上海病逝，身後蕭條，由朋輩醵資，葬之真茹梨園公墓。「袁二公子」寒雲輓以聯云：

> 國破家亡，幾見人來《哭祖廟》；
> 時移世變，請看我去《罵閻羅》。

汪笑儂曾以戲劇改革家的姿態，活躍於紅氍毹上。學者陳芳就指出汪笑儂廢除「定場詩」、「自報家門」、「打背供」等，且運用大段唱詞、長篇演講、堆疊垛句等手法，大幅翻新劇本。又以個人的學識涵養，兼顧劇本的通俗性、劇情的合理化，以典雅駢文與俚俗方言併陳，使劇情脈絡更為流暢。京劇大師麒麟童周信芳說汪笑儂：「借歌曲以濟世，希望以古喻今，達到移風易俗之目的，但孤軍奮鬥，終難有所作為。因此，半世陷於苦惱，乃借煙（阿芙蓉）酒澆愁，賫志以歿。」誠哉斯言！

黃季剛好罵人

讀大學時，許多從大陸來臺的老教授上課最喜歡罵人，他們或本為名士或退居海隅鬱鬱不得志，於是課堂評論時事，對官場人物痛罵一番。有位教授一堂課前半個鐘頭是在罵人，從總統罵到部長，當時有位教育部長還被他罵為「養豬部長」，原來這位部長在美國修的是農業學位，老教授認為他根本不懂教育，何能當部長呢？又有位教授上課必稱「本師」黃季剛，「太老師」章太炎，要我們繼承這「章黃」的門派。

說到章太炎喜好罵人，被人稱之為「章瘋子」。弟子黃侃（季剛）也不出其右，據說他們的師徒緣分還是罵來的：當時，季剛留學日本，時方年少氣盛，目中無人。偶與太炎同寓，季剛居樓上，太炎居樓下，初不相識。一夕，季剛內急，遽於樓板便溺，適漏滴太炎房中，太炎發現，大罵道：「王八蛋，沒娘養的，不去廁所，隨處撒尿！」季剛亦不甘示弱，以罵還之，嗣經同寓勸解，二人始相識。及與太炎聚談，始知其學問淵博，非己所及，自是折節師事之。此雖言之鑿鑿，但恐未符事實。

民國初年，黃季剛在北京大學任教期間，曾因看不慣胡適等人發起的新文化運動，數次大罵胡適；又北大的學者無一不被罵及，但獨對劉師培一句都不罵，他說：「師培這個人很有學問，又是本師章先生的好朋友，所以口下留情。」而後來他又拜劉師培為師，從此講學，凡涉及章太炎、劉師培，必稱本師章先生如何如何，本師劉先生如何如何，不敢直呼其名，一生篤敬如此。

相傳劉師培有手寫讀書心得的秘本若干冊，生前非常珍秘，不單未曾給人看過，甚至未在人前提過。死後，即以此秘笈傳給黃季剛。黃得後，亦從不示人，遇到做學問發生難題時，閉門取出秘笈參考，用畢，立加封鎖。黃季剛在南京講學期間，曾出秘笈以示親密朋友只汪辟疆一人，甚至往還最密、交誼最厚的同窗學友汪東，也沒有此眼福。據民國元老劉成禺的《世載堂雜憶》載，有關劉師培秘本事，有云：「季剛沒，久經抗戰，在渝問季剛次子念田，亦云未見，且曰劉申叔全稿，亦多散失。今歲與辟疆談及，辟疆曰：『此書在寧，只余一人見過，余窮一日之力，費數十金幣，捐餚菜果餅多種，季剛醉樂，啟床下鐵箱，出一本，閱盡，再出一本，閱數十本後，鐵箱上鎖矣。余當年有日記一篇，汝閱之，可知其事。』」汪辟疆的日記起於清末，直到一九五四年為止，原稿當在百冊以上，可惜文革被掠，不知下落。而劉成禺錄汪辟疆一九三四年三月二十五日日記云：「午後季剛約晚飯，飯後打牌四巡，負番幣三十枚，季剛大勝。客去縱談，出床下鐵篋，皆申叔稿，以竹紙訂小本，如呂覽鴻烈斠注補，古歷一卷。……」

劉成禺與黃季剛為同鄉，且後來同在武昌高師任教，和季剛交情最洽，季剛生平善罵，什麼人都敢罵，甚至湖北督軍蕭耀南他都大罵一頓，蕭也不降罪，其他可知。但友人中不為其所罵者只劉成禺、汪辟疆二人。據朱希祖的孫子朱元曙說，黃季剛曾戲呼錢玄同為「錢二瘋子」，一九三二年，章太炎在北京講學，黃季剛也在北京。有一次，黃、錢二人在章太炎住處的客廳裏相遇，與諸客坐候師出，黃忽戲呼錢曰：「二瘋！」錢已不悅，黃繼曰：「二瘋！你來前！我告你！你可憐啊！先生也來了，你近來怎麼不把音韻學的書好好的讀，要弄什麼注音字母、白話文。」錢登時大怒，拍案厲聲曰：「我就是要弄注音字母！要弄白話文！混賬！」於是雙方吵了起來。老師聞聲，疾出排解，哈哈地笑著說：「你們還吵什麼注音字母、白話文，快要唸『アイウエオ』了啊！」。朱元曙又說，黃季剛與吳承仕原也是極好的朋友，黃季剛一直居住在吳承仕的一所房子內。吳先生是位忠厚之人，而黃季剛竟也與其產生了矛盾。一九二七年，吳承仕任師範大學文學系主任，黃季剛為教授。有學生反映黃季剛在課堂上對女生有不尊重之言，作為系主任的吳承仕便善意的提醒黃季剛注意一下。誰知黃季剛竟大怒，辭去教授之職。搬家時，黃季剛竟架上梯子，爬到樑上寫下一行大字「天下第一凶宅」。這真有點小孩子惡作劇了。吳承仕把此事告訴了太炎先生，太炎先生回信曰：「季剛性情乖戾，人所素諗。去歲曾以忠信敬篤勉之，彼甚不服。來書所說事狀，先已從季剛弟子某君聞其概略，彼亦云吳先生是，而黃先生非也。」

一九三五年十月八日，黃季剛病逝南京，年僅五十歲。摯友汪東在《寄庵隨筆》中說：「季剛營宅南京藍家莊，取陶詩『量力守故轍』意，名之曰量守廬。既成，屬余為圖，余又集宋人詞為聯語贈之，上云：『此地宜有詞仙，山鳥山花皆上客』，下云：『何人重賦清景，一丘一壑也風流』。季剛甚喜。一日忽去之，曰：平頭為『此地何人』，語殊不吉。余笑謝之。次年重九，季剛登豁蒙樓歸，飲大醉，嘔血盈升，其女夫潘重規夜半走白余，黎明，邀中央大學學院長戚壽南同往視之。戚斷為胃潰瘍，遂不起。殮之日，余復往弔，則見此聯赫然懸書室中。」而在季剛五十歲生日時，太炎先生贈聯曰：「韋編三絕今知命，黃絹初裁好著書」，豈知生日甫過，遽爾身亡，聯中「知命」「黃絹」等字，竟成語讖。太炎先生聽聞季剛病逝，嚎啕大哭，連聲訴說：「這是老天喪我也！這是老天喪我也！」。

錢玄同與黃季剛同為章門高足，但自胡適倡文學革命，錢玄同和之，而黃季剛篤古不渝，兩人遂疏。黃季剛卒後，錢玄同給潘承弼的信，談到兩人的交誼說：「季剛兄作古，聞之心痛，弟與季剛，自己酉歲論交，至今廿有六載，平日因性情不合，時有違言，惟民國四五年間，商量音韻，最為契合。廿二年之春，於餘杭師座中，一言不合，竟致鬥口，豈期此別，竟成永訣，由今思之，吾同門中，精於訓詁文辭如季剛者，有幾人耶？」，誠哉斯言。

忍負師門恩義

黃侃字季剛，少年懷才負氣，未弱冠，即已寢饋經史百家矣。一九〇六年，章太炎在東京開設「國學講習會」，定期講授文字學、音韻學等課程，黃季剛始從章太炎治古韻，後乃精思獨詣，自成家法，其用工之深，求真之切，雖乾嘉諸老，不能過也。其學問在章門諸子中首屈一指，與章太炎並稱「章黃」。章太炎曾說：「季剛從余學，年餘冠耳，所為文已淵懿非凡。」又說：「清通練要之學，幼眇安雅之辭，並世固難得其比，雖以師禮事予，轉相啟發者多矣！」。

一九一三年八月十一日，章太炎應共和黨之招，由上海抵北京，共和黨此時已脫離進步黨而自樹一幟，推黎元洪為理事長，章太炎副之。惟黨人較少，黨勢過弱，為謀當前之發展計，遂敦請章氏北上，共商對策。章氏亦欲有所擘劃，即應招而至。袁世凱以章氏好為詆訶，固深忌之，且聞其嘗與謀二次革命，尤不慊於懷。章氏下榻於化石橋共和黨本部，自以為無患，而黨部前，已軍警佈列，名為保護，實則監視。其實共和黨鄭某、胡某陰受袁賄賂，誘騙章氏入京。章太炎心中也有數，據其夫人湯國梨口述云：「（章太炎）定要去京，面直包藏禍心的袁世凱，明知虎穴也要去，不入虎穴，焉得虎子！」。不料一入都門，竟遭軟禁。

黃季剛在八月二十日收到湯國梨來函後，二十九日即辭家由海路進京，九月七日抵北京，拜見章太炎。九月十五日陰曆中秋，章黃師徒有詠懷唱和詩，章詩有「虞卿捐相印，蓬轉隨逋囚。魏網密凝脂，收骨知王修。」之句，其意是他去官（時任東北籌邊使）去反袁，卻遭到袁氏嚴密的監控，有如曹魏之刑網，必置己於死地；而己死後，收骨之人必有急難如王修者。在此王修暗指黃季剛，師生間肝膽相照，彼此的心事是深深了解的。

據共和黨幹事吳宗慈說章太炎幽居期間，「談話既窮，繼以狂飲，醉則怒罵，甚或於窗壁遍書『袁賊』字以泄憤，或掘樹書『袁賊』，埋而焚之，大呼『袁賊燒死矣。』」而袁氏此時對章太炎尚具善意，只是不願其出京和發表任何文字罷了。從章太炎致袁世凱書中，可知趙秉鈞曾與袁氏計議，欲請章氏擔任國史館長一職，但章太炎以「豈能與雞鳴狗盜從事耶？」，「縱作史官，亦倡優之數耳！」而斷然拒絕。最後由黎元洪斡旋，建議設立「考文苑」，但以其規模較大，恐難即就，乃改為「弘文館」，其工作則為編字典等，館員有其門生錢玄同、馬裕藻、沈兼士、朱希祖等。並允撥給大洋數千元作開辦費，其經常費每月若干，但章太炎開出條件要「同苑須四十人（仿法國成法），書籍碑版印刷之費，數復不少，非歲得二十四萬元不就。」章氏原是寄希望於弘文館的設立，以主持該機構，闡揚文化。拖至一九一三年底，他發現袁氏只是用種種藉口羈留自己，於是一九一四年一月三日強行離京，但遭軍警阻攔，章太炎痛罵袁氏無狀。七日，章氏以大勳章作扇墜，臨總統府之門，大詬袁世凱包藏禍心，陸建章奉袁命，幽章氏於龍泉寺。

而在此之前，從來無意於仕途的黃季剛，卻突然出任被章太炎罵為「四凶」之一的趙秉鈞之秘書長，委實令人詫異與不解！黃季剛的弟子兼女婿潘重規在〈師門風義〉文中云：「當太炎先生絕食後與袁氏瀕臨談判決裂的時刻，季剛先生卻突然出任袁氏心腹直隸總督趙秉鈞的秘書長。」然據《民國職官年表》得知，趙秉鈞於一九一三年十二月十六日接替馮國璋出任直隸都督。而黃焯（黃侃之侄）在〈黃季剛先生年譜〉中云：「十二月，直隸都督趙秉鈞延先生赴天津，以秘書長見諉。先生度已至此，強應之。」是黃季剛答應接掌秘書長的時間，是在趙出任直隸都督之前。而其時章太炎尚未大鬧總統府，更還沒被幽居龍泉寺，當然更談不上絕食事件（那已到一九一四年五月間了），潘重規似乎有意將黃季剛出任秘書長的時間後延，用來加重他「屈身事凶」是為了營救其師的氛圍。

其實在這之前，章太炎和袁世凱還再談設立「弘文館」之事，但袁並無心於此，他只是想要籠絡章太炎，想以一種名義及金錢，以示羈縻而已。袁趙要籠絡章氏，勢必也要籠絡章氏最得意的弟子黃季剛。因此趙秉鈞必然卑辭厚禮，要黃季剛接受他的邀請。此事章太炎必然也知道，因此後來章太炎撰〈黃季剛墓誌銘〉中有云：「季剛自度，不能與時俗諧，不肯求仕宦。嘗一為直隸都督趙秉鈞所迫，強出秘書長，非其好也。」合理推測，此次黃季剛的出任秘書長，可說是完全為了章太炎，為了「弘文館」之事能圓滿達成。又「弘文館」之館員皆為章門弟子，何獨不見黃季剛之名，是此時黃季剛已答應趙秉鈞之邀乎？因此潘氏以其為「營救其師」，無疑不確的。黃季剛在就職前夕曾託名華亭女子有詩二首以見意，詩云：「戎幕棲遲杜牧之，愁來長詠杜秋詩。美人紅淚才人筆，漂泊情懷世豈知。」；「簪筆何殊挾瑟身，天涯同病得斯人。文才遠愧汪容甫，也擬摛詞弔守真。」是以華亭淪落女子自比，真是極無可如何之運，對無可告訴之天，惟有託言簪筆飢軀，棲遲戎幕，以寄哀思。其中難言之隱，溢乎言表。

後來章太炎被幽居龍泉寺時，黃季剛還身處戎幕中，或謂其可斷然離去，但苟若如此將對其師則更形不利，於是他只能忍負師門，欲報無從了。章太炎在自定年譜中提到幽居之時，常來候視他的弟子有錢季中（後改名錢玄同）、平剛（少璜）。其中平剛亦是黃季剛的好友，後來當平剛離京別去後，黃季剛感念今昔，有長歌一首贈之。其中有句云：「微軀苦受飢寒累，屈身戎幕儒為戲，枉將小技換錢刀，卻望師門負恩義。」其中隱情難言，是不能一言自白的，於是他只有冒辜負師門恩義之惡名，其用心亦良苦矣。直到一九一四年二月二十七日趙秉鈞暴卒任所，黃季剛始得脫離戎幕，結束兩個月又十一天的任期。他有詩云：「沽水回流尚繞闌，來時曾此卸征鞍。豈知兩月朱門客，也當邯鄲一夢看。」這「兩月朱門」對他而言，真仿如惡夢一場。

至一九一四年夏末，章太炎又為袁氏轉幽禁於錢糧胡同，黃季剛曾兩度入京省視。據掌故大家徐一士說：「章在錢糧胡同寓所，所用僕人及庖人，共有十人左右之多，一僕係前由軍政執法處長陸建章所薦，曾隨侍於龍泉寺，此外則吳炳湘所間接推薦，蓋由警察之類改充，皆負有暗中監視之責者也。」又稱：章氏門人黃季剛應北京大學之聘來京，講授詞章學和中國文學史，見章生活寂寞、身體消瘦，恐其健康受損，於國於私都為不利，於是假借「欲與章同寓，俾常近大師，遇有疑難之處，可以隨時請教」為名，被允許搬入章太炎囚禁處，就近照料，「不料不數月，而黃突為警察逐出，章氏因之復有絕食之事。」之後黃季剛更罔顧生死，奔走營救，嘗有〈致教育總長湯濟武（化龍）託救太炎師書〉，中有「安可獨使斯人長此仰日月而不見照燭，臨風塵而不得經過，悵恨鬱塞槁餓以死乎？」語甚哀切，終不負師門風義。

馬敘倫章太炎的師友之誼

章太炎曾將門弟子五人戲分為「五王」，分別是天王：黃季剛；東王：汪東；北王：吳承仕；翼王：錢玄同；西王：朱希祖。而在這五位名弟子之外，還有一位小同鄉馬敘倫，他們的關係在師友之間，並且非常密切。馬敘倫（一八八四－一九七〇）字夷初，浙江仁和人。他是中國近現代知識界的名人，有著不同凡響的經歷。民國時期，他曾「四進」北京大學任教，「三任」教育次長；在北大時與浙江鄞縣的馬裕藻（幼漁）、馬衡（叔平）昆仲，合稱為「三馬」。他是晚清「國粹派」的重要一員，他研究的範圍涉及史學、諸子學以及文字訓詁學等領域，為後人留下了甚多的著述。

據馬敘倫的自述，幼年曾受學於湯頤瑣及宋澄之兩氏，湯、宋都是俞曲園的大弟子，與章太炎有同門之雅，馬敘倫應尊章太炎為師叔也。馬敘倫與章太炎發生關係，應該早在光緒二十八年（一九〇二），當年馬敘倫方十七、八歲，往上海幫蔣智由（觀雲）辦《選報》，同年幫趙祖德發刊《新世界學報》，並開始為報社撰文。當時章太炎正在上海鼓吹革命，有一次章太炎在張園演講，馬敘倫也跟著許多人一起，向章太炎致敬。章太炎對後來馬敘倫影響頗大。次年，馬敘倫和鄧秋枚、黃晦聞、劉師培同辦《國粹學報》鼓吹革命，許多名家都在此刊發文章，章太炎也替他們寫了許多文章，他們過從甚密。而馬敘倫因此結識這些名家，學問大增，眼界大開。

或謂馬敘倫一九一一年在日本由章太炎介紹加入同盟會，其實此一時期，章太炎與同盟會關係頗為緊張。退一步講，即使馬敘倫的回憶真實可靠，也還不能斷定他就確實加入過同盟會。因為馬敘倫僅僅提到曾請章太炎介紹入同盟會，但並沒有交代結果如何。更為關鍵的是，馬敘倫在其他關於自己早年政治活動的回憶中，均隻字未提加入同盟會之事。之所以完全不提，最大的可能就是他不曾加入過同盟會。尤其是一九〇九年，馬敘倫長期追隨的恩師陳黻宸（介石）當選浙江諮議局議長，成為浙江立憲派的重要代表人物。立憲派與革命派之間的鴻溝，對馬敘倫加入同盟會不能不起到一些制約作用。後來浙江光復過程中，陳黻宸與同盟會系統發生過一些摩擦，馬敘倫始終站在陳黻宸一邊，這說明當時他與同盟會是有些距離的。

一九一三年八月十一日，章太炎應共和黨之招，由上海抵北京，初意小住即行，不料一入都門，就被袁世凱軟禁於前門外化石橋之共和黨黨部。一九一四年一月七日，太炎先生以大勳章作扇墜，臨總統府之門，大詬袁世凱包藏禍心，隨被監禁於龍泉寺。在龍泉寺時章太炎曾一度恢復自由，那是馬敘倫與黃晦聞向袁系的政治會議議長李經羲要求所得的結果。後章太炎又被遷往錢糧胡同，馬敘倫回憶當時情況說：「（章太炎）及居錢糧胡同，一切皆由京師員警總監吳炳湘遣人為之經理，司門以至司庖，皆警廳之偵吏，太炎懼為所毒，食必為銀碗、銀箸、銀匕；蓋據《洗冤錄》謂，銀可以驗毒也。其賓客往來者皆必得警廳之許，然後得見，其弟子中唯朱逖先（希祖）可出入無阻。余初往亦不得入，其後乃自如。蓋偵吏知余與太炎所言不及時事也。」

吳炳湘剝奪章太炎見客的自由，章氏大憤。還是馬敘倫找到桐城派古文家馬其昶來向吳炳湘疏通，因馬其昶與吳炳湘有同鄉之誼，馬其昶又是耆宿，當時是參政，如此一來才鬆了門禁。章太炎與馬其昶的會見也是在此時，經馬敘倫介紹而訂交的。馬其昶以《毛詩考》向章太炎就教。後來章太炎對馬其昶的批評較對其他桐城派文人為寬大，曾說：「並世所見，王闓運能盡雅，其次吳汝綸以下有桐城馬其昶能盡俗。」章太炎批評桐城派，獨譽馬其昶，其因在此。

後來章太炎又再度絕食了，朱希祖私藏著餅帶進去要給章太炎吃，沒想到章太炎卻斥擲其餅，就是要絕食抗爭。各方勸說，都歸無效。馬敘倫得知信息後，一早八時就趕到錢糧胡同。進了臥房，看見章太炎裹著三條棉被，吸著紙煙。冬天的北平，屋裏都是要生火爐子取暖。而章太炎的臥室是北房，房子又高又大，可一個爐子也沒有。不是不給他生火爐，而是他不要；他提防袁世凱會用煤氣毒死他。這可把馬敘倫凍壞了，他穿著裘皮大氅，還得在屋裏不斷地兜圈子以禦寒。馬敘倫一邊轉圈一邊開導譬解，憑著三寸之舌，忽談孔孟，忽談老莊，忽談佛學，忽談理學；說到理學，章太炎興致大增，原來他正在這門學問下功夫。可一說到復食，章太炎就引了《呂氏春秋》的話：「全生為上，迫生為下，迫生不如死。」用來說明絕食的理由。馬敘倫只好又把話岔開。兩人從早一直說到晚上八點，章太炎倒是越說越來勁，可馬敘倫卻一整天沒吃東西，正飢腸轆轆，他便趁機要章太炎陪他吃點東西，章太炎居然答應了。馬敘倫趕緊吩咐聽差兼司廚做兩碗雞蛋湯來。一會兒，蛋湯端上來了，放在章太炎的床邊。馬敘倫先遞給他一碗，章太炎不一會兒就落肚了；又遞給他一碗，他也不推辭。馬敘倫又吩咐聽差給章太炎洗臉，然後才與他辭行。到了大門口，站崗的特務都恭恭敬敬地向馬敘倫致謝。馬敘倫不虛此行，儘管自己餓了一天肚子。

後來馬敘倫與章太炎因謀傾袁事，於是趕在袁世凱「登基」之前，辭北京大學教授職，南下參加討袁工作。離京之前，馬敘倫向章太炎辭行。太炎泫然，平生未見其若此也。在回南後一年的春天，馬敘倫始終沒有得到章太炎的消息，便寫了一闋〈高陽臺〉詞，以示懷念。詞云：

> 燭影搖紅，簾波捲翠，小庭斜掩黃昏。獨倚雕闌，記曾私語銷魂。楊花愛撲桃花面，儘霏霏不管人嗔！更蛾眉暗上窗紗，只是窺人。
>
> 從前不解生愁處，任灞橋初別，略搵啼痕。爭道如今，離思亂似春雲。銀箋欲寄如何寄？縱回文寫盡傷春，奈人遙又過天涯，斷了鴻鱗！

自此以後，政海瀾翻。章太炎遊說西南，不暇寧居；而馬敘倫則舌耕養親，久居故都，馬敘倫說：「與太炎僅二面耳。一為九年，余為外姑之喪南歸，道經上海，訪之於也是廬，高朋滿座，皆縱橫捭闔之儔也，余起居之即別。二為廿一年，太炎至北平，余一日清晨訪之，以為可以敘舊語。乃太炎未起，起而盥洗事已，方相坐無多語，而吳子玉（案：吳佩孚）以車來速，余素不樂太炎與聞政事，蓋太炎講學則可，與政則不可，其才不適此也。……知不可諫，即辭而行。余於太炎誼在師友之間，得復一見其平安，亦無他求，而從此竟人天異域矣。今日思之，亦有黃壚之痛也。」

外交世家汪榮寶

在近代中國外交史上，有一家族三代，接連出任駐日公使者，那便是甲午戰爭之際的清廷駐日欽使汪鳳藻，北洋政府駐日公使汪榮寶，以及國民政府駐日公使汪公紀，這汪氏家族真可稱得上是外交世家了。

汪榮寶（一八七八－一九三三），字袞甫，江蘇吳縣人。其父汪鳳瀛，光緒十七年（一八九一）隨哥哥汪鳳藻一同出使日本。光緒二十年回國，以知府分發湖北。光緒二十三年起，出任時任湖廣總督張之洞的總文案。光緒二十六年起又任洋務文案。他還曾任張之洞創辦的自強學堂（武漢大學前身）、湖北農務學堂提調。此後又擔任過常德知府、武昌知府及長沙知府。民國成立後袁世凱請他出任政府高等顧問。鳳瀛生子八人，榮寶居長，幼穎慧，九歲畢群經，文辭斐然。光緒二十三年榮寶二十歲，膺選拔貢後，在南京獨遊明孝陵，有詩云：「形勝江山莽夕煙，龍蟠猶是孝陵田。靈衣石馬歸何處，破帽青衫拜此年。百戰艱難三尺劍，中原零落五銖錢。微生自有橫流感，一弔通天倍惘然。」以年甫若冠初出茅廬的小伙子，已經對國事感慨萬分，並且察覺到禍患將臨，不能不說是一個非凡早熟的神童。果然翌年便發生了戊戌政變。

兩年後，更有庚子義和團之役，八國聯軍寇京師。

汪榮寶以國勢凌夷，非墨守舊聞所能匡救，乃入上海南洋公學為特班生，多識海內豪俊，如章太炎、蔡元培、吳稚暉等人。後東渡日本，先後肄業早稻田大學及慶應義塾，治東西歷史，旁逮政法。在日本三年之間與各方多所接觸，曾經造謁孫中山先生，有過接談，可能因此影響他對革命運動的同情。他學成歸國後，便赴京任職。一九〇六年他任京師譯學館教習，講授近代史，他找不到合適的教科書可用，就自己動手寫了一本，名叫《京師譯學館本朝史講義》（後來改名為《學部審定中學中國歷史教科書本朝史》）。後來有位許國英，把這書修改增補了一番，交給商務印書館出版，改名為《清史講義》，那已是一九一二年的事了。進入國民政府時代之後，這本書流傳不多，幾乎不見蹤影。據藏書家傅月庵說一直到了一九六〇年代，在臺灣大學任教的黃大受教授在舊書攤找到了一本原本講義，寄給了當時在非洲馬拉加西共和國當大使的汪公紀。汪公紀從抗日戰爭之前，便到處在找這書，尋尋覓覓三十年，先父的著作終於尋獲，感激涕零之餘，將這書影印傳世，書名也改成《清史講義》，但與許國英刪修者，內容頗有出入。

論者指出，《清史講義》的寫法，不僅在晚清時堪稱新穎，就在今日，也難得有幾本能比得上的。因為寫史多數僅注重在「時」，而忽略了在「同時」期其他地區所發生的現象；足以影響這一特定國家或地區的發達或衰亡。《清史講義》首先看破了此點，而將清史中一切外來的因素分析得十分透徹，這是值得讚美的。該書文字的簡潔優雅，以及提綱挈領的扼要記述每一件大事的來龍去脈，有條不紊，都值得當今的人效法。而尤其令人敬佩的，便是史筆的膽識，雖觸時忌亦有所不顧也。

民國肇建後，汪榮寶膺選為國會議員。但政局混亂，為政者忙著爭權奪利，他那能不灰心。但他也無力「回天」，在束手無策的情況下，他只有逃避現實，持節西行了。民國三年春，他出任駐比利時國公使，兼受命考察憲法。會歐洲大戰起，隨比政府播遷法境，密察世界縱橫情勢及應付之宜，隨時以聞。袁世凱欲乘機帝制自為，他想利用汪榮寶去羈縻當時的駐外使臣，於是召汪氏回國。而汪榮寶微聞風聲，並且自信有直諫的勇氣與說服袁氏的能力，但當返抵國門才知木已成舟，為時已晚矣。其時汪父亦任總統府顧問，寫了一封長信給楊度，論籌安會「七不可」，力持帝制之非。汪榮寶也將世界的潮流與演變，詳切婉轉的提醒袁世凱，說明共和體制不能改變。他對袁說：「咸願公為華盛頓，不願公為拿破崙！」。袁世凱知其父子意不可奪，乃遣汪榮寶回任，而汪父乃提辭呈返蘇州故里養老。汪榮寶從此便置身於國內政爭之外，他一直做了十餘年的外交官，先任駐比利時公使，後調駐瑞士公使，再調駐日本公使。

一九二二年，政府因為要安置陸徵祥於瑞士，就把汪榮寶調往最難做的地方——日本。但這對汪榮寶而言，卻有很大的吸引力。因為三十年前，他的二伯父汪鳳藻做過日本欽差大臣，甲午之戰時下旗歸國的。雖然汪家無罪，但總覺得於心憾然，於是他立志要把中日邦交弄好。中日關係本已複雜，加之當時留學生氣焰囂張，動不動聚眾請願，不顧國家體面，在公使館內橫施暴行，他忍氣吞聲，以自己的才華品德來爭取同情和敬佩，長達八年之久。八年之中，不知經過多少驚濤駭浪。他參加了黃郛的政變計畫，結束了軍閥政治；他阻止了田忠義一「山東出兵」的擴大，間接的協助北伐的完成。他之所以能有這樣的影響力，歸功於他和當時日本一流政治家如幣原喜重郎、床次竹二郎、山本悌二郎、宇桓一成等都是莫逆之交，利用日本政黨政治間的矛盾，討得若干便宜。而日本朝野要人對於他學問的淵博，與性情的真誠，也深受感動。

一九三一年東三省事變將作，日本已先有布置，汪榮寶洞燭機先，上書告危，而外交部長王正廷以雍容粉飾為能事，毫不措意。未幾而在朝鮮萬寶山爆發日本攻殺我華僑慘案，汪氏馳赴現場調查，並且建議我外交當局，要乘日本幣原喜重郎在任之際，與日方澈底的直接談判，以解決中日間一切懸案，藉以爭取雙方的互信；但不幸的是當時的外交當局，是主張革命外交的，汪榮寶只得掛冠而去。未一月，日兵竟進據遼瀋，即史稱「九一八」事變也。當時汪氏息肩北平，北平軍政當局聞變倉皇集議，邀往參與，他即席陳述不抵抗之失策，主必戰，又不見聽，乃退而辭職，誓不復言國家事矣！結束他長達十七年的外交生涯。

汪榮寶晚年除了整理舊籍之外，他收集不少材料，準備寫一本《日本亡國論》，是為警惕日本軍閥而寫的。但書未成，而於一九三三年夏以心臟病逝世於北平，享年只五十六歲。日本朝野震悼，曾為他開了一個史無前例大規模的追悼會。日本有識之士知道汪榮寶的逝去，真正關心中日邦交的正人君子又弱一個，外交橋樑崩壞，從此轉圜無從。果然，僅僅四年後，蘆溝橋事變作矣。

曹汝霖在其回憶錄中說，汪榮寶「與日本朝野文學之士，彼此唱和，頗受歡迎。而與幣原外相，更為推契。」幣原喜重郎在他的回憶錄中的第一篇，便敘述他和汪榮寶的交誼，以及掛冠告老後共同泛舟蘇州太湖旁的誓約，讀之令人盪氣迴腸，不僅是對亡友的追憶，也是英雄識英雄的惋惜。日本一流政治家寫中國人，讚美中國人的，僅此一篇。

詞人本色汪東

二〇一〇年二月間，因寫黃季剛的文章，要參考汪東的《寄庵隨筆》，遍尋圖書館不著，向友人黃岳年兄提起，不久黃君不僅寄來該書，另有厚厚一大冊《夢秋詞》，說是託人在北京找到的。兩本已絕版多時的書，從北京到張掖再到臺北，飛渡萬里江山，朋友的高情盛誼，讓人銘感五內。

說到汪東，今人多不識矣。他是晚清至民國的外交家汪榮寶的弟弟，原名東寶，與兄感情殊篤，後榮寶卒，他有感雁行折翼，改單名為東，取旭日東升之意，以旭初為字。他弱冠留學東瀛，先入成城學校，後入早稻田大學預科，畢業後入哲學館，同時加入同盟會，擔任《民報》撰述。一九〇六年，章太炎在東京開設「國學講習會」，定期講授文字學、音韻學、莊子及中國文學史等課程，汪東與黃侃、錢玄同、吳承仕、魯迅、周作人、許壽裳等一同前往聽講，北面受業，其中黃侃、汪東、錢玄同精於文字學，吳承仕精通經學，四人有「章門四子」之稱。後來又加上朱希祖，另號章門「五王」，皆餘杭得意高足也。

一九一二年，章太炎在上海籌辦《大共和日報》，章任社長，汪東為總編輯，錢芥塵擔任經理，沈伯塵主插畫，日出兩大張。鴛蝴作家李涵秋有小說原名《過渡鏡》，講揚州的三戶人家的世態沉浮和社會變遷，揚州古稱廣陵郡、廣陵國，於是錢芥塵將書名改為《廣陵潮》，在《大共和報》的副刊專欄《報餘》上逐日連載，一時洛陽紙貴。

「補白大王」鄭逸梅說汪東「所娶費氏，為費仲深（樹蔚）妹，早卒，續娶陶孟斐，白頭偕老。」又說：「旭初詩，有那麼一句『一生受盡美人憐』，或許他尚有些羅曼史呢。」鄭逸梅後來雖與汪東有所交往，但他實際上並不瞭解實情。據汪東的姪兒汪公紀大使（臺灣女導演汪瑩的父親）說他的八叔碩長而白，高額豐鼻，年輕時也算得是美男子，「八叔出任餘杭縣的知縣，在縣裡遇到一個艷妓，有意把她迎娶過來為妾。八嬸在京中聞訊，不顧自己生病的兒子，趕忙的由京中趕到縣裡，把她的情敵攆走了。雖然這次吵鬧，艷妓表面上是吃了虧，但是受創最重的還是八嬸。就在她往返京浙的十幾天當中，寶寶乏人照料，竟夭折了。而八叔遇到了妬妻，又傷子，在縣裡丟盡了威嚴，也掛冠而去。他氣憤填膺久久不消，從此不願同房，就此絕了嗣。」後來汪東當了南京中央大學的文學院院長多年，他一個人獨居南京，夫人陶孟斐則留在蘇州，直到抗戰勝利還都，十餘年不見面的夫妻才盡棄前嫌，和好如初的。

汪東在中央大學教的課，是中文系一年級必修的文字學，二、三年級選修的唐宋詞，都有他自己編的講義。據其學生說講課雖然略帶蘇州土音，但聲宏氣壯，坐在大教室的後排，也聽得很清楚；尤其講唐宋詞，遇文句美妙處，直欲將「文外曲致」道出時，更覺響亮，說到激動處，甚至額上暴出一根青筋，頻頻以手帕拭汗。汪東實兼儒林文苑之長，學術閎通，文章雅懿，更工於詞，以為不在周邦彥之下。論者以其「宗清真，控縱自如，頓挫有致，舒徐綿邈，情韻交勝」，在唐五代兩宋諸大家之外，能別開生面，獨樹一幟，而甚加推崇。《夢秋詞》係汪氏親自編定並繕錄者，輯自一九〇九年至一九六二年的詞作，凡二十卷，計存詞一千三百八十餘首。篇什之富，為歷來詞家所罕見。該詞集曾抄錄兩份，擬影印出版，未果，汪氏羈留大陸，鬱鬱以終。詞稿其中一份由其摯友張瑞京帶到臺灣，後交給汪公紀，再交沈雲龍，收入《汪旭初先生遺集》於一九七四年出版。另一份留在大陸，十年浩劫中，幾被付之一炬，幸經其後人汪堯昌從火堆搶救出，得以在一九八五年影印出版。

名師出高徒，汪東在《寄庵隨筆》中說：「余女弟子能詞者，海鹽沈祖棻第一，有《涉江詞》傳鈔遍海內，其〈蝶戀花〉、〈臨江仙〉諸闋，雜置《陽春集》中，幾不可辨。」「又有尉素秋者，蕭縣人，亦卒業中央大學。讀詞課時，初無表現。及余臥病歌樂山，素秋亦入蜀，頻來探問。出其詞，音節抗爽，與祖棻之淒麗婉曲者異，蓋各如其人。」

尉素秋是知名政論學者任卓宣（葉青）的夫人，也是尉天驄教授的姑母，來臺後除了致力教育工作外，也為臺灣現代文學出力甚多，她資助尉天驄創辦「筆匯」月刊、「文學」季刊，發掘了小說家陳映真、黃春明、王禎和等一批作家，黃春明曾以「新文學之母」來稱呼她。尉素秋回憶當年她們五位女同學還在中大的六朝松下的「梅庵」組成一個詞社，名曰「梅社」。雅集唱和，並以詞牌作為各自的筆名，如：霜花腴曾昭燏、點絳唇沈祖棻、虞美人章伯璠、菩薩蠻徐品玉、聲聲慢杭淑娟、破陣子張丕環、巫山一段雲胡元度、齊天樂游介眉、釵頭鳳龍芷芬、西江月尉素秋等。她們又把各人派作《紅樓夢》中的人物，於是寶釵、湘雲、寶琴、元春、探春、岫煙等，都復活起來。她們覺得老師中胡小石最慈祥，派他作賈母，汪東最嚴肅，派他作賈政。

汪東為此寫了兩首七絕：

悼紅軒裡鑄新詞，刻骨深悲我最知；
夢墮樓中忽驚笑，老夫曾有少年時。

若個元春與探春，寶釵橫鬌黛痕新；
化工日試春風手，桃李花開卻笑人。

言下之意是說他幼時最得祖母寵愛，人們把他比作《紅樓夢》裡的賈寶玉，而今卻被這群女學生視為賈政，真是「差很大」！而自己一手培植的門牆桃李，忽然取笑自己的老師來了，真是莫可如何。嚴肅的老師，碰到這群調皮的女學生，還是只能相顧失笑，不以為忤的。

從說書人到武俠名家的姚民哀

清末民初，江南人士多有聽說書的癖好，蘇錫一帶，此風尤盛。蘇州以吳西庚、吳玉孫父子獨擅勝場；常熟則以朱寄庵、朱蘭庵父子最受歡迎。朱寄庵本姓姚，名琴孫，是書香門第出身，曾考中秀才，因鄉試落榜，跟了先生學說書，怕玷污祖宗，所以才改從舅家朱姓，名朱寄庵，其子姚民哀也就多了一個名字，又叫作朱蘭庵。

朱寄庵對彈詞話本過目成誦，在王實甫、董解元《西廂記》基礎上，自編自演了全本彈詞《西廂記》。說書時，妙化穿插，形容盡致，使聽者神移心曠，興趣盎然，被認為是說《西廂記》、《新三笑》創始之人。於是他以其術傳其子蘭庵、菊庵，在常熟城內之湖園說書時，兩個兒子，也跟著他配檔上臺。朱寄庵過世後，兄弟兩人便拼成雙檔，游走於江浙兩省，老聽客稱之為「朱雙檔」。

據曾見過朱蘭庵者描述說，他形體畸特，身高不過三尺二寸，頸部瘰癧滿佈，無論冬夏，衣領必高及耳際以掩蓋之；手指特短，足小如兒童，又患高度近視。每到書場登臺，座上客一見此形容怪異之侏儒搖擺而來，先為之捧腹。又說，朱蘭庵「面龐瘦削，似帶病容，右手提三弦，左手褰衣」，當其行抵臺前，照例說其開場白曰：「先兄亡弟上臺了！」。知之者謂其遊戲人間，不知者輒又鬨堂大笑。及說至緊張處，不免指手劃腳以表情，其舞之蹈之，纖細婀娜之動作，更令人笑不可仰。所以顧客雲來，場場滿座。他彈唱的《西廂記》不同凡響，獨創「吟詠調」。這調門與眾不同，非彈詞曲調，非京崑和地方小曲，而是書齋中吟詠詩詞的聲腔，聽得一個個客人搖頭晃耳，迷醉其中。朱蘭庵具有文學基礎，本非普通說書人，且嘗為常熟名孝廉言調夫之高足。言師以其文思極佳，但觀其短小惡疾而貌不揚，每為之嘆息不置，而有斯人斯疾之憾。

民國初年，朱蘭庵即以「民哀」的筆名，撰諷刺時事之小品文字，投登在滬出版之「民、立」各報。後來《民國日報》創刊，經理邵力子、總編輯葉楚傖（寫小說時署名小鳳）即商聘他撰寫該報的「上天下地」專欄，此時他遂用「姚民哀」之筆名。一九一三年之後，姚民哀一邊說書，一邊寫小說，他精力旺盛興趣廣泛，經常為上海各種報刊雜誌撰稿。從一九一四年到一九三三年，他的小說創作幾乎沒有停頓過。上海的《紅玫瑰》、《半月》、《快樂》、《紫羅蘭》、《遊戲世界》、《戲劇月刊》等雜誌屢見其作品。除此他還在《申報》上連載題為《仙韶寸知錄》的崑劇研究文章，並在其他報紙上發表了《丹桂歌聞》、《歌場聞見錄》、《菊部逸聞》等長文。

然而姚民哀並不滿足於說書和寫那些戲劇評論文章。一九二三年，山東著名的大土匪孫美瑤，劫持了國際列車，綁架了美國總統羅斯福的姪女等國內外名流，製造了震驚全球的「臨城劫車案」。他聞訊立即趕赴山東調查，並很快地在程小青主編的《偵探世界》上發表了他的首部武俠小說《山東響馬傳》。同年，平江不肖生的《江湖奇俠傳》、《近代俠義英雄傳》、《江湖怪異傳》、趙煥亭的《奇俠精忠傳》，幾部名垂武俠小說史的大作一齊問世，姚民哀與平江不肖生和趙煥亭，掀起了現代武俠小說的第一個高潮。

姚民哀是說書先生出身，跑遍三江六碼頭，與各式各樣的江湖幫會黑道人物打交道，因而養成了他自覺和不自覺地搜羅江湖幫會的資料。黨會幫派，其中種種組織，種種術語，局外人不得而知，即有所知，亦不許公開，更何況形諸筆墨。而他的小說大寫各種「切口」、「海底」，「開香堂」的儀式，「茶碗陣」及「拜碼頭交結回條」之使用實例，「七紅八黑九江湖」與「宣統四十九」股「光桿鬍子」等等，其可信度甚至超過吳公雄的《青紅幫演義》。他利用對幫會內幕熟悉的優勢，大寫幫派故事。後來這種寫作手法被鄭證因繼承下來，成為北派武俠中的重要一支。甚至後來的金庸、溫瑞安、獨孤紅等都承襲這一走向。

抗日軍興，姚民哀由滬返里，組織常熟縣抗日委員會。他口才既好，義憤填膺，就被公推為抗日會主席。每日必向各市鎮演講，慷慨激昂，聞者無不動容。他真能以說書的精神，用之於抗日演講。他因為人矮，每次必加一方凳於桌上，高立四顧，作動人的演說狀。最難能的是，日寇已經佔領常熟縣城，他還不稍畏縮，照常行所無事。結果在邑之支塘，為日軍捕獲，終至飲彈而死。臨畢命時，猶罵敵不絕。

但後來又有一說，說他投敵變節，任偽綏靖隊徐鳳藻部秘書。一九三八年十月間，他攜偽綏靖隊公文去上海，在常熟境內支塘、白茆間，被游擊司令熊劍東所屬第六梯團第二大隊楊義山部截獲，解至司令部軍法處。幾天後，就被處決。但綏靖部隊不過是地方上的一股弱小的偽軍勢力，一個秘書職務真是微不足道也。據與他有過交往的朱惡紫回憶：一九三〇年左右，江蘇民政廳長胡樸安，慕蘭庵文名，擬委以縣長職務。蘭庵接信和委令一紙，只淡淡一笑，立即覆信，末繫詩見志：「豈肯折腰為五斗，自甘拱手弄三弦。雷封百里視糞土，只愛江湖作散仙。」最後，附以八字：「人各有志，委令璧還。」胡廳長只得長嘆一聲：「蘭庵清高守志，吾愧未能免俗。」對於縣長之職尚且不就，反倒去就一個秘書，是不可思議的事。

作家鄭逸梅說「姚民哀晚年精神失常，抗戰時死於亂軍之中。」姚民哀的抗日情緒極為濃厚，後來竟會參加偽組織，是否以「赴滬請兵」為藉口，想做金蟬脫殼之計，或還有其他的隱情，在生死危急之時，沒有機會讓他作任何辨白，於是，白白把四十四歲的生命輕拋，大風大浪中沒有翻船，卻死在了百口莫辨的亂世之中。

姚民哀的死，至今仍是亂世中的一樁懸案。一個曾在青紅幫會和流氓武夫中跌摸滾打過的說書人、小說家，在沒有觀眾喝彩聲，沒有三弦琵琶聲之下，一代柳敬亭便此殞滅了。

從名妓到官夫人的金小寶

光緒末年，士林捧妓之風日盛，上海名妓中名氣最響有所謂「四大金剛」者，曰：林黛玉、陸蘭芬、張書玉、金小寶。何以稱為「四大金剛」呢？一說是繼當時歡場的「如來三寶」之吳新寶、黃銀寶、何雙寶而起。又一說是當年上海娛樂場所較少，較有名的主要有張園、愚園。愚園地處僻遠，張園地處鬧市，故時髦倌人都雲集在張園。園中有所謂「安塏第」者，屋殊軒爽，啜茗尤宜。一時花界翹楚，如陸蘭芬、金小寶、張書玉、林黛玉諸名妓，每日必至，在安塏第門首各據一案。《官場現形記》作者南亭亭長李伯元見之，曰：「此『四大金剛』也。」以四美各據一方，有如名剎之四大金剛保護山門也。李伯元更於其所主編之《遊戲報》上表揚之，於是哄動社會。

「四大金剛」中林黛玉善於談論，陸蘭芬擅長唱崑曲，金小寶擅長丹青，張書玉善於修飾。其中以陸蘭芬長得最美，當時滬上很多洋人亦傾倒其石榴裙下，都稱她為「東方標準美人」，並為其攝影寄往歐洲刊於畫報之上，出足鋒頭。但儘管如此，此四人還是風塵俗物，是無法和明末秦淮名妓柳如是、顧橫波、董小宛、李香君等量齊觀的。舊日上海小說家孫玉聲

（海上漱石生），家中薄有資財，年少時，常出入北里，與「四大金剛」及其後之名妓，皆相熟。他晚年所著之《退醒廬筆記》中，便有「天香閣韻事」一則云：「逮後，陸蘭芬以瘵疾卒，張書玉不知所終，林黛玉屢家屢出，不齒於人，惟金小寶矢志從良，其人頗足為花叢模楷，故至今恆為人所稱道。」

當時另一小說家吳沃堯（我佛山人）的《趼廛隨筆》亦載有「四大金剛小傳」，其中寫金小寶云：「金小寶來自七里山塘，蓋燈船妓也，與林、陸並稱，憨態可掬，後適馬氏，未幾下堂去，擁資頗厚。……已而赴蘇，云將入學堂讀書也。未幾復來滬，居於逢吉里之對門，榜其門曰曹第……而金小寶於四人中為稍稚，時人許之為雋品。」金小寶身材嬌小玲瓏，面容清秀可人，因家道中落而做姑蘇歌妓，名噪吳中，十八歲隨母抵滬，十九歲時，李伯元在《遊戲報》開花榜，金小寶獲第二名，列為「四大金剛」之一。

「補白大王」鄭逸梅說：「前輩孫漱石先生，老於歡場，常稱金小寶為『花叢模範』，是彼姝不同尋常脂粉可知。小寶生平，有二事足資我人之敬仰。其一慧眼識士，其二畫蘭行善。」其中《退醒廬筆記》述小寶畫蘭事甚詳。謂：「小寶能畫蘭，九畹幽姿，芳生筆底，得者皆珍逾拱璧。題款字亦頗極娟秀。推以觴政之暇，素不輕易下筆。某歲因個中人議辦花塚，購地於靜安寺路，為曲院諸殘花埋香之所。經領袖者會議集資，小寶慨然以畫蘭百箑自任，潤資不限，由客自給，悉充花塚費用之需，一時獲資甚巨。所繪箑下款皆書『天香閣主』，其時小寶居惠秀里，顏妝閣曰『天香』，故以是署名也。」但《趼廛隨筆》卻說：「所居曰天香閣，或云能作墨蘭，狎客所持素箑，多小寶款，然終未見其對客揮毫，不如李蘋香之能詩，信而有徵也。」是吳沃堯懷疑金小寶不能作畫，然而會寫兩筆畫，並非難事，至於畫得好不好又另當別論。何況當時風氣，伶人妓女也有好附庸風雅的，請人代筆作詩寫畫，亦是常見之事，實無庸深究的。

至於金小寶的「慧眼識士」，實有大書特書之必要。「四大金剛」中，金小寶不僅晚福好，而且文化水平也比其他三「金剛」高得多。如果不是她的文化水平高，也許就不會「慧眼」識英雄，選中一個後來大有前途的金龜婿了。

金小寶雖身在勾欄，卻有志於學，曾在上海的城東女學唸書，其時人稱「江南劉三」的劉季平的夫人陸靈素也在該校就讀，陸靈素之二哥陸守經，正在校中當教員。陸守經字達權，江蘇清埔人。其兄陸士諤為民國年間蜚聲滬上的「上海十大名醫」，又是清末民初最多產的小說家，著有小說達百餘部。陸守經原在南洋公學讀書，後來轉到復旦公學，畢業後，曾在商務印書館當過短期編輯，又在城東女學任教，金小寶就是他的學生。那時上海的風氣逐漸開通，但師生戀還未十分流行，金小寶是校裡名花，對男女關係較開通，她見陸老師學問好，人又長得英俊，對他很有好感，又覺得他屈為小學教員，沒有什麼出頭之日，因此對他產生了憐才之心。過了些時候，兩人比較熟了，金小寶就問陸老師，既然有大志，才學又好，為什麼不去日本留學？當時的留學生很吃香，社會上稱留學英美者為「鍍金」，留學法德者為「鍍銀」，日本留學生也有一「鍍」，「鍍」的卻是不值錢的「銅」。然而有「鍍」勝於無「鍍」，鍍過之後，不論金銀銅鐵，都比人高出一等，易於找到好的出路。

陸守經原是一介寒士，雖有大志，奈留學日本也要花一筆錢的，他怎敢有此念頭。陸便把此意對她說了。金小寶大概也和紅拂女那樣，對他有託終身之意，便透過陸靈素表示，她可以資助留學費用。陸守經沒有接受她的好意，不知是為了避嫌疑，或瞧不起她的出身，他轉往別所女學教書去了。老師轉校，金小寶也追隨到了老師任教的學校，她又再進一步向老師陳說。陸守經感其意，師生從此戀愛起來，不久就論婚嫁了。婚後，夫婦一同去日本，陸守經在日本習速成法政，時間極短，撈到一個資格，就往美國入威斯康辛大學學政治，一九一四年獲政治學博士。回國後，入司法部任職科員。綜計他在外國留學五六年，費用相當可觀，據說完全出諸金小寶的私蓄。不久後，陸守經又升了官，被派往廈門鼓浪嶼會審公堂為委員，一九一六年調任上海市審判廳廳長，一直做到一九二〇年七月，何豐林出任淞滬護軍使，羅致他為公署秘書長，這是陸守經在宦途最得意的時候，他在上海成為名流，就在此時，而金小寶亦一變而為活躍於滬濱社交場合之陸夫人矣。

此時「四大金剛」早已成為過往的人物，代之而興的是由選票選出來的「花國大總統」。一九一八年初，選出花國大總統冠芳、副總統菊第、貝錦，國務總理蓮英。第二年花國選舉，選出花國大總統徐第、副總統王寶玉、寶琴，國務總理笑意。華燈初上，這群鶯鶯燕燕依然活躍於上海四馬路一帶。金小寶幸而從良較早，有個好歸宿，四馬路的姊妹，有不少人還懷念她，稱讚她有眼光，嫁到一個淞滬特區的第二號人物。一九二四年九月，浙江督軍盧永祥與江蘇督軍齊燮元為爭奪上海，在宜興、長興地區爆發了蘇浙戰爭（又稱齊盧之戰），盧永祥兵敗下野，何豐林連帶也要走人，陸守經的秘書長也丟了。但後來陸守經又任交通部駐滬電料處處長、交通部秘書、軍政部僉事等要職。一九三四年間陸守經還在北平掛牌做律師。而金小寶可謂慧眼識英雄，為北里姊妹爭一口氣，因此人們說「四大金剛」中，只有金小寶修成正果。

「滑頭」企業家黃楚九？

「滑頭」兩字在老上海的方言裏，確有「狡猾」的含義，但又常作聰明解，意思是善於利用遊戲規則達到某種目的。比如舊上海有「三個半滑頭」之稱：黃楚九、錢庠元、施十滴和「半個滑頭」吳鑒光。黃楚九富事業性，好大冒險，在全盛時期，有人為他統計，各行各業，除了棺材舖外，幾乎都有他的份兒。獨資的、合營的，共有牌號九十九爿之多。當時上海投機之風尚未盛熾，許多人見他之作風，皆為之愕然，稱之為投機家。

黃楚九（一八七二－一九三一）浙江餘姚人，少時隨父行醫，略諳醫術。十五歲喪父，隨母遷居上海，肄業於清心書院，初在酒館茶肆叫賣眼藥，後在城內開設頤壽堂診所，自稱祖傳眼科名醫，兼製成藥出售。黃楚九本業醫，精眼科，當他成為上海聞人後，無復有知其精眼科者。「中醫才子」陳存仁在《銀元時代生活史》說黃楚九：「因為眼科生意不甚理想，所以就暗地裡出賣春藥，藉以自給。不料行銷太廣，竟被拘捕到上海縣衙門，審判他的是縣知事王欣甫，對黃楚九出賣春藥深痛疾惡，判打屁股四十大板，還要鳴鑼遊街。這件事，凡是六十歲以上的上海鄉紳們都知道的。」

光緒十六年，黃楚九遷頤壽堂於法租界大馬路，改名中法藥房。光緒三十一年，黃楚九由吳姓藥劑師處購得普通安神健腦滋補劑處方一紙，針對時人崇洋心理，將藥名洋化為「艾羅補腦汁」，並在藥瓶上貼上子虛烏有的洋博士Mr.T.C.Yale商標，附以英文說明，稱能治百病，由於廣告登得大，行銷全國各地，日銷達千元，竟因此引起外國流氓的覬覦，引出一樁敲詐事件：一天，有一個義大利人跑來看黃楚九，他說，他的父親名叫艾羅博士，補腦汁的處方是他父親發明的，如今被你盜用許久，這筆帳應當清算一下。黃楚九問他：「你知我姓什麼？」義大利人說：「你姓黃。」黃楚九又問：「你知道黃字譯成英文是什麼？」義大利人說：「Yellow。」黃楚九指著自己的鼻子說：「Yellow－Yellow－Yellowu譯音艾羅，它代表的正是我呢！滾吧！我不要做你的父親。」義大利人萬萬想不到他所說的，逐句落進黃楚九的圈套，碰了一鼻子灰，羞慚而去。

上海有遊藝場，始於光緒三十三年，由黃楚九開其先河，以「樓外樓」為其首創。在新新舞臺上後埭加高改建，成為上海第一家屋頂遊樂園，有說書、雜耍、地方戲曲等節目，客人入場，要坐電梯直上，是時電梯發明未久，由於嘗新心理，座上客常滿，頗獲厚利。繼之而來的「新世界」和「大世界」遊藝場，則踵事增華，更見五花八門，大開眼界。「新世界」有京劇、話劇、電影、大鼓、相聲、評劇、說書、蘇灘、本灘、雜耍、南北技藝，兼容並蓄。又設商場、茶室、彈子房、溜冰場，以供遊客自由活動。民國六年，「大世界」乃以最新最大的遊藝場，雄視海上。所備遊藝，種類繁多，不易同時並演，須待分檔演出，百戲始能具陳。如滑稽場子，前檔為京劇滑稽，後檔為科天影魔術；又如灘簧場子，前檔為南方戲，後檔為王美玉蘇灘。除普通劇種外，崑劇、徽班、蹦蹦戲，亦曾羅致。又迎合潮流，設小型舞池，探戈狐步，蓬尺琤琮。新正開市，特從徽州辦來花燈煙火，點綴春宵，以示履端肇慶之意。凡此種種，皆出胸中邱壑，始見洋洋大觀。至若燈影朦朧，色情氾濫，曲辮子癡迷蕩婦，急色兒撩撥流鶯，雖皆下品，亦屬風流。

「大世界」並設一「共和廳」，引入上海名妓，排演「群芳合唱」，又設「乾坤大劇場」，聘請坤角演出京劇，其中幾位名角都出身於此，如擁有「冬皇」徽號的余派傳人孟小冬，原是這裡的鬚生；又由黎元洪一手捧紅的琴雪芳，也是這裡的旦角。此外，還有那個唱蘇灘的尖兒頂兒王美玉，珠喉玉貌，色藝雙全，口語香風，周流四座，不知瘋魔了多少男人，也不知瘋魔了多少女性。據曾經目睹過的金雄白形容說：「單看她坐在鋼絲輪的包車上，前後四盞電石燈，照映著那顆橫愛司頭，表裡瀅瑩，風情綽約，已自夠人注目流涎，重足而立，直待芳蹤杳然，魂靈才肯歸竅。」

另又按日出版四開報紙一張，名曰《大世界報》，除載當日各場節目外，俳諧並錄，妙語如珠。主編為孫玉聲，筆名海上漱石生，他二十九歲起主持《新聞報》，是該報的第一任主編。後入《申報》、《輿論時報》任編輯達十九年之久；而後又自辦《采風報》、《笑林報》、《新世界報》、《大世界報》等多種報紙，為清末和民國時期上海灘著名老報人。因年輕時家道富饒，他曾尋芳獵豔、唱戲度曲，歷歌臺舞榭數十載，在積累了豐富的生活素材基礎上，創作成《海上繁華夢》、《十姊妹》、《戰地鴛鴦》等書，乃得以小說家之目而蜚聲大振大江南北。

黃楚九的事業益見擴展，轉向金融地產進軍。民國八年在愛多亞路創立二十四小時營業之上海日夜銀行。當時法租界煙賭盛行，暮夜需款而告貸無門者，大有其人。日夜銀行對於此類顧客，可以酌量情形，予以臨時信用拆放，或接受其珠寶首飾的抵押。同時它又以優利吸收存款，零星散戶悉為其招徠對象。以是存款數額，累積甚巨。黃楚九乃將其投資於房地產業，在牛莊路北京路一帶，廣建市房，出租生利。一區落成，押與洋商，取得現款後，接手興建第二區，周而復始。其後政府改革金融政策，廢兩為元，規定地產不能作為抵押品，地價陡時下瀉，而向做地產抵押的行號則緊迫催贖。黃楚九身當其衝，一夕之間，全部崩潰，成為犧牲於金融改革下的第一人。

父親也是實業家的陳定山認為黃楚九以頭腦新穎，遇事敢為，喜負債，能以少數資金博取大利，他所創辦的實業，無不開風氣之先。魄力雄偉，與後來投機商，判若涇渭，世以成敗論英雄固不足以知黃楚九。而黃楚九之失敗在於事業太多，負債太重，而其創建性之偉大，見事性之靈敏，有非他人所可及者。尤其在那個年代，黃楚九已懂得廣告與商業的密切關係，如創「百靈機」補藥，但用「有意想不到之效力」八字為標語，而收到廣告宏效，勝於十萬字之長篇。發行「小囡牌」香煙時，巨幅廣告不著一字，僅一紅色的蛋，連登數天，在蘇滬習俗，生了孩子，例須染紅了蛋送給親友的，大家被怪廣告所吸引，都想品嚐一下，這一下便推廣了

「小囡牌」的銷路。

因此觀之，黃楚九雖走偏鋒，然其事業則皆合法，只因他的頭腦是屬於二十世紀後期的，而他的出生年代則屬於二十世紀初期，當時眾皆循舊，他卻獨著先鞭，所作所為，不易為人了解，致以企業家而蒙「滑頭」的綽號。此本非黃楚九之罪，更何「滑頭」之有？

《啼笑因緣》電影鬧雙胞的內幕

張恨水的《啼笑因緣》自一九三〇年三月十七日開始在上海《新聞報》的副刊《快活林》上連載後，大受歡迎，獲得了極大的反響，同年十一月三十日連載完畢。十二月，上海三友書社出版單行本，一時洛陽紙貴。當時文壇甚至還出現了他人所為的各種版本的「續作」。《快活林》的主編嚴獨鶴在三友書社版的《啼笑因緣》序中寫道：「在《啼笑因緣》刊登的第一日，便引起無數的讀者的歡迎了，至今書雖登完，這種歡迎的熱度，始終沒有減退。一時文壇上竟有『《啼笑因緣》迷』的口號，一部小說能使讀者對於它發生迷戀，這在近人著作中，實在可以說是創造了小說的新紀錄。因為我忝任《快活林》的編者，《快活林》中有了一個好作家，說句笑話，譬如戲班中來了個超等名角，似乎我這個邀角的，也還邀得不錯哩。」當時儘管張恨水在北邊已成為頂尖的通俗小說作家，但在上海他還是默默無聞的。張恨水的得以進入上海，並且在上海的通俗文學界一炮打響以至於大紅大紫，確實不能不歸功於嚴獨鶴。《啼笑因緣》成為最暢銷小說後，不斷地被改編成評彈、說書、話劇、電影。從此，風靡全國，以至影響達於海外。其書是屢屢再版，至今不絕。

一九三一年，上海電影界的一件轟動全國的大事是明星和大華兩家電影公司為了爭奪《啼笑因緣》的攝製權而對簿公堂。雙方的當事人是明星影片公司的張石川、周劍雲和大華影片公司的顧無為。明星公司看準《啼笑因緣》一旦拍成電影，肯定賣座，於是就向張恨水及發行人三友書社洽購版權，簽妥和約，立即開鏡拍攝。該片主要演員有胡蝶、夏佩珍、鄭小秋、蕭英、王獻齋、嚴月嫻、龔稼農等。影片由嚴獨鶴、張石川改編，並由張石川導演。而與明星公司素有積怨的顧無為意圖報復，他從民國十七年五月頒佈的《著作權法》上找到一條條文，大意是說：凡是從他人的著作中闡發新理，製成另一種著作者，其新製作之著作權，歸改編人所有，與原著人無涉。於是他就託人去內政部主管著作權註冊的警政司查閱案卷，一查之下明星公司並無《啼笑因緣》電影劇本的註冊記錄。於是顧無為連忙請人編寫，在一夕之間，竟然把電影劇本和舞臺劇本都編好，向內政部辦理申請手續，他與後臺老闆黃金榮勾結，走門路，託人情，在第二天就拿到電影劇本和舞臺劇本的執照了。

顧無為雖已勝券在握，但他不願打草驚蛇，他要等到明星公司已拍到相當長度時才出手。他的第一招是在上海各大報第一版刊登啟事，說明「大華公司已取得《啼笑因緣》的電影攝製權，以後任何人未經大華公司的許可，不得攝製該片，否則依法起訴」。這下子明星公司一時之間傻了眼，但又覺得來者不善，於是聘請上海最有聲望的江一平、陳霆銳、李祖虞、葉少英等七大律師，再加上明星公司常年法律顧問顧肯夫、鳳昔醉共九人，全力應戰。在各大報封面上用全版駁覆大華的啟事，內容所說無非是《啼笑因緣》已由張恨水及三友書社同意將電影攝製權讓予明星公司，大華公司無權主張云云。顧無為也不甘示弱地批駁並一直逼著明星公司提出證據來，明星公司最後只得把《啼笑因緣》小說著作權執照製版刊出。最後顧無為亮出他的王牌，他把那張《啼笑因緣》電影劇本著作權的執照製版刊出，而且篇幅極大。當晚並在上海大西洋西菜館設宴舉行記者招待會，當場將該執照給記者傳觀，明星公司在形勢上無疑是敗下陣來了。加上明星公司多年以來稱霸影壇，對於其他小公司經常壓迫，周劍雲把持了幾家戲院，在發行上尤其霸道，因此電影界對明星公司多無好感，今既看到明星公司受窘，都不無有些幸災樂禍的心情，便一致地擁護大華公司。顧無為這一回合無疑地占了上風。

但明星公司也不是省油的燈，它豈肯輕易認輸，於是經律師團研商後，採取反守為攻的策略，向內政部提出行政訴訟，說顧無為存心搗亂，矇領執照，聲請調驗大華公司所拍影片。內政部准如所請，下令大華公司於十四天內將影片送部檢驗。顧無為能在一天之內編好劇本，自然也有能耐在各方面的支持之下，居然在十天之內就把這部黑白無聲的《啼笑因緣》給趕了出來，並如期送驗。內政部次長張我華在看過影片後，認為大華的片子，粗製濫造，分明是趕拍出來和明星公司搗蛋的。但在五人審核委員中，有人卻認為內政部既以執照發給大華，而大華亦已交驗，其他自不應過問，影片製作的精粗，是管不著的。其他委員亦同意此說，於是張我華即使想袒護明星公司，亦無能為力了。

就在官司還沒定案之前，明星公司採取先下手為強的策略，提前與向來放映西片的南京大戲院（美商）接洽妥貼，於一九三二年六月，將第一集《啼笑因緣》有聲影片在該戲院放映。

廣告刊出之後，顧無為為之駭然。經律師指示，他馬上準備五萬元，送進法院作為提供擔保，向法院弄到了一個「假處分」，等到《啼笑因緣》即將放映之際，他帶著法警到場，要南京大戲院立即停演，以便查封影片。明星公司措手不及，只得請律師向法院交了十萬元，方才撤銷了「假處分」，使影片在下午五點半得以放映。當時戲院門口同時出現上映的大廣告和法院禁映的大告示。

此時明星公司又得到南京消息，他們和大華公司的官司一敗塗地，無法挽回。而顧無為正準備再以二十萬元作為反反提供擔保向法院申請再禁止《啼笑因緣》的上映。張石川、周劍雲此時知道事態嚴重，於是連夜趕到杜月笙家裡，呈遞門生帖子，長跪不起，請求他出來斡旋。對於此事杜月笙早有所聞，但由於牽涉到黃金榮，他也不便插手，如今事情愈演愈烈，明星公司的損失將愈來愈大，為了息事寧人，由杜月笙出面邀請黃金榮、虞洽卿、聞蘭亭、袁履登等上海聞人出面調停。杜月笙當面向黃金榮請示，請黃說一句話，讓顧無為把《啼笑因緣》電影執照轉給明星公司，而顧無為所花費用，全由明星公司負擔。杜月笙玩這麼一手，黃金榮有了面子，當場同意。顧無為當然也是一個識時務者，看到主子已經表態，又看到對手已經低頭認輸，自己占了上風，也就緊跟黃金榮之後，答應和解，把《啼笑因緣》電影攝製執照轉給明星公司。而明星公司則賠償顧無為為此的花費和拍片的錢，共十萬元。顧無為撤回上海法院的假扣押，《啼笑因緣》繼續安然上映。

《啼笑因緣》電影的鬧雙胞，是中國影史上的第一樁官司，起因還是由於小說的魅力太大了，之後它又不斷地搬上銀幕及螢光幕，多達十餘次，可說歷久不衰。

女權先聲的張竹君

談到中國的女權先驅者，以及早期革命黨內的女英雄，張竹君實在是一個不該被遺忘的人物。張竹君（一八七九－一九六四），是廣東番禺人。她的父親是三品京官，家裡十分富有。據馬君武的〈女士張竹君傳〉一文說：「竹君生數歲而患腦筋病，並身覺麻木不仁，其家則送之於其城之博濟醫院，囑美利堅醫士嘉約翰醫之，漸癒。時竹君雖幼稚，已能覺西醫之精妙，絕勝中國疲癃老腐之所謂醫生者，乃發願留博濟醫院學醫，既十三年，而盡通西國內外科之學，得執照焉。」一八九八年張竹君以優異成績畢業於廣州博濟醫院附設之南華醫學堂，留醫院任醫生兩年。一九〇一年她集資創辦禔福醫院於西關荔枝灣畔，這是廣東第一所國人自辦的西醫院。不久又創辦南福醫院於珠江南岸的漱珠橋側，任院長，開國內女界創辦醫院之先。

一般談起中國的女權運動，都以為是「五四」運動以後的產物，直到民國十一、二年後，北平、上海等地才有女權運動團體的公開組織。而張竹君則早在民國前十二年，已經從事提倡女權，在當時的報紙上公開討論與宣佈了。同時，她在光緒二十七年已在廣州自己一手創辦了育賢女學，更在中國各地開風氣之先，比之清廷學部頒布女子師範及女子小學章程的時間，還早了六年。即較之張百熙之奏定男學堂章程，也早了一年，可見其眼光之獨到。

馮自由的《革命逸史》就說：「辛丑（一九〇一）光緒二十七年壬寅間，女醫師張竹君在河南（廣州地方）南福醫院開演說會，倡辦育賢女學，為廣東女學之先聲。一時新學志士，多奔走其門，隱然執新學界之牛耳，胡漢民與程子儀、朱通儒三人讚勷最力，《嶺海報》不啻為張之宣傳機關。……」又說：「……時《羊城報》記者莫任衡有〈駁女權論〉一文，胡漢民因與張竹君相善，張素以提倡女權自命，漢民乃訪《亞洲報》主筆謝英伯，相約擁護女權，同向《羊城報》反攻，英伯極贊成之。」

張竹君的志向並不只是行醫，她在醫室之外，復設福音堂一所，常在週末登壇演講，「每講學時，未嘗不痛惜撫膺，指論時事，慷慨國艱也。」而對於女權思潮，她認為「女人不可徒待男子讓權，須自爭之」，其爭權之法，「不外求學」，而所求之學「又不當為中國舊日詩詞小技之學，而各免力研究今日泰西所發明極新之學。」

一九〇四年四月，張竹君在上海創辦女子興學保險會，主張女子應通過「求學」、「合群」的方式擺脫男性的壓制。她還寫了一篇長文刊登於同年四月二十三、二十四日的《警鐘日報》，文章細數中國女性所身受的十一種「險境」，進而從女性自身出發，指出「險境」的原因，在於「一由於不知學，一由於不能群」。於是她想聯合大群體以求女性自決和獨立，她說：「鄙人竊不自揣，志欲聯合海內諸女士為一大群，取數千年之惡習掃除而更張之，舉此十一險者殳夷而平蕩之，永不留此恐怖之境遇於吾同種。」

在張竹君青年的時候，社會上猶盛行著「女子無才便是德」，「男女授受不親」等之類的舊道德觀念，但她卻不以為然，決心反其道而行之。據她後來跟陸丹林追述早年的情景：她出外，常坐著三人抬走沒有轎簾的藤兜。頭上梳了一條「大鬆辮」，腳上穿了一雙青緞面學士裝鞋，有時並把兩腳向前踏在轎槓上，人身和腳差不多成了一字形。這樣姿勢，本來很不雅觀，尤其在熱鬧的市街，往來穿插，前呼後擁，一般人見著，多目逆而送，或者加以蔑視的不良批評。她是滿不在乎，而處之泰然的。她對陸丹林說：「人生要求自由，男子可以梳大鬆辮，穿學士裝鞋，婦女為什麼不可以！男子坐藤兜（轎子），可以把腳提高，踏在槓上，婦女為什麼做不得！做了，又譏評她是『男人婆，招搖過市。』我要做男女平權的運動者，一切以身作則，要打破數千年來禁錮婦女的封建枷鎖，把不平等的舊思想、惡習慣，澈底掃除。那些頭腦冬烘，思想陳腐的禮教奴隸，我要和他們搏鬥，替女同胞殺開一條新路。那麼，任何非譏詆謗，任何恥辱犧牲，我都是不管的。我是基督徒，基督都能從容上十字架，我必步著他的後塵，替女同胞盡力，和惡劣勢力鬥爭，至死不變。」

辛亥那年的秋天，革命黨人在武昌起義，震驚全國。可是當時武漢的局勢實在缺乏適時的領導，基於各方面迫切的需要，黃興（克強）乃隻身由港到滬，準備祕密到武漢去會晤黎元洪，並會同主持一切，黃氏最感到困難的便是交通問題，因為東南一帶還在滿清及袁世凱勢力之下，敵人的奸細還在到處活動，黃氏不能不慎重將事。結果還是由張竹君設計，要黃氏化裝為醫生的助手，加入她所主持的上海紅十字救傷隊，由上海乘長江輪船一同出發，藉以逃避敵人的耳目。這件事可稱得上是張氏得意之作。「黃克強曾經當過我的助手」，事後她常常這樣半開玩笑的引以自豪。事實上黃興對於她那一次的襄助，也是十分感激的。

最初，張竹君為了獻身社會服務，終日為事業而奔忙，故對自己的「終身大事」，可給忘了。到她已成徐娘半老時，有人問他這個問題，她仍然半開玩笑的說：「現在還沒找到適當的對象，如果找到了，我會隨時宣布結婚的。」其實在她年輕時是有過羅曼史的，馮自由的《革命逸史》就說：「竹君往還諸紳富中，有盧賓岐者，其子少岐，少有大志，與竹君相談時事，過從甚密，因有定婚之議。少岐久擬東渡求學，厄於家庭不果，賴竹君慨然假以旅費，乃得成行，少岐去後半載，竹君與盧府中人發生嫌隙，遂與少岐日漸疏遠，婚約無形解除。同時桂林馬君武，從廣西至粵，攻讀法文，聞竹君在教會演講福音，語涉時政，異常崇拜。自是福音佈教，恆有馬之足跡，露愛戀之意。少岐遇之，輒視為情敵。一日，馬在張之客室，取去張之詩扇一柄，張四覓無著，旋得馬之求婚書，情詞懇切，張不能從，……未幾馬赴日求學，嘗作〈竹君傳〉，登諸橫濱《新民叢報》，譽揚備至。附詩有『女權波浪兼天湧，獨立神州樹一軍』之句，時胡漢民尚在廣州，備知其詳，嘗語人謂：此一幕劇為驢馬爭獐。」

張竹君雖然沒有結婚，但她卻是兒女繞膝，共敘天倫之樂，而這些兒女們都是她領養來的孤兒孤女。三十餘年來，她對他們視如己出，盡心地去教育他們。晚年張竹君在上海也的的確確做了不少造福社會的事情。至於她自己的立身處事，又是那樣嚴正不阿，功成不居，以及悲天憫人的胸懷，視功名富貴如浮雲的志節，都是值得我們欽佩與敬仰的。

風塵俠客說劉三

「南社」創始人之一的陳去病嘗題贈劉三（季平）七絕一首，詩云：「生經滄海求神駿，死為要離脫左驂。莽莽風塵論俠客，大江南北兩劉三。」劉季平別號江南劉三，至於江北劉三乃指儀徵劉師培，師培字申叔，行三，別署激烈派第一人。陳去病在寫此詩之際，季平和申叔均是以俠義見稱的革命志士，只可惜後來申叔由於「得名太早，厥性無恒，好異矜奇，悁急近利」之故，竟至為袁世凱所收買，為「籌安會」六君子之一，弄得晚節不保。而反觀江南劉三志節堅貞，始終不二，殊有不可相提並論者。

劉三原名宗龢，一八七八年生於上海華涇鎮。其人夙蘊才華，早懷偉抱，任俠好義，出自天性。一九〇三年負笈東渡，入日本成城學校習陸軍，因而結識了同在日本留學的陳獨秀、蘇曼殊、鄒容、陳去病等人，雖然他們各自的秉性差異甚大，倒也意氣相投，共同加入興中會，從事反清革命宣傳。歸國後，執教於浙江陸軍學堂，並以從事革命排滿工作為其職志。一九〇四年，與堂兄劉東海、費公直、吳欽業、秦毓鎏在故里創辦「麗澤學院」，作為宣傳革命，培養革命人才之所。

劉三在《蘇報》案中，仗義營葬鄒容一事是值得大書特書的。《蘇報》原是一家以日僑出面開辦的報紙，一八九六年創刊於上海，內容乏善可陳。一八九八年由南社的陳範接辦，傾向改良。一九〇三年，陳範延請章士釗為主筆，《蘇報》作風大變，相繼刊登反清言論。特別是鄒容的《革命軍》和章太炎的〈駁康有為論革命書〉的介紹和刊發，是「蘇報案」發生的直接原因。清廷以《蘇報》「悍謬橫肆，為患不小」，並指出章太炎的〈駁康有為論革命書〉有「載湉小丑，未辨菽麥」之語，大逆不道，要求美國人福開森「切商各領等，務將該館立即封閉」。同年六月三十日，上海公共租界工部局應清政府要求，以鼓吹革命的罪名出票拘人，結果陳範躲開了，章太炎就逮，當時鄒容避居虹口，聽到章太炎被捕，不願置身事外，讓太炎一人承擔責任，以生死與共的態度，毅然自首，繫諸西牢。那時兩江總督端方，力主解往南京，治以嚴刑，可是工部局沒有允許，僅由租界當局判章太炎徒刑三年，判鄒容徒刑兩年。

劉三長鄒容七歲，兩人相互敬慕，意氣相投。早在日本時，曾一起發動拒俄運動，組建義勇隊，幾成莫逆。當鄒容被囚禁提籃橋監獄時，劉三多次去監獄探視，並送去食品，為體弱的鄒容增加營養，鼓勵他堅持抗爭。一九〇五年四月三日，二十一歲的鄒容不堪折磨和虐待，不幸瘐死獄中。鄒容既死，獄卒竟把他的遺體棄擲牆外，幸由同鄉陳競全為之收斂，停放在北四川路的四川義莊。因怕惹禍，在薄棺的石碣上，不敢刻真名，只以「周榕」同音字代之。據陸士諤之孫陸貞雄的文章說，劉三冒著生命危險，於五月二十八日，毅然前往四川義莊，買通了守門人，他約了堂兄劉東海等四人划著小船，在朦朧月光的掩護下，悄悄將遺骸運往家鄉華涇黃葉樓旁，讓出空地，為營窀穸。此事事前既未嘗謀之於人，故事後亦迄鮮有知者。

直到一九二二年章太炎才知劉三仗義營葬鄒容一事，所以後來章太炎在他的〈贈大將軍鄒容墓表〉，一再稱之，如云：「於是上海義士劉三收其骨葬之華涇，……劉三者性方潔，廣交遊，業為君營葬，未嘗自伐，故君諸友不能知葬所。」一九二四年的清明節，章太炎與張繼、于右任、章士釗、李根源、馮自由、馬君武、田梓等前往祭掃，劉三伴之，祭掃畢，把祭餘的果肴，攜至黃葉樓，聚飲賦詩，章太炎詩云：

落魄江湖久不歸，故人生死總相違。
只今重過威丹墓，尚伴劉三醉一回。

于右任詩云：

廿載而還事始伸，同來掃墓一沾巾。
威丹死後誰收葬，難得劉三作主人。

張繼詩云：

威丹死後無人葬，只賴劉三記姓名。
廿載復仇成大業，敢澆清酒答前盟。

章士釗詩云：

謁墓來華涇，重見劉高士。
謝君葬友恩，不敢題凡事。

由這些詩句觀之，其對鄒容（威丹）的懷念和對劉三的推崇，固已充分流露於其楮墨間。劉三自己也有詩云：「雜花生樹亂鶯飛，又是江南春暮時；生死不渝盟誓在，幾人尋塚哭要離。」鄒容的墓一直由劉三護之，劉三死後，劉三後人繼續祭掃不輟，直到文革時，墓遭破壞。而今已整修一新，公家每年祭掃烈士墓。

蘇報案由於端方力主治以嚴刑，劉三對端方恨如切齒，與費公直密謀刺端，以端戒備森嚴，難於下手。劉三物色一緝鹽首領王某，具有俠義襟懷，足為助手，奈事機不密，被官方偵知，劉三囑他人速從後窗登屋頂，逾鄰垣而遁，他則殿後掩護，不幸被捕。好友黃培炎聞知當天即從上海冒雪夜奔二十餘里趕到華涇，告知其叔子瑜，子瑜任松江府督學，頗有聲望，遂上下疏通，並延西律師為之辯護，歷半年始釋，但家傳的錢莊、布舖，均因此而倒閉了。

劉三還有一可述者，是他的夫人陸靈素。劉三原配陳月琴早逝，靈素乃劉三繼室。她垂髫時即負才女之名，曾就讀於楊白民、朱少屏創辦的城東女學，後轉入黃炎培所辦的廣明師範。一九〇六年起在安徽蕪湖皖江女學任教，與同校任教的陳獨秀、蘇曼殊相熟，經曼殊介紹給劉三認識，靈素仰慕劉三的才學和為人，一九一〇年嫁於劉三為繼室。靈素是南社傑出的女詩人，被柳亞子譽為「頗嫻文采，嗜南北曲」。她曾創辦革命進步團體「女子復權會」，其機關報是《天義報》，她在該報發表過不少文章。她擅崑曲，劉三吹簫，靈素按版，伉儷之間，兼有秦徐恩愛、趙管風流。論者以為劉三恬淡的心境，高潔的風範，固本於先天的稟賦，但由於他夫人靈素的品質之美與內助之賢，均直接和間接與予劉三莫大的鼓勵與影響，是不言而喻的。陸靈素的長兄陸士諤，是民國年間蜚聲滬上的「上海十大名醫」之一，又是「清末民初最多產的小說家」，著有小說達百餘部。陸靈素的二哥陸守經，為人風流倜儻，他自與上海名妓金小寶結婚之後，即挈之同往日本留學，嗣又赴美深造。歸國後，服務於政法各界，著有聲譽。

劉三逝世後，陸靈素悉心搜集整理劉三生前的大量詩稿，交柳亞子校正刊印。不料太平洋戰爭爆發，文稿毀於戰火，靈素在痛惜之餘，又以驚人毅力，收集殘稿，終於在一九四六年刊印出油印本，與劉三有深交逾三十年的馬敘倫為劉三作傳。而直到一九九六年才正式出版了《黃葉樓遺稿》一書。

唐有壬死於「鋤奸團」

一九三五年十二月二十四日，唐有壬於上海租界被人暗殺，有關此案的報導及記載，歷來十分簡略，令人難窺真相，成了民國史上一個未解之謎。但經半個世紀後，終於解開謎團了。

唐有壬（一八九四－一九三五），原名林，湖南瀏陽人，為「維新派」唐才常的次子。他天賦聰穎，多才多藝，清末，就讀於湖南長沙高等實業學堂，所寫論文，才氣磅礴，大為其師歐陽鼐所讚賞，常把他的課藝，發給同班傳誦，以資觀摩。又從名琴師周姓學七弦琴，心領神會，頗能探其旨竅，所奏《高山流水》等名曲，雖未便許為高手，而指波弦雨，一曲彈來，亦足使人心恬意遠。報人羅敦偉就說過：「湖南瀏陽是出產古琴名手的地方，有壬雖不算名手，七弦琴的修養的確不壞，有時候我們閒著無事，他和某小姐搬出一對雌雄琴，兩個合奏一曲《空山憶故人》，我躺在沙發上一旁欣賞，彷彿萬籟俱寂一塵不染，空谷傳音，悽悽切切，的確是人間最幽靜的享受。」一九一三年，唐有壬以烈士遺裔，資送日本深造，畢業於東京慶應大學理財科。唐有壬的哥哥唐蟒（圭良），弟弟卜年，兄弟三人，皆留學日本。圭良習軍事，有壬、卜年習政經（政治、經濟）。

一九一九年歸國後，受聘為北京大學經濟學教授，參加《現代評論》派，與顧孟餘、王世杰等往還，撰寫了數十篇文章，涉及經濟、關稅、教育、國際關係等方面，成為此中健將。一九二七年秋，應張公權之聘，任中國銀行經濟研究室主任。其後參加實際政治，則由於顧孟餘之故，而受知於汪精衛；又由汪精衛之故，而受知於蔣介石。一九三四年二月，任南京國民政府外交部常務次長，當時中日外交形勢緊張，汪精衛自兼外交部長，外交部實際上的「部務」，是唐有壬一身擔當。說實在的，那時的外交部，如果能對付得日本的使領人員，也算是「公務」辦了一大半。唐有壬自恃是一個「日本通」，加上一批在搞特務工作的日本朋友，遠在他搞《現代評論》時，就常常寫些關於「日本問題」什麼，至於「中日提攜」什麼之類的文章；當然，這也是他蒙受汪精衛器識的一大因素。

在此期間，辦理對日外交，任何能手均難自脫於「親日」之嫌，唐有壬自不例外，被人視為親日份子。其實外交上的決策絕非他所能左右的。有次會議中，蔣氏出席，於討論華北撤兵問題時，蔣說：「你們都在責備行政院，而不知撤與不撤是屬於軍事委員會的權限，非行政院所能作主。」這一番話，給行政院解脫不少。事後唐有壬語人，他從那一天起才鬆一口氣。羅敦偉在《五十年回憶錄》中說：「唐有壬，他是當日中央政治會議的秘書長兼外交次長，其人絕頂聰明，才識卓絕，而且年富力強，勇於負責。對於日本的政治十分通達，非一般所謂日本通可能望其項背。支持中央的立場，真任勞任怨，他的衷心是嫉恨日本軍閥，尤其痛惡日本軍閥的侵略行為，可是在那個時期，他不得不演扮一個親日份子。我和他來往很多，我知到他內心的苦痛，但是他為著國家的前途，為著政府的決策，為著他良心上對國家的貢獻，他不得不作一個反派人物。不幸的是他卒至以身殉國，而且蒙親日派的罪名為愛國志士所刺殺，固然何人刺殺他，至今沒有人知道。可是為政治犧牲則毫無問題。」

唐有壬的老同事，原任中國銀行司庫，後應梅蘭芳之邀隨同去美作為劇團經理的黃子美，精諳相術，言必有中，人稱黃鐵口，曾於一九三五年十一月初力勸唐有壬，急流勇退，並明白地指出當前環境對他太不利，其「山根」整個塌陷，更屬凶多吉少。唐有壬似亦有所預感，表示很想出洋，但因職務不易辭卸，不知如何是好。黃子美說：「環境也許可以改變，生成的相格卻無法改造，即使你辭得掉，至少還得患上一場大病哩！」又唐有壬遇害前剛於十二月月改任交通部常務次長，因人在上海，故未到職。照說，他能離開外交部，擺脫一般抨擊，對他應是有利的。但萬萬沒想到就在十二月二十四日下午五時他遇害了。

唐有壬住在上海法租界甘世東路，大門前有幾步石階，向內凹入，左右為房屋所掩，好似通天短徑一般，其對門及鄰居亦屬同樣格式。因此若有人站在門前，過路人非經側視，每易忽略。兇手為探明唐有壬的生活狀況及行動慣例，事先在其對門租下空屋，進行偵察工作。至於兇手是何方神聖，就如同羅敦偉所說：「何人刺殺他，至今沒有人知道。」但經過半個世紀之後，曾是「中華青年抗日鋤奸團」負責人的陳有光終於道出整件暗殺的內幕，他在晚年發表的回憶文章說：「不出所料，下午六點鐘左右，唐由安寺路汪宅返回甘世路寓所。這時，隱蔽在唐寓隔壁汽車間（此房是『鋤奸團』以重金租下以對付唐有壬的）的『鋤奸團』成員劉鎮南、裘積玉見唐下了車，還未走到寓所的石階，便將唐槍擊致死。」事後經過七、八個月，劉鎮南、裘積玉在上海不慎被捕，被法租界第二特區法院判處死刑，不過他們並沒有供出自己的組織。

陳有光（一九一〇－一九九六）原名楊其真，貴州興仁人。一九二七年入黃埔軍校就學時改名楊義生，黃埔軍校第六期畢業，先後在國民革命軍蔣鼎文的第九師和陳誠的第十一師任排長。一九三〇年在上海與郁建中、張聖才創辦「華聯通訊社」。一九三二年「一二八」淞滬抗戰開始後，在南京參加以康澤為首的「西南復興社」，並曾經參加「中華革命青年同志會」，後來工作於江西廬山軍官訓練團第三期，於一九三三年脫離。一九三五年組織「中華青年抗日鋤奸團」的九人團體，其目標是以出賣國家民族利益的漢奸國賊汪精衛、楊永泰、唐有壬等為打擊對象。同年十二月二十四日他指揮成員暗殺唐有壬，次年十月二十五日又指揮成員在漢口暗殺湖北省政府主席楊永泰，於是更名陳有光亡命香港。一九四六年受忠義救國軍浙東海防指揮部聘為該部參謀長及盟機飛行救護團顧問。一九五〇年夏，在北京成立互利貿易有限公司任副經理，後任總經理。一九五五年被關押，一九七六年特赦。一九八七年被聘為貴州省文史研究館館員。一九九六年病逝於貴州興仁。

唐有壬遇害時，蔣介石正在南京勵志社開會，接獲上海市長吳鐵城急電報告後，震悼異常，旋指出所報行刺時間必定有誤。據蔣氏自言，他在五點時，突覺心頭跳動甚劇，預感不妙，有壬被刺，必在五點無疑。後經查明，果為五點，吳電所報時間失實。汪精衛雖於被刺

（一九三五年十一月一日）後對外聲稱已經出洋，其實此時仍留上海，住在醫院裡，聞此噩耗，愴痛亦深，乃將唐有壬生前所贈歐陽中鵠（歐陽予倩的祖父，唐才常的老師）寫給譚嗣同的手札及唐有壬來信印成一集，分贈友好，以資紀念。蔣氏則去上海親赴唐宅致唁，慰生弔死，更見隆重。於此可見唐有壬生前處於兩大之間，其個性依然存在，於蔣於汪，並不隨風而靡，故其死後，蔣汪同抱悲痛。

歐陽立徵氣節可表

歐陽立徵（一九〇〇－一九八四）是湖南瀏陽名宿，譚嗣同、唐才常的老師歐陽中鵠的孫女，也是著名戲劇家歐陽予倩（原名歐陽立袁）的胞妹。歐陽立徵自幼好學上進。後畢業於湖南福淑女子中學，是瀏陽有名的「才女」。一九二三年，歐陽立徵與唐才常之子唐有壬結婚。歐陽立徵豐姿綽約，堪稱佳麗。

但唐有壬則恃才傲物，喜風流自賞，在中國銀行任職期間，同事中有位女博士，竟然明知使君有婦，亦復委身相就；可是，礙於兩人的社會地位和女方家庭的關係，只能陳倉暗渡，不便作任何形式的正名定份。尤其是歐陽立徵的柔情蜜意，使得唐有壬也就不敢，甚至有所不忍有仳離之想。後來唐有壬在外交部次長任內，又結識一位湖南同鄉的黃小姐；不過他也並沒有冷落先前的那位女博士，於是每週週末，甚至週五，自南京開往上海的夜車頭等臥車廂裡，一定有唐次長在。唐有壬每次回上海，並不是直接回家，有時甚至不回家，是去陪那位女博士。報人羅敦偉在《五十年回憶錄》中也說：「當他擔任中國銀行經濟研究室主任的時候，盛傳有一位女經濟學博士和他很好。後來又和一位湖南很有才氣的某女士友愛。……某女士是一位最完美的女性，差不多可以說一般女子的短處，她都沒有，而女性應有和可能的長處，即用新舊觀點去看，她都具備齊全，即以詩詞一端而論，十分的有造就。」

據和唐家原有世誼的胡耐安說，歐陽立徵不只美於姿，而且慧於心；當唐有壬給女博士糾纏無已的時候，她從未對唐有壬表示過什麼；果然，唐有壬「良心」發現，何況女博士那副「無鹽」型姿態，仍然還是「家花」香豔。直待唐有壬和黃小姐到南京「同居」起來，每個週末，又全給女博士佔住；這時歐陽立徵才向唐有壬發過幾次夠稱惡狠狠的脾氣。實在說來，黃的嬌媚，差堪和歐陽立徵的秀麗比美而外，談到詩文的造詣工夫，似乎較勝歐陽立徵一籌；至於女性的另一「婦德」，黃卻不及歐陽立徵；而女博士，當然又當別論了。

一九三五年十二月二十四日，唐有壬於上海法租界住宅前被人暗殺，對於此事羅敦偉說：「他（唐有壬）的衷心是嫉恨日本軍閥，尤其痛惡日本軍閥的侵略行為，可是在那個時期，他不得不演扮一個親日份子。」在當時群情憤慨的氣氛裡，誰也不會體諒「弱國無外交」的不易周章。加上，其時的日本，正是軍人跋扈最高潮的時期；何況，還有許許多多難以言宣的政治恩怨和派系水火的羼雜期間。因此深知內幕的人，將唐有壬的結局與楊永泰相提並論。所不幸的是他還背上親日份子的醜名，那次暗殺，外表看來還像是一次愛國行動哩！

對於唐有壬被暗殺以迄抗戰期間的經過，歐陽立徵在一九三九年五月二十日給軍事委員會及行政院的呈文，有如下的陳述，云：「立徵自先夫為國事捐軀以來，寄跡滬濱，奉母課兒，以度淒涼之歲月。前年八一三戰起，江灣首當其衝，蝸居毀於砲火。立徵感懷國難，淚竭神傷，遂患神經衰弱及失眠等症。爾時為老母及兒輩安全起見，舉家繞道回湘。未幾戰局西移，湘省亦頻驚風鶴。立徵個人雖不足惜，而高堂弱息，付託無人，何忍見其陷於鋒鏑。故又扶老攜幼，轉徙播越於飛機轟炸之下，初則移居九龍，繼則轉道來滬。返滬未久，驚魂甫定，忽睹汪精衛離渝赴越之報，不禁瞿然而驚。立徵一介女流，對國事無置喙之餘地，所不能已於言者，先夫在生之日，嘗受知於蔣汪兩公，以奉行國策，折衝樽俎，精神上備受刺激。每與立徵言：國事艱危至此，政府當前國策，必待最後關頭始捨和平而言犧牲，吾輩外交官處境至艱，用心至苦，而局外人或不見諒；與其貽譏而無裨國事，曷若引退以早遂初衷。立徵輒加慰解，謂：當抱定國家至上主義，一時之毀譽不足縈懷，千載之是非終須大白。孰意先夫以勇於任事之一念，終以不見諒而獻其微軀於國家。今者汪忽於抗戰國策之下，中道乖離，妄倡和議。立徵恐因是而先夫之志不能大白，其不見諒於生前者，仍將不見諒於身後，用是繞室徙椅，夜不交睫。竊念先夫所居者國家之公職，非受一人之私意。倘先夫存於今日，必在最高當局之領導下，抗戰建國之旗幟下，竭其股肱之力，繼之以忠貞，一伸其報國之志，一吐其過去抑鬱難宣之氣。此立徵所敢斷言者也。」

而歐陽立徵之所以要發這份電文，主要是汪精衛到滬不久，她家有天突然來了一位不速之客，此人她認識，是丈夫昔日一位同事，幾句寒暄之後，他說：「我是代表汪先生前來慰問你們的。汪先生十分關心你們，聽說你們生活窘迫，想供給你們生活費，這裏是我第一次帶來的法幣一千元，以後按時接濟，汪先生如此念舊，你能想像得到嗎？」歐陽立徵謝而未受，第二天，她便將這一千元法幣交到了仍然設在「孤島」上的亞爾培路中央銀行，同時又電呈國民政府軍事委員會及行政院，分別說明錢款的由來及捐款動機，云：「乃立徵正抱難言之隱痛，而事實忽有奇特之發展：日昨某君以汪命餽法幣一千元，經立徵一再推卸，其人強委而去。在汪眷懷舊屬，惠及妻孥，人非木石，寧不知感。然汪先生恐懼流言之日，立徵不當受其一介，以傷先夫之志，而增立徵無涯之戚。憶先夫飾終之際，承最高當局親臨致唁，殷殷以身後事垂詢，高誼慈懷，存歿俱感。立徵以未亡人之身，對國家無所干求，惟祝抗戰勝利，使我中華民族巍然屹立於世界，則先夫死亦瞑目。倘政府對先夫殉難事實，昭然曉示於國人，則立徵與兒輩有生之日，永為戴德之年，必以報國家者報我賢明之領袖也。除將饋金繳呈外，謹此電呈，敬希明察。歐陽立徵叩號（二十八年五月二十四日）。」

這封電文發出後不久，很快便接到當時行政院長孔祥熙的回電云：「大義不屈，至堪敬佩。……除將該款交國庫並予明令嘉獎外，特電知照。」不久，行政院明令嘉獎也下來了，內容為：「故外交次長唐有壬之妻歐陽立徵出自名門，深明大義。堅卻汪逆贈金不獲，乃將所贈法幣一千元悉數呈繳充作抗戰經費。紹前徽於漆室，巾幗揚休；繼遺志於泉臺，藁砧含笑。核其行事，合予褒揚，宣諸國人，用資矜式。……」

此事雖然發生在孤島上海，但卻早已不脛而走，歐陽立徵的高風亮節受到各方面的高度讚揚，引起了很大的轟動，很快就傳到抗戰大後方。著名劇作家馬彥祥根據此題材，編成一齣時事話劇《海上春秋》，在重慶公演，主演者為上海劇藝社著名演員英茵。一九四〇年十二月十二日，著名南社詩人柳亞子從重慶寄了一首詩給歐陽立徵，詩曰：「浮雲富貴已無求，天遺松筠勁節留。張楚劉齊都愧死，一編孤島有春秋。」在這末季淑世，取與之間，具有如此見解的婦女，豈不難能而尤可貴乎？

楊永泰被暗殺的內幕

北伐成功，訓政之始，需才孔殷，時黃郛方息影於莫干山，蔣介石一再挽其復出，黃郛堅決婉卻，乃薦楊永泰（暢卿）自代，他向蔣介石稱道：「楊暢卿才識卓越，好學不倦，世界古今政治、經濟、社會、軍事，俱有深厚研究，足以佐治。如以郛有一具之長，則暢卿具備之，而暢卿所能者，郛有時還不及。訓政伊始，繁難正多，望破格延攬之，免失去此一在野之幹才。」一九三〇年楊永泰任國民革命軍總司令部參議，參與密笏。一九三一年五月，寧粵分裂，楊以粵人，曾奉派到香港對粵軍進行策反工作，頗著勞績。同年，兼軍事委員會秘書長。一九三三年任軍委會委員長南昌行營秘書長。一九三四年任豫、鄂、皖三省剿匪司令部秘書長。嗣任軍委會武昌行營秘書長、國民黨候補中央執委。被蔣介石稱為「當代臥龍」。

據楊永泰的舊友陶菊隱回憶當時楊永泰得寵時的情形說：「同年（指一九三三年），我由南京回長沙掃墓，便道到南昌去看他（指楊永泰）。當我到行營二樓秘書長室時，看見對面一間就是委員長（一九三二年，蔣介石任國民政府軍事委員會委員長）室；同時得悉，在行營內，秘書長的名次僅居委員長之下，而居參謀長之上。像這種排列法，在軍事機關中是無前例的。因此可以說，這時蔣對楊是信任有加，幾乎達到了言聽計從的地步。」名報人雷嘯岑（馬五）也說：「楊氏以其先天的智慧與後天的學養，在擾攘紛爭的中國政治界，北走胡而南走粵，馳驟一二十年，對於縱橫捭闔之術，經驗充足，而於撥亂反正的因果關係，亦具有獨特的見解，不愧為一代突出的謀臣策士，殆如王闓運所謂『名法家』之流，很容易膺受一般要想建大業、打江山的英雄豪傑之士的賞識親近。」

受到寵信的楊永泰已開始拉幫結派了，從南昌行營內的黨政委員會六個處長名額就可看出，其中五個竟是楊永泰推薦和與楊有密切關係的政學系人物，這一點引起了CC陳立夫、陳果夫兄弟大為不滿。後來楊永泰甚至想當行政院長，於是國民黨內好多高官也紛紛彈劾楊永泰，蔣介石也感到楊永泰政治上野心太大，於是在一九三五年十二月把楊永泰放出去當上湖北省政府主席兼任省保安司令。

楊永泰以才氣縱橫，鋒芒畢露，易遭人忌，他自己確也深知，只是生性使然，無法自行抑制。他出任湖北省主席後，亦隨時警惕戒備，非遇開會拜客，很少外出，遇必要外出時，亦必著防彈衣，以防意外。一九三六年十月二十五日，楊永泰在漢口江漢關輪渡碼頭遇刺殞命。關於楊永泰被刺經過，據當時也在現場的關棠的回憶：「美國駐漢領事夫婦曾預約楊主席夫婦、漢口市長吳國禎夫婦、漢口特別管理局局長郭泰祺夫婦及我夫婦於民國二十五年十月二十五日正午在家裡共進午餐。……屆時暢公夫婦偕我夫婦同坐省府差船過江，抵碼頭吳市長已備車在等候。午餐完畢，適值大風雨，差輪很小，不宜乘坐，楊夫人提議暫不宜過江，……堅持改乘普通乘客輪渡江，楊夫人力阻不聽。刺客早已在碼頭左右守候，瞥見暢公並無衛士跟隨，且在普通輪渡碼頭乘來往乘客擁擠之際更易動手，遂趨前連放兩槍逃匿。楊夫人偕司機急送同仁醫院救治，因彈中要害（當天因匆忙，並未著防彈衣）旋即逝世。」

陳布雷在次日日記中有很簡短記載：「今日閱報知楊暢卿於昨日下午在漢被狙擊逝世，即電唁其家屬，暢卿為人自負太高，言論行動易開罪於人，一般對之毀譽不一，然其負責之勇，任事之勤，求之近日從政人員中亦不可多得，竟犯非命，致足惜也。」陳布雷是否知道被殺內幕，從日記中看不出來，但楊得罪人太多他是知道的。

楊永泰被刺，蔣介石聞訊，尤為震悼，急電湖北省府治喪公葬，優典飾終，並親撰輓聯云：「志慮忠純，治績永為江漢式；謀謨直諒，艱危長念范韓才。」褒揚備至。並嚴令緝兇追查主使。當時戴笠正任軍委會調查局，他親自主持此案的偵查工作。抓獲兩名刺客龔柏舟、陳虁超，供出幕後指使的是胡漢民的得力幹將劉蘆隱。一九三七年初，得知劉蘆隱從香港回到了上海，「藍衣社」在法租界密謀綁架未遂。他們通過淞滬警備司令部與法租界進行交涉，最終將劉蘆隱引渡到了武漢。不久，南京政府祕密偵查廳正式對外公告，楊永泰遇刺案結案，判處陳虁超、龔柏舟死刑，判處幕後指使者劉蘆隱十年徒刑。周德偉在其回憶錄《落筆驚風雨》一書中說：「劉（蘆隱）乃一木訥無能之人，向不接近群眾，且亦無嘍囉，有何能力行暗殺之事。此事係CC系首腦陳果夫、陳立夫忌楊居蔣之左右，勢力日張，乃使中統局之祕密人員殺之。此事蔣知之，亦不過問。CC系乃造為劉蘆隱主謀之說，幽禁之於四川，無從申辯。此已成為公開之祕密。」一九三八年，陳夔超、龔柏舟被轉押到武漢行營準備處以極刑，死刑尚未執行，正好趕上日本對武漢大轟炸。兩人又被轉往陪都重慶，行船途中龔柏舟抱著必死的決心，藉著霧大水急跳江僥倖逃脫，陳夔超被押解到渝，慷慨就義。這樁懸案總算將就著有了一個不算是答案的答案。

而在一九九六年，這樁懸案經過半個世紀之後，曾經是軍統別動總隊的一員，後因提出「若能攘外，內則自安」的主張，被總隊隊長康澤下令密捕，而潛逃至上海，組成「中華青年抗日鋤奸團」的陳有光（一九一〇－一九九六）在彌留之際，道出此案是「中華青年抗日鋤奸團」所為，並由他策劃。他說：「是月二十五日下午二點過鐘，發現楊與其妻由武昌過江到漢口，赴日本駐漢口領事館之宴。但因江面風浪大，未坐差輪而改乘普通輪渡。除平時的警衛人員外，又增加了四個武裝警察護送，戒備非常森嚴，無法行動，只能眼巴巴地看楊坐上汽車揚長而去，護送的警察完成任務後便回武昌去了。我們暗將車號記下，將行動人員暫時撤離，寄望於楊返回武昌的機會。下午四時，行動人員準時回到預定位置等待。五點過鐘，楊乘車到江漢關輪渡碼頭，下車偕同妻子走下碼頭的石階，龔柏舟、陳夔超（譚文信）二人箭步跟上狙擊，連發數槍，楊應聲倒地致命，其妻被驚駭得呆若木雞，警衛人員不知所措，江岸行人聞槍生而四面奔跑，龔、陳二人乘人群混亂之機，按預定路線撤退。陳卻在慌亂之中，走錯了方向，背道東行，孤軍無援，到了江漢路就被逮捕了。龔雖順利地到達預定地點，並安全地轉移到南京，但後來仍不幸被捕押送武漢。」

有人說：政治上只有勝敗的定評，而沒有是非的定評，因為政治上許多黑暗內幕，除了雙方當局者深切瞭解外，局外人是無法知道的，有時弱的方面一旦落在強的手中，其是與非，雖然恰與事實相反，但一經指證，百口莫辯，「莫須有」的冤案，於焉造成。由此觀之，劉蘆隱應是蔣介石剷除異己的替罪羔羊罷了。

張宗昌重刊十三經

在北洋軍閥中，張宗昌流傳的趣聞最多。他被稱為「狗肉將軍」、「混世魔王」，還有一個外號叫「三不知將軍」，所謂「三不知」，就是「不知手下到底有多少士兵，不知腰裡有多少銀子，不知房中有多少小老婆」。至於「狗肉將軍」的稱號，是因為他好賭，最喜歡推牌九，而且更樂意做莊家；北方人的俗話，叫推牌九為「吃狗肉」，因此他就變成了「狗肉將軍」，並非真個吃狗肉也。

張宗昌出生於一個極貧窮的家庭，沒有受過一天教育，他和褚玉璞之流，本為「草澤英雄」，但當他在民國十四年（一九二五）做山東督辦時，忽然心血來潮，留意起家鄉的人才，當時清末狀元王壽彭仍在北京拿乾薪沒事做，張宗昌認為狀元是「文曲星」轉世的人，不可令其投閒置散，便派人往北京請他回桑梓服務。

說到王壽彭，字次籛，號眉軒，山東濰縣人。他在光緒二十九年癸卯（一九〇三），舉行辛丑、壬寅併科會試時，中了第三十七名貢士，同年殿試時卻得到第一名狀元。據說是因逢慈禧太后將「七旬萬壽」，王壽彭的名字含「彭祖長壽」之意，主考官為了博得慈禧太后的歡心，把本來不是第一的王壽彭，從後面的名次提升成第一名。這恐怕是王壽彭自己也萬萬想不到的，他的鄉先輩陳恆慶在《歸里清譚》書中說：「是日辰初，讀卷大臣魚貫進內，至辰刻，大臣手捧黃紙自內出，立於乾清門丹陛上，高呼曰：『王壽彭！』王不覺為之驚喜變色，莫之所措，同鄉京官代應曰：『在此！』」。

王壽彭到濟南謁見張宗昌時，張問幕僚曰：「王狀元在前清做的是什麼官？」有人答：「湖北提學使。」張又問：「提學使等同現在什麼官？」答道：「略似教育廳長。」於是立即發表王壽彭為山東教育廳長。不久後，張宗昌把原有的六大專門學校（農、工、商、法、醫、礦），合併為國立山東大學。當時張宗昌選擇校長的方法，非常仔細慎重，他先問左右：「山東人數誰識字最多？我就請他當山東大學校長！」左右默然良久，異口同聲說：「王壽彭！」張又問：「怎麼知道他識字最多呢？」眾人回答：「狀元識字之多，別說一個省份，就是全國的人，也沒有比他再多的了！」於是張宗昌又請王壽彭當山東大學校長。

張宗昌在督辦公署洗塵筵上，當眾拜王狀元為師，並問：「俺想作個好人，留點好的名聲，應該怎樣作法？」狀元老師欣然寫了一個「孝」字，口講指劃。沒想話猶未了，張宗昌立即大聲說：「俺一輩子，忍飢受餓，擔驚受怕，從來不哭。這個『笑』字，俺早就懂得，老師您放心好啦！」王壽彭大窘，不得不含笑解釋：這個「孝」字，是孝順之孝，不是哭笑之笑！後來張宗昌又說要學寫信，王壽彭告訴他要先唸尺牘，張宗昌驚異地辯駁說：「學寫信嘛，怎麼要唸『吃、賭』呢？『嫖、吹』，俺都有經驗，『吃、賭』更不用說。」狀元公聽了啼笑皆非，只好仔細地把尺牘兩字講了一遍，並挑了一本淺顯的尺牘，教了他幾種款式。王壽彭字次籛，張宗昌寫給老師的信，本應該寫「次籛老師鈞鑒」，哪知卻寫成「欠錢老師鈞金」，沒想到狀元公看了以後，竟是非常高興，讚賞道：「目不識丁，日理萬機的人物，這麼短短的時間，竟能有如此的表現，實在難能可貴！」

據陳存仁文章說，王壽彭曾向張宗昌進言：「人生於世，立德立功立言為三不朽，你的名望已經足夠，我還要你留名後世。唯一辦法，就是刻書，而且不刻則已，要刻就要刻大部頭書。」當下，張宗昌就請教王壽彭要如何刻法，總之，我張宗昌出錢就是。於是就有《影刊唐開成石經》之事，所謂「開成石經」是唐文宗時艾居晦、陳玠等奉詔刻《周易》、《尚書》、《毛詩》、《周禮》、《儀禮》、《禮記》、《春秋左氏傳》、《公羊傳》、《穀梁傳》、《孝經》、《論語》、《爾雅》等十二石經，始刻於文宗大和七年（八三三），直到文宗開成二年（八三七）才完成，原碑立於唐長安城務本坊的國子監內，宋時移至府學北墉，即今天西安碑林的那部號稱世界上最重的書，亦稱「開成十二經」。

張宗昌找來藏書家陶湘督刻，陶湘（一八七一－一九四〇）字蘭泉，號涉園，江蘇武進人。因為與盛宣懷為世交，曾由盛宣懷奏請擔任京漢鐵路監督。光緒二十四年，派為江西、安徽兩省鐵路委員。他長期在實業界和金融界任職，曾任上海三新紗廠總辦，上海輪船招商局董事兼天津分局經理，天津中國銀行經理，天津華新、裕元、北洋等紗廠經理，北京、上海交通銀行經理等職。一九一五年，在北京創辦修綆堂書店，經營古舊書四十餘年，成為天津近代藏書家之一。陳存仁說：「民國成立，他的財產已經很雄厚，辦理三新紗廠很有成績，因此很早為張宗昌所欽佩。所以張宗昌一到上海就要找陶蘭泉，他們的交情很不尋常，我和丁仲英老師之能見到張宗昌，也因為陶蘭泉的關係。」

陶湘藏書，特別講求賞鑒藝術，他非常重視書的外觀、品相，務求每部書從寫版刊印到紙墨裝潢，都要盡善盡美。一書凡有斷爛破損處，他都要請能工巧匠加以修補，凡有缺篇少頁處，他都要用舊紙照原樣抄補全，凡需要重新包裝的，他都不惜重金，務求全書封面完好、序跋俱全、書品精整、美觀大方。因此吳文祺說：「……武進陶湘（一九一四年袁世凱執政時，曾任江蘇沙田局總辦），專收開化紙的書，重加裝訂，務求整齊華煥。『緣其紙潔如玉，墨凝如漆，怡目悅心，為有清一代所擅美。』這種人買書等於玩古董。」

因此在民國十五年他根據《開成石經》，不惜工本，依原拓字體影摹刻板，由北京文楷齋刊刻得一絲不苟，同時附賈三復補雕的《孟子》以及嚴可均的《唐石經校文》，湊齊了「十三經」。而原石經已經遺失的文字經過補齊校勘後用雙勾刻成，體現出了高超的版刻水準，被稱為民國大字本第一書。此書卷帙浩繁，共線裝十四函七十四冊，取名《影刊唐開成石經》。開本敞闊，紙瑩如玉，墨若點漆，鐫工精良。極盡精美，令人愛不釋手。卷首並有王壽彭代張宗昌寫的〈重印十三經序〉，聽說由王壽彭寫了字樣，由張宗昌用盡平生吃奶的氣力，抓了支毛筆在薄紙上覆印描繪出來的。扉頁篆書題字出於王壽彭手筆，而上面蓋了一方大紅套印的「陸軍上將勳一位義威上將軍之印」的印信，正代表此書是張宗昌斥重金印行的，底頁有「歲次丙寅皕忍堂刊」八個篆書，這「皕忍堂」亦是張宗昌的堂名。張宗昌以一介武夫，雖有百惡，但也曾經做過這件善事，也算難能可貴了！

二〇一〇年春拍北京嘉誠泰和「鸞豔二編一硃印本、靛印本」的專場中，民國十五年掖縣張氏皕忍堂摹刻藍印本《開成石經》（一四函七四冊），成交價達人民幣一百零三萬四百元。這也可見識到張宗昌重刊的這套「十三經」的珍貴價值了！

張宗昌贈名馬給白崇禧

在二〇一二年五月九日的「父親與民國——白崇禧將軍身影照片展」，七十五歲的著名作家白先勇，面對照片，看著父親白崇禧，良久良久。白先勇回過神，走到父親年輕照片展區，笑指一張白崇禧騎馬照說，「這匹馬的名字叫回頭望月，是關外第一名馬，他最愛這匹馬，是從張宗昌那邊俘虜來的。」照片下白崇禧親筆注記：「『回頭望月』全身毛色為金黃色，為關外走馬中跑第一者，據稱日行八百華里，為奉軍吳俊陞將軍所有，嗣贈與張宗昌將軍。津東之役，直魯軍全部覆滅，該馬遂為白總指揮所有，馬背右後方近馬尾處，有一飯碗大之圓形白毛，近似月亮，故名『回頭望月』，白將軍最好馳馬，尤鍾愛此名馬。」這其中有段故事，這匹名馬確是張宗昌贈送給白崇禧的。

張宗昌人稱「狗肉將軍」（他嗜賭成癖，終日與骨牌為伍。當地人稱玩牌九叫「吃狗肉」，故有「狗肉將軍」綽號。）又稱「混世魔王」，足見其人劣跡斑斑，罪惡滿盈。還稱「三不知將軍」（不知道自己有多少姨太太，不知道自己多少條槍，不知道自己有多少錢）。為了共同對付馮玉祥的國民軍，盤踞直隸的李景林和盤踞在山東的張宗昌於一九二五年十二月將所部聯合，改稱「直魯聯軍」，李景林任總司令，張宗昌任副總司令。不久李景林被國民軍打敗，退守山東。一九二六年李景林下臺，張宗昌任總司令，張部褚玉璞任副司令，徐大同任參謀長。一九二七年初，直魯聯軍南下，進駐上海鎮壓了上海工人第二次起義。同年三月，上海工人發動了第三次武裝起義，直魯聯軍被趕出上海，張宗昌和褚玉璞狼狽逃回濟南。一九二八年四月，蔣介石、馮玉祥、閻錫山的軍隊發動了總攻擊。三十日晚八時，張宗昌在濟南實行了緊急戒嚴，斷絕了一切行人交通，然後逃出了濟南城，西竄冀東。在冀東，張宗昌惶惶如喪家之犬，處境十分狼狽。他經常對褚玉璞說：「我把山東賠光了，來到你們直隸，我在這裡是吃勞金的。」現出了一副可憐相。

不久，白崇禧統率北伐軍向北方推進時，張宗昌和褚玉璞的直魯聯軍已經退回河北，一共還擁有四五萬人在負隅頑抗。及後北伐軍沿津浦鐵路北段疾進，在德州一帶，終於將直魯聯軍擊潰，白崇禧統率大軍，一直的追擊到津沽。此時張、褚兩人本想率殘眾循京奉鐵路（後改稱北寧路）退出山海關，往依東北的張學良，不料竟為張學良所拒絕。這倒是張學良聰明的地方。因為當時他顧慮如准許直魯聯軍退回東北，倘北伐軍不肯罷手，乘勝追出關外，戰事可能擴延到東三省境內；何況日本關東軍又一直在虎視眈眈，不斷尋釁，正是東北多事之秋。而在這之前的六月四日凌晨五點，張作霖在皇姑屯車站，也就是東北軍控制的京奉鐵路與南滿鐵路的交界處，被預埋炸藥炸死，是日本關東軍所為。張學良以父仇未報，國家亟需有一個富有朝氣的統一政府，且中央與東北亦早已有人暗中接洽易幟之事，故而張學良於易幟之前，即決定派兵駐守山海關，毫不客氣的拒絕直魯聯軍進入東北。

張、褚於慘敗之餘，無可投奔，直如釜底游魂。而白崇禧在津沽一帶亦重兵部署，向直魯殘眾完成四面合圍的態勢。張宗昌眼見大勢已去，本身又無路可走，乃派其參謀劉某到塘沽見白崇禧，作保留面子的變相洽降。劉某係保定軍校三期同學，與白崇禧在保定時，彼此亦皆熟識。據香港的舒翁（筆名）在〈紫邨隨筆〉中說他在白崇禧尚未逝世前曾赴臺灣，曾造訪他，白氏於午膳後，兩人在院內散步，白氏親口向他述說這段經過，可稱得上一段珍貴的「口述歷史」，今特摘引如下：

見面後劉參謀即向我說：「張總司令特派我來向白將軍接洽，他以為直魯軍都是中國人，一切武器也都是國家的物資，今天直魯軍雖然打敗了，這是兩方的主張不同，並非私人間的恩怨問題，他現在已下令直魯聯軍放棄抵抗，所有部隊皆聽白將軍接收處理，但要求白將軍對他個人不要為難，給他一點面子，如果一定要拿他當俘虜，他就立即自殺。」

我聆罷劉參謀這一席話，當下便對劉說：「你回去告訴張効坤（宗昌）吧，他是北方的一條好漢，過去在北京政府也有相當地位，只要他放棄抵抗，我絕不會為難他。何況他既這麼誠意的將部隊的一切武器完全交出，這種行動，我十分同情，此刻他想避往何地，儘可自由行動。」接著我又說：「他新敗之餘，若單身行動，恐有不便，隨身的少數侍衛人員，暫時仍准攜帶防身武器。此刻我和他似乎不便見面，以後或者仍有相見之日，請老同學回去好好轉達我的意思，並代表我致問候之意。」

劉參謀聽我這樣的說法，一時愁容頓解，喜出望外，高高興興地告辭而去。到了第二天，劉參謀又來求見，同時並攜來「回頭望月」名駒一匹，以及五萬元的大洋票。

劉再次進見時，便對我說：「我昨天回去轉達了白將軍的盛意，張總司令感激萬分，連說白將軍真夠做一個朋友，真替他留了不小的面子，所以今天特地叫我攜帶中國銀行大洋票五萬元，送請白將軍作勞軍之用。此外並獻上『回頭望月』名駒一匹，這是張總司令表示對白將軍的敬意。我臨行時，他還說寶馬贈與英雄，他覺得很開心哩！」

我未料到張効坤竟會來這一套，一時頗感尷尬，當下便向劉參謀長表示，鈔票與寶馬，都不敢受，請他馬上再帶回去。劉卻很誠懇的說：「白將軍若不賞臉，張總司令一定會萬分難過的。尤其是這匹名駒，身材高大，蹄節堅實，因為全身皆黑，只有後腿股上長有碗口大的一團純白的毛，形如滿月，所以名曰『回頭望月』，此馬朝夕之間，能行七八百里，確不愧為千里駒。這原是張總司令最心愛之物，張總司令曾向我說：咱們從此不帶兵，不騎牠了，咱替牠找個好主人吧！所以，白將軍非收不可，否則我也不敢回去覆命。」

劉說得如此懇切，真叫我卻之不恭、受之有愧，結果，我堅決退還了五萬大洋票，請劉帶回去給張効坤作路費，但那匹「回頭望月」寶馬只好收下了。

據舒翁說白崇禧生前將這段經過講給他聽時，眉飛色舞，興奮至極。舒翁當時曾問白氏：「你在津沽時，對這匹寶馬，乘過幾次？性子劣不劣？」白氏答道：「我每天清晨必據鞍馳騁半小時，不但快捷無比，而且穩健異常，不愧為一匹良駒，我離開天津後，這匹馬可能落到唐孟瀟（生智）手上，這確是我的最大損失。」白崇禧擅長騎術，並以此自豪，生平擁有名駒數匹，「回頭望月」則是他的最愛。

鶴山才子易大厂

說到民國初年的才子，易大厂可說是一位多才多藝的大才子。他舉凡詩歌古文，金石書畫，詞曲聲韻，訓詁篆刻，俱精湛淵博，戛戛獨造。尤其是詩文詞曲，略一思索，提筆立就，從不起草。他生平自詡：詞第一，印次之，音韻又次之。其實他的文章、信札、詩詞、書畫無不高華，而篆隸及刻印尤美。

易大厂（一八七四－一九四一）原名廷熹，字季復，後改名孺，字大厂，廣東鶴山人。他早歲曾就讀於南粵廣雅書院，從梁鼎芬、朱一新、張延秋、廖廷相等專習樸學，後轉學上海震旦書院，再赴日本學語言和師範教育。歸國後在南京從楊仁山老居士進修佛學，研習淨土宗。一九一一年參加辛亥革命。一九一三年參加孫中山的反袁鬥爭。一九一六年孫中山命胡漢民任黨務部長時，易就任胡的秘書，撰寫《國民黨黨歌》歌詞。一九二一年後潛心學藝，往來南北講學，在學壇享有盛譽，先後任《冰社》社長、華南書社成員、北京高等師範、國立音專、暨南大學教授，聞其執教大學時，能開設多種課程，講述時融會貫通，輒多勝解，一時師生翕然推服。

他填詞好生澀、僻調，嚴守格律，於四聲清濁虛實，絕不輕易放過，一代詞宗朱彊邨嘗譽之曰：「幽澀蛻自覺翁，渾妙處又具體清真，為倚聲家別具奧境；至守律之嚴苦，製腔之沉眇，夐抱孤詣，羊叔子去人遠矣！」易大厂對於宋人詞集，背誦如流，別有會心，常以集詞為樂。他有闋詞〈念奴嬌〉是集宋朝詞人共二十人，每人一句，絕無重複，然後還依著原詞原句的位置，成為一闋〈念奴嬌〉，如出一人手筆，天衣無縫，此非才氣及對前人詞句熟爛已極，絕對做不到。

易大厂的才氣，先師劉太希先生曾經親眼目睹，他說他在民國十二三年間在上海閒住，那時上海文藝朋友在棋盤街組設一個書畫會，每天下午三時後，各人將新作品拿出來請大厂題詩，當時如傅菩禪、鄭午昌、王秋齋之流，都是三絕能手。但都要請大厂題識，大厂亦當仁不讓，有畫便題，通常一氣題完數十張畫，他不用起稿，也不用思索，振筆直書，如韓信將兵，多多益善。要長歌就長歌，要律絕就律絕。而且寫出來的，句句不同凡響，好語如珠，真夠得上驚才絕豔。

易大厂性嗜酒，無酒不歡，暑天常與諸吟侶轟飲市樓，旗亭畫壁，高唱黃河，興會淋漓之際，命侍者進冰淇淋一巨盎，和以啤酒及白蘭地，卒以飲食不慎，成腸胃病。太希師又說，有一次酒後，題了很多的畫，又寫了很多的聯幅，非常疲倦，剛要擱筆了，有位仁兄畫了一張鶴要請他題，他醉眼迷離，不便推卻，信筆一揮：「鶴、鶴、鶴」三字，那位仁兄以為大厂醉了，正為題壞那張畫而著急之際，祇見大厂繼續寫道：「我是山人君不覺，畫來狂態都如昨。」因大厂是鶴山縣人，所以這題格外有意思。而太希師有次要歸贛，臨行請大厂畫松，他以為是寫條幅，攤紙即書：「天高有尋丈，不及吾胸次。」劉師趕緊說：「我是請你畫松的呀！」只見大厂寫道：「太希要畫松，在此最愜紙，居士先作詩，醉後有此致，攜歸潯陽江，且示潯陽妓。」寫完詩在餘下的空白上畫松一小株，非常別緻。這在在都顯示出易大厂不羈的才華和瀟灑的行徑。

論者有謂吳昌碩、趙叔孺、易大厂、黃牧甫為近代印壇四象。易大厂篆刻初親炙「黟山派」黃牧甫，頗有黃氏斬釘截鐵之妙，復得李尹桑指授，有青出於藍之譽，後另闢蹊徑，專攻秦鉥漢印，得其枯老古拙之趣，布局以「方圓得體，屈伸維則，增減合法，疎密得宜」十六字為尚，所作天趣橫溢，筆畫茂疎，蒼勁淋漓，意態安逸，論者謂其氣魄神韻，別有一番境界。大厂早歲之作無不嚴謹精細，出規入矩，功夫尚在李尹桑、鄧爾雅之上，晚年則一改和平印風，「以漢將軍印之刀法，造封泥瓦當之意象」（朱京生語），取法古璽之殘爛者，不衫不履，其白文尤具奇趣，最善留紅，朱白對比強烈，震世駭俗。

民國七年，他與同道藝友李尹桑、鄧爾雅、李研山等，相繼在廣州成立「濠上印學社」和「三餘印社」並出任社長。民國十年，他又與羅振玉、丁佛言、壽石工、馬衡及徐森玉、陳半丁等金石學者、印人在北京成立「冰社」，大厂再次被公推為社長。「冰社」周必聚會，各攜新得之金石文物至，考釋文字，鑑別年代，交流技藝，探討得失，突出印學，其影響遠播大江南北。

易大厂皈依三寶，長年茹素，嘗言：「生平得力之處，唯一『寬』字！曠達非寬，縱佚更非寬；放任非寬，聾聵尤非寬；寬者宜以學問養育之，以世事鍛鍊之，使之自然而成一寬而無所不寬之概，且非出於勉強矯揉，即聖人所謂『心廣體胖』也！」旨哉斯言！

易大厂有季常之癖，朋友招邀，夫人隔簾窺視，倘非其人，但作咳嗽聲，則大厂不敢出門。友朋譏其懼內者，他表面卻不承認，卻以幽默出之，他說：「生平所怕者三，而老婆不算在內。」人家問他那三件？他便答：「一為觀音菩薩，莊嚴慈悲，佛法無邊，一可怕也；第二是老虎吃人，張牙舞爪，你怕不怕？其三便是母夜叉，血盆大口，赤面獠牙，使人驚怖。我的內人呢，年輕的時候，綺年玉貌，美如觀音；到了三四十，如狼似虎，我敵不過她；現在既老且醜，像個母夜叉了。我並不懼內，所懼的只是觀音、老虎、母夜叉而已。」聞者莫不捧腹。

先師太希先生說他臨別上海時，易大厂集宋詞聯贈之云：「寂寞劉郎，少容我吟諷其旁，春花得似人難老，效顰西子，掩芳姿深居何處，來歲於今天一方。」先師亦一才子也，身兼詩、詞、書、畫四絕，今讀其遺著，僅以此短文兼懷兩位才子，天上人間，應不寂寞！

瀟瀟暮雨在蘇州

一九四八年七月三日夜，大風大雨，詞人喬大壯在蘇州旅舍寫了遺書給女兒，誥誡身後事甚詳；再寫一絕命詩給弟子蔣維崧，詩云：「白劉往往敵曹劉，鄴下江東各獻酬；為此題詩真絕命，瀟瀟暮雨在蘇州。」當夜他自沉於蘇州之梅村橋下，年僅五十七歲。當月落烏啼之夜，正珠波玉碎之時，湛湛清波，綿綿幽恨，可謂極儒士之不幸矣。第二天遺體被發現，身上還放著一張名片，寫著「責任自負」。他在臨命之際，猶賦詩遂其弟子所求，平生不肯負人，於此可見！又生死安排，如此從容，尤以當日上午猶訪老友徐森玉於上海，言笑自若，徐老當不會想到這是老友前來訣別矣。喬大壯生前曾戲言：「自殺乃我家常事。」其祖孫三代都沉於水，早在他五十四歲時即有「六九匆匆閱廢興，沉淵負石了無能」之句，可知其懷沙必死之決心，固由來已久矣。

對於喬大壯，好友汪東在《寄庵隨筆》有段描述：「大壯，四川華陽人，為喬樹枏孫。性最謹飭，與客言，必正襟危坐。值道中，垂手唯諾，如見摯友，論事不臧否人物。同坐有女子，面輒發赬，恒託故避去。然嗜飲，醉則反其所為，以是知平日由於自制耳。」喬大壯早年畢業於北京譯學館，通習法文，博通經史諸子，且旁及釋老佛乘經論，以及稗官野史之書，無不窮究。善詩，尤工長短句。一九一五年他任職於教育部「圖書審定處」審定專員時，與魯迅、許壽裳、陳師曾、徐森玉有密切的互動。現今還掛在北京魯迅故居書房「老虎尾巴」的西牆上的《離騷》集句聯：「望崦嵫而勿迫；恐鵜鴂之先鳴」，就是一九二四年魯迅託喬大壯書寫的。

一九三五年，喬大壯任南京中央大學藝術系教授，講授印藝和詩詞之餘，更與唐圭璋等共結詞社，當時即以其詞作精妙，書法清麗，篆刻奇倔，而有「三絕」之譽。論者謂其「文摹魏晉，詩踵晚唐，均能及其藩籬，而以所為慢詞，尤能傳夢窗神髓，雖有未免時近乎支離晦澀，然要其潛氣所注，驅遣飛卿、玉谿於模山範水，柳昏花暝間，合夢窗、碧山而一之，自是一時作手。」而對其刻印，則稱曰：「素善治印，渾樸勁秀，當世莫比。日惟縱酒，間一奏刀，案頭美石數方，雜置酒樽，篆刻未終，頹然已醉。」

抗戰期間，喬大壯歷任經濟部、軍訓部、監察院秘書、參議、參事等職，司文書筆札，但正如汪東所言「沉跡下僚，無所展布」，也因此常興懷才不遇之歎！其夫人善書工詩，理家井然，喬大壯不善治生，處事又迂疏，端賴夫人調護扶掖，伉儷相得而情深，堪稱神仙眷侶。奈何一九四一年夫人病逝，喬大壯中年喪偶，顧影淒清，哀痛不能自克，日日杜門傾壺，夜夜和月醉臥。再加上其三子服役於軍中，一九四五年與日軍作戰負傷。汪東說：「大壯聞訊悲甚，因知交勸，出遊散懷，乃訪余歌樂山中。余病脊骨勞損，偃臥不能起，大壯坐余榻前，正襟如故。示哭子詩，余依韻慰之。」

抗戰勝利還都之翌年，南京中央大學內部以派系傾軋之故，致人事發生頗大之變動。不同流合污，不容於俗塵的剛烈個性，使得喬大壯對之深致其憤慨與不滿，終遭中央大學在一九四七年解聘。同年夏，以臺灣大學中國文學系主任許壽裳之薦，渡海來臺，任臺大中文系教授，講授詞學。一九四八年二月十八日晚，喬大壯還與許壽裳飲酒賦詩，次日發覺，許壽裳在寓所睡夢中被宵小連砍五刀慘死（或指為國民黨特務所為）。喬大壯對於許壽裳慘死，驚悼特甚，心境益劣。靈前致弔時，淚流不止，返回宿舍，直至半夜才讓同事臺靜農等人離去。又站在大門前以手電筒照著院中大石頭說：「這後面也許就有人埋伏著。」風聲鶴唳之情景，可見一斑。追悼日，喬大壯寫了兩首輓詩，其中有兩句非常沉痛：「門生搔白首，旦夕骨成灰。」他是當年許壽裳在北京譯學館任教的學生，故自稱門生。臺靜農說：「他在臺北古玩舖買了一個琉球燒的彩陶罐子，頗精美，曾經指著告訴朋友：『這是裝我的骨灰的』。這本是一時的戲言，後來才知道他心中早有了死的陰影。」

許壽裳故去後，喬大壯旋接任中文系主任。五月間，他忽然表示想回上海看看，臺靜農說：「當時系中學生少，他只任一門課，暫時離校，無大影響。我總覺得他精神迄不穩定，不如回去看看兒女，散散心，因而也慫恿他作渡海之行。」不意到七月三日風雨之夕，他卻作屈原之懷沙，淒然畢命，一往不回。

詞人多情，哀樂倍於常人。喬大壯自喪其侶，繼失愛子，其積痛摧心，實難想像。萬里來臺，恓恓惶惶，既無家園，亦無親人。臺靜農歎道：「真如墮瀰天大霧中，使他窒息於無邊的空虛中。生命於他成了不勝負荷的包袱，而死的念頭時時刻刻侵襲他，可是死又不是輕而易舉的事，這更使他痛苦。在臺時兩度縱酒絕食，且私蓄藥物，而終沒有走上絕路。……都可見他的生命與死神搏鬥的情形，最後死神戰勝了，於是了無牽掛的在風雨中走到梅村橋。」

喬大壯平日頗讚賞王國維之論詞，不料靜安先生以投水逝世，而喬氏又步其後塵。雖其趨死之念各殊，而厭薄浮生，衷情芳潔，似又了無二致。喬氏絕詣驚才，卻遽萌厭世之心，輕拋軀命；苟若能令其克盡修齡，竟宏素業，則其所詣能不偉乎？悲夫！詞人薄命，千古如斯！

名士作風的謝无量

謝无量是著名的學者、傑出的詩人，也是一位書法家。但他平生放浪不羈，詼諧百出，極富風趣，可說是亦學人，亦奇士也，故在當時的文化界中幾乎無人不知，無人不曉。謝氏能寫一手好字，書卷氣見於紙上，信手揮毫，不假雕琢，無一筆無古人，亦無一筆無謝无量，所謂亂頭粗服、不衫不履，而愈見其自然古雅之風致也。

謝无量（一八八四—一九六四），原名蒙，又名沉，號希範，字无量。原籍四川梓潼，幼年即隨父遷居安徽蕪湖、盧江。六歲入蕪湖私塾，父親教其四書和書法，他不喜八股文，愛讀史書和五七言詩，九歲時即能吟詩作文，十歲時曾寫有〈詠風箏〉一詩，頗獲先生的贊許。後來，謝无量又拜了父親的摯交、著名學者湯壽潛為師。湯壽潛是馬一浮的岳父，與章太炎、鄒容交遊，主張廢八股科舉考試。因此年輕時謝无量就和馬一浮成了非常要好的朋友，湯壽潛為他們介紹龔自珍和康有為、梁啟超的維新思想和著作，並勸他們去上海、北京開闊眼界。一九〇一年謝无量入上海南洋公學，同學中有：邵力子、黃炎培、李叔同、胡仁源等人。謝无量在上海與馬一浮、馬君武共同創辦了翻譯會社，出版雜誌名《翻譯世界》，內容多係翻譯世界名著，也有一些社會科學書籍，每月出一冊，共出了六期。

一九〇三年鄒容因著《革命軍》被捕入獄，謝无量遂逃往日本，次年回國。一九〇五年受聘於安徽公學任教。一九〇七年一月，應章太炎、于右任之邀重遊北京，擔任《京報》主筆，每日著文評論時政。一九〇九年，四川學使趙啟霖推薦謝无量任存古學堂監督（即校長），那年他才二十五歲。謝上任後，除設理學、經學、史學、詞章外，還增設地理、算學、醫學、英語等新學科。並聘請許多名流任教，如曾學傳、相贊襄、吳之瑛、羅時憲等，他自己親教理學。

一九一二年他赴上海為中華書局編書，「五四」運動期間著述有《馬致遠與羅貫中》、《楚辭新論》、《古代政治思想》。三書為孫中山所贊賞。一九二四年任孫中山大元帥府秘書。一九二六年至一九二七年轉任南京東南大學、上海中國公學教授。一九三〇年任國民政府監察院監察委員。一九三八年在香港賣字為生。一九四〇年任四川大學中文系主任，常與老友馬一浮詩歌唱和。一九四九年應熊克武之邀任中國公學文學院院長。一九五二年任四川博物館館長，四川文史館研究員。一九六〇年任中央文史館副館長，一九六四年十二月七日在北京逝世。一生主要著作有《中國文學史》、《中國哲學史》、《佛學大綱》、《倫理學精義》、《老子哲學》、《詩學指南》、《詩經研究》、《楚辭新論》等。

謝氏性好揮霍，用財直如糞土，雖數十年均主講席，而時時鬧窮。他每年必赴上海小住，至則例必住「一品香」。妓院賭場，足跡常至，卜晝卜夜，必至「三光」而止。所謂「三光」

者，乃人光、錢光、天光也。據掌故大家高伯雨聽聞金滿城的說法：謝无量以監察委員身分而住在上海，當時上海輪盤賭很有名，法租界福熙路一百八十一號的那一家，尤為「蜚聲國際」。謝无量往博，每博必輸。有一晚，他已輸得精光了，還捨不得離座而去，忽見隔鄰一位女子面前的籌碼很多，他老實不客氣，順手牽羊，拿了幾個來下注，仍然敗北，他又再抓幾個丟下去，又是被「殺」。謝氏與那女子固不熟識，那女子初時以為他是賭場的拆白之流，打算要發作幾句，但細看此人面貌氣度，又不像下流之輩，忍不住問道：「先生您貴姓？」。謝无量一心只顧在輪盤和籌碼上，沒有答她。女子又問，謝无量方才淡然答道：「謝无量。」那女子一聽，連忙改容道：「啊！是大詩人謝无量先生，久仰得很！」說罷，便把面前所剩的籌碼，盡供詩人賭注，直至輸光為止。原來這位貴婦，久慕謝无量之名，今日賭場邂逅，得瞻風采，就拜謝氏為師，跟他學作詩了。

謝无量不自拘檢，已屬怪人之目，沒想到無獨有偶，其友曾通一之怪誕行徑，與之恰相伯仲。曾通一是章太炎弟子，與謝同為四川同鄉，每相約同遊滬上，同寓「一品香」。一日，兩人困居旅邸，窮愁相對，百無聊賴，曾謂謝曰：「久不沐浴，奇癢難耐，如何是好？」謝曰：「我昨日借得數元，以之沐浴，足可應付。」曾大喜，於是相偕同去澡堂。曾平生唯一嗜好，每浴必須擦背，細細享受一番，及至通體舒暢為止。迨至重回座次時，豈知謝已杳如黃鶴，聞浴帳未付，暗中叫苦不迭，幸得澡堂是老主顧，許以下次再算。曾如釋重負，忙整衣歸，又誰知褲子已為謝攜去，乃權將短衫當褲用，雙腳穿入袖中，上披一空心長衫，狼狽而歸。途中卻遇同為監察委員的王陸一，王問曾吃飯否？曾支吾以對。王於是挽之入酒家樓，時值暑天，王請其寬衣，曾推說不必，王以為曾之故作拘禮也，竟強為之解鈕扣，豈知一脫之下，全形畢露，曾於稠人廣座中，出此洋相，為之啼笑皆非。

謝无量與曾通一久寓「一品香」，積欠房租達一千餘元之巨，無法償還。其後「一品香」主人逝，臨終遺囑云：「謝、曾兩先生欠數，不必向其索取。」商人重利，每薄文人，而謝、曾二人竟為俗流欽重若此。

高伯雨回憶早年他在上海時和謝无量同去都益處川菜館赴宴會，他喝過了一斤花雕後，已有醉意，人們就圍著他，請他寫字。於是你也一張，他也一張，有些貪心不足的人，有了一張還求多一張，他照樣笑嘻嘻的不拒。這一段時期，他寫的字從不蓋印章，下款往往寫「梓潼謝无量」，有時簡直寫「謝无量」三字。有人對他說：「寫字寫畫不蓋印在作者名下，就好像美人有目無眉，大欠姿態了。」他卻說：「字畫如果要用印章來證明它的真偽，或用來增加它的優美，本身就有問題了。」一九三八年他在香港時，為人寫字，還是照例不蓋印，雖然他身邊有好些個名家所刻的印，他也懶得用。有一次高伯雨特地唸出謝无量在二十多年前所作的一首詩〈山寺夜坐命酌，示祥大人〉，詩云：

禪關縱酒尋常事，大道無名不肯成。
醉眼質疑天動轉，病容扶起夜游行。

徑風窺竹流螢散，嶺月穿松宿鳥驚。

坐久上方鐘磬響，可知無事愧平生。

請他寫一張條福，他馬上寫了，這時高伯雨拿出楊千里新為他刻的一方印章，請他蓋上，他並不反對。高伯雨說：「无量為人豪邁瀟灑，從他寫的字和詩，變可見其性格。他的書法是從漢魏碑板出來，但又不囿於漢魏書家的筆法，自己創出他的風格。

謝无量天資聰慧，讀書過目成誦，下筆極快，正如古人所說倚馬千言可待，不過他的生活卻很隨便，名士氣十足，從舊社會說，是有魏晉風度，就今日而言，不免過於散漫自由了。

新豔秋的前塵往事

二〇〇八年九月二日，京劇程派名家新豔秋在南京人民醫院辭世，享年近百歲。當年新豔秋、雪豔琴、章遏雲和杜麗雲四人合稱為四大坤旦，新豔秋被推為「坤伶主席」。如今坤伶一去成絕響，卻留下無邊的往事。

新豔秋原名王玉華，九歲便開始以「月明珠」的藝名學習梆子，十一歲拜師錢則誠改學皮黃，十五歲登臺以「玉蘭芳」的藝名借臺演戲，同時拜榮蝶仙為師。之後，因酷愛程豔秋（後改名硯秋）的藝術，遂在一九三〇年前後改藝名為新豔秋，而專攻程派戲。她那時經常穿上男裝，打扮成男孩子的模樣，坐在第一排，觀看程硯秋唱戲，細心揣摩其身段、唱腔。回到家中後，她就著月光，看著自己的身影起舞，練習身段和水袖。一番偷學下來，竟學得有模有樣，程腔十足。行家齊如山看後大為欣賞，要推薦她給程硯秋作徒。惜程硯秋迫於人言，不敢收女徒，遂使新豔秋始終無緣立雪程門。新豔秋以「偷」來的程派戲與「師父」程硯秋「叫板」，不知就裡的人，都以為師生打對臺，但其實他們根本是勢同水火，程硯秋絕對不認有這門徒弟，而新豔秋除了掛牌之外，也從不說自己是程硯秋的徒弟。

一九三〇年七月，汪精衛赴北平，與閻錫山、馮玉祥、李宗仁等召開所謂「擴大會議」，作為汪氏左右手的曾仲鳴亦隨行。北平為京劇大本營，名伶輩出，當時「坤伶主席」新豔秋，色藝雙絕，名噪一時。曾仲鳴驚為天人，傾倒不置，每日必往捧場，擲巨金而不惜。當時擴大會議有一臺戲，曾仲鳴點一齣《霸王別姬》，這對於提高新豔秋的身價，大有關係。其時新豔秋被公認是程派青衣；不意居然會演別姬；這在「噱頭」上已經足以號召，而更轟動九城的是，曾仲鳴還指定楊小樓唱楚霸王；不知哪個力大的「提調」，居然辦到了。楊小樓的霸王，只陪梅蘭芳演過，現在居然肯與新豔秋合作，等於承認她的地位與「四大名旦」是同一等級。當時新豔秋正豆蔻年華，春風得意，傲睨梅蘭芳、程硯秋，而曾仲鳴又置身機要，跌宕風流，郎情妾意；未幾，遂作入幕之賓矣！

後汪精衛任行政院長，曾仲鳴為鐵道部次長，一朝得志，自然想起了新豔秋；而他只要開一句口，自然有人樂於將新豔秋接到上海來，演出於更新舞臺。那時雖說國難當頭，但曾仲鳴卻是每星期五夜車一定到上海；星期日夜車回南京。曾仲鳴的妻子方君璧，一方面秉承了舊時代賢慧妻子的「美德」；一方面濡染了法國的浪漫氣氛，覺得丈夫有個情婦是無足為奇的事，所以不但容忍曾仲鳴與新豔秋雙宿雙飛，而且有時候還會伴著丈夫到更新舞臺去捧新豔秋的場。曾仲鳴的包廂中，還常出現潘有聲、胡蝶夫婦，所以「看戲兼看看戲人」。接著新豔秋蒞首都，入南京大戲院演戲，是時程硯秋正在顧無為經營之大世界演戲，依伶界規矩，門徒例不能與師傅抗衡，新豔秋卻恃曾仲鳴之勢，竟與程硯秋打對臺，程硯秋演《玉堂春》，新豔秋亦演《玉堂春》，程硯秋演《紅拂傳》，新豔秋亦演《紅拂傳》，儼然與師傅爭雄迭長。以是捧之者眾，議之者亦多。新豔秋原寓南京中央飯店，每晚散戲後，即共曾仲鳴繾綣。後曾仲鳴以中央飯店人雜，恐他人染指，乃令新豔秋移寓陵園新村。其時中山陵園，好比唐代的曲江，新貴甲第都在其處，汪精衛、曾仲鳴也有私邸在陵園。新豔秋唱完戲曾仲鳴便把她接到陵園私寢，自是「芙蓉帳暖度春宵，從此曾郎不早朝」，新豔秋幾成曾仲鳴之禁臠。新豔秋體素弱，在南京大戲院演出不久，即以病輟業，次年乃尤其母挈之回北平，曾仲鳴遂不能再享此溫柔福矣。

北返後的新豔秋，重理舊業，再登紅氍毹，天生尤物，依然豔名如昔，瘋魔著多少王孫貴冑、顧曲周郎。是時外號「小道士」的繆斌以中央候補執行委員，出任冀察政務委員會委員，風流之性，不亞於曾仲鳴，於新豔秋亦具同好，初則由聽劇捧場，繼且刳曾仲鳴牆腳，亦為入幕之賓矣！繆斌與日本駐華北特務首腦土肥原勾結，重慶愛國份子欲除之而後快，乃多方偵察其行蹤。未幾，偵得繆斌每夕必至新豔秋粧臺及戲園觀劇。某夕，新豔秋在東安市場吉祥戲院演《玉堂春》，繆斌方從後臺侍新豔秋歸坐，忽見其妻施施然從外來，大驚，連忙拔腿溜了。此時有位關醫生與他新娶的姨太太，見繆斌的座位空著，貪近，便坐了下去。關醫生和繆斌一樣的光頭禿頭，戴近視眼鏡，肥胖臃腫，竟生得和繆斌一模一樣。其時新豔秋正好出場，一句「來在都察院……」，全場轟起喝采聲，冷不防有人自後開槍，正中關醫生。此時戲園大亂，而開槍人早已逃離。事後推測，刺客的目標，一定是為了暗殺繆斌，卻不料關醫生做了他的替死鬼。繆斌因怕太太而臨陣脫逃，卻救了他一命；而關姓醫生本不想觀劇的，因其妾非去不可，以致代替繆斌而喪命。繆斌於九死一生、驚魂甫定之下，乃遷怒於新豔秋，謂其必有串通，竟將新豔秋逮捕入獄，幽囚數月，最後由曾仲鳴輾轉託人關說，繆斌亦察知此案實與新豔秋無關，始獲省釋。而繆斌當時雖逃過一劫，但到抗戰勝利後，繆斌到底還是伏法槍斃，漢奸罪人難逃天譴，縱僥倖於一時，到頭來還是逃不過制裁的。

「想當年在院中纏頭似錦，到如今只落得罪衣罪裾」，新豔秋經此風波後，鋒頭漸漸斂抑，既感曾仲鳴遠道相救之情，復感風塵中非久居之計，乃有擇人而事之念。抗戰軍興時新豔秋尚盼曾仲鳴眷念前情，重修舊好；豈知是時曾仲鳴早已移情別向、另結新歡了。一九三八年，曾仲鳴隨汪精衛出走河內，國民黨特務派槍手衝入汪宅刺汪，博浪一錐，誤中副車曾仲鳴，汪得以身免。曾仲鳴不治，死時四十三歲。消息傳到故都，新豔秋為之心碎腸斷，至是嬪嫁曾氏之心，遂告絕望。在絕望之餘，無法再從長等待選擇，於是乃嫁於煙臺市長邵中樞，婚後伉儷之情頗篤。迨至抗戰勝利，邵中樞亦以漢奸案而囚繫囹圄，新豔秋亦被累吃官司，此時一個因鋃鐺入獄，一個如失群孤雁，兩人悲苦相對，唯有以淚洗面耳！據何競武說他探監時去看新豔秋，她哭得淚人兒一般，宛如〈長恨歌〉所說的：「玉容寂寞淚欄杆，梨花一枝春帶雨」，她此時的遭遇是比《玉堂春》要慘過萬倍。

蓋是時新豔秋的積蓄已為其母搾取而去，已是身無長物。想昔日纏頭似錦，貌美如花，貴冑王孫，誰不欲拜倒石榴裙下；而今其母不諒，夫也獄囚，門前冷落車馬稀，真不勝其夢幻泡影之感也！自古紅顏多薄命，新艷秋的確可以算得一個。

印在煙盒的廣告美女

二〇年代初，社會風氣開化，旗袍時裝美女，開創了月份牌畫的鼎盛時代，因而月份牌又俗稱「美女月份牌」。論者說月份牌可分為三個階段：早期是周慕橋畫古裝美女，接著是鄭曼陀畫清純女學生，最後是杭樨英、謝之光等畫洋味摩登女。時髦美女在報紙廣告等其他新聞媒介也頻頻亮相，成了社會的一種象徵。但這些被畫的美女，或是畫家自創的，或是有原型的，但似乎都沒有因侵犯肖像權而付出鉅額的版權費用。「美麗」牌香煙上的廣告美女，卻使得華成煙草公司吃上官司，而也讓這位廣告美女一夕爆紅。

華成煙草公司是中國早期民營捲煙廠之一，他們在創出「金鼠」名牌香煙之後，一九二五年三月，新的品牌「美麗」牌香煙又隆重登場，因為煙絲好，價錢巧，又藉著香煙盒美女的人氣兒，上市三天，搶售一空，產品斷檔，全廠加班，日夜生產，依然供不應求。而這香煙盒美女，是滬上著名畫家謝之光根據畫報上面的一幀名伶照片為模特兒畫的，這位名伶正是呂美玉。

呂美玉出生於梨園之家。父親呂月樵，是著名京劇演員，以演武生聞名。呂月樵練就了一副「音堂相聚」的好嗓子，而且還有模仿天才，在戲中生、旦、淨、丑，學誰像誰，維妙維肖，因此以《戲迷傳》唱紅。一九二〇年底，他還與孟小冬同搭班於上海黃金榮的共舞臺，合演《十八扯》，當時呂年過半百，孟僅十三、四歲，一老一少，各顯其能：老呂黃鐘大呂，老當益壯；小冬嗓音高亢，石破天驚，結果旗鼓相當，平分秋色！呂美玉的母親時鳳儀，與其妹時韻籟姊妹雙花，馳豔北里，呂月樵娶其姊，名醫龐京周得其妹。長女呂美玉後來也是京劇坤伶，二女呂美秋、長子呂慧君、二子呂慧春也都是京劇演員，三子呂玉堃是著名電影、話劇表演藝術家，曾與李麗華合演秦瘦鷗名著《秋海棠》改編的同名電影。

呂月樵臨終時曾執著時鳳儀的手說：「不要再令我們的兒女唱戲！」。但時鳳儀以負債的原因，加上子女都年幼，不得已，於是教美玉學戲。美玉天資聰慧，曲不過三遍沒有不能領會的。而當時共舞臺的臺柱露蘭春、張文豔都息影已久，老闆正在苦於找不到接班的人，聽說呂美玉學戲，於是親往觀之，認為「可取而代之」，於是遂聘為臺柱。呂美玉嗓音寬亮甜美，扮相端莊華美，真可謂膚如凝脂，頸似蝤蠐！只可惜戲路甚狹。據陳定山說，她第一天演出《金鎖記》，不代法場。而當時綠牡丹黃玉麟方走紅於丹桂第一臺，美玉親往觀摩，第二天小報就說「呂美玉偷金鎖」，但黃玉麟的《金鎖記》，也沒有法場。於是捧呂美玉的戲迷因此反唇相譏。一日丹桂復貼此劇，劇作家陸澹庵要替黃玉麟加「准代法場」四字，沒想到黃玉麟怒說：「探監我來，殺頭你去！」陸澹庵也生氣了，他認為黃玉麟難成大器。而呂美玉再演《金鎖記》時，竟代法場，一時之間報紙譽揚，黃玉麟為之失色。

又當時有王瑤卿弟子王芸芳新從徐州來，拜蘇少卿為師，唱青衣，以孫佐臣操琴，名氣甚大。又編時裝戲《失足恨》，作女學生裝，轟動全滬。呂美玉往觀之，第二天也演出《失足恨》，作女學生裝，捲髮珠圜，美玉勝芸芳十倍，芸芳亦失色，於是美玉之名獨噪上海。當年法租界聞人、朱葆三的女婿魏廷榮就是去共舞臺觀看《失足恨》一戲，而成為瘋魔的看客之一。於是，他因瘋魔入了迷，由入迷而生了愛，再由生愛而成了戀。在此迷戀深愛的交迫之下，他挽友託朋作媒說親，也不管自己是有婦之夫，硬是把呂美玉深深藏諸金屋中。從此春滿玉臺，月圓綺閣，紅氍毹上，永不再見呂美玉歌扇舞塵的紅塵舊跡了。呂美玉未到約滿，就成了魏廷榮的簉室，嫁為富人婦了。當然魏廷榮的聲名大噪，也全仗他娶得名伶呂美玉，於是「婦以夫貴，夫以婦顯」，相得益彰。

當然呂美玉後來的暴得大名，還要拜「美麗牌」香煙之賜。最初，呂美玉對此頗為自豪，並且對自己有幸獲此尊寵而沾沾自喜。但其夫君魏廷榮自幼受到法語系的西方教育，諳熟西方法律。他認為「美麗牌」香煙擅用呂美玉的肖像是一種嚴重的侵權行為。呂美玉遂聘請了著名大律師鄂森（呂弓）作為自己的代理人，一紙訴狀將華成煙草公司的法人告上了民事法庭，這是我國近代商業史上的第一例關於「肖像使用權」的侵權案例，在當年至為轟動。華成由沈星德出面調解，議定華成每售一箱（五萬支）提取五角作為酬謝，以後逐年付給也就相安無事。一九三三年，魏因豪門傾軋另出案件，有人乘機貶低他，說魏廷榮以妻子色相向華成賣錢，魏採取主動自願放棄，不再向華成取酬，華成當局也很大方，一次性付給二萬元作為了斷，呂美玉頭像案從此解決。

以當年美麗牌香煙的銷售量，呂美玉所獲得的商標費，應該是頗巨的。因此有人說，魏廷榮的命宮注定有妻財安享的運道，不管她是執巾櫛之妻（指朱葆三之女），或是奉箕帚之妾，都為他帶來巨大的財富。當然第一任夫人所帶來的是一副豐厚無比的陪嫁粧奩，而呂美玉所帶來的那該是華成所撥給她的鉅額商標費。是以魏廷榮既繼承了他老爺子所掙得的偌大遺產，又接受了他兩位夫人所帶來的巨大財富，於是一直安享其「一妻一妾而居室者」的齊人之樂。至於後來發生魏廷榮綁票案，那又是後話了。

也將柔情酬知己

一九四二年一月二十四日下午三時，陰沉的天空飄落著絲絲的小雨，在上海膠州路萬國殯儀館的大廳裡，影、劇兩界六、七十人含淚唱著哀傷的輓歌，他們悼念一位年僅二十六歲英年早逝的明星英茵。

英茵是三〇年代著名的影劇雙棲明星，但現在的讀者對她可說是相當陌生了。她原名英潔卿，小名鳳貞，一九一六年三月二十八日出生於北京。她的父親是鼎鼎大名的《大公報》的創辦人英華（斂之），她是曾為臺灣大學英文系主任英千里（驥良）的妹妹，同時也是英若誠、英若識、英若聰的姑姑，更是英達、英壯、英寧的姑奶奶。著名表演藝術家、翻譯家，曾任中共文化部副部長的英若誠說，曹禺的《日出》中陳白露的形象就是以英茵為原型的。而名演員英達說：「我們家最早搞表演的是我的姑奶奶。」

英茵在北平弘達學院念書時，就對戲劇有濃厚的興趣，為此她走出家庭，告別故都，來到上海參加黎錦暉的明月社（後併入聯華公司歌舞班）。當時明月社正值全盛，擁有徐來、王人美、黎莉莉、胡笳、薛玲仙等歌舞名將，英茵亦很快成為臺柱之一。

一九三二年，在明月社集體參演的歌舞片《芭蕉葉上詩》中，英茵躍上銀幕，初次嘗試了攝影場的生活。一九三四年，在上海影戲公司出品的《健美運動》中，英茵與歌星白虹搭檔，第一次任主演。一九三五年，英茵在兩部影片《王先生的祕密》和《桃花夢》客串了角色。在《小姨》中，英茵戲份較重，但影響不大。一九三六年起英茵加入明星影片公司，參演了幾部名片，如《小玲子》、《新舊上海》、《十字街頭》等，片中明星濟濟，英茵沒有多少發揮餘地，多為配角。抗戰爆發初期，英茵在上海客串了《茶花女》後，隨救亡演劇隊輾轉奔赴重慶，並在中國電影製片廠主演何非光導演的《保家鄉》。一九四〇年，英茵回到上海，主演合眾影片公司的《賽金花》，叫好又叫座。一九四一年，英茵主演了一生中最後三部影片，分別是費穆原著、佛蘭克導演的《世界兒女》，屠光啟編劇、朱石麟導演的《返魂香》，桑弧編劇、朱石麟導演的《肉》。

平心而論，在電影圈，英茵並非很大牌的明星，她一共演了二十來部電影，不少是作為配角的；然而，英茵的成就不侷限於銀幕，她在話劇舞臺，更創造了多個深入人心的經典角色。一九三七年六月，由宋之的編劇，沈西苓導演，業餘實驗劇團演出的四幕歷史劇《武則天》，在上海卡爾登戲院連演兩個月，在話劇界，英茵的名字於這個夏天節節升溫。一九三八年輕鳥劇社籌演《日出》，曾有過合作、對英茵有良好印象的歐陽予倩，邀請英茵來演女主角交際花陳白露。演完《日出》，英茵前往重慶，又參加演出了《上海屋簷下》、《民族萬歲》、《殘霧》等幾齣話劇。

和阮玲玉一樣，英茵在二十六歲結束了生命，她的自殺在幾年後才真相大白——那是一個「士為知己者死」的故事。對於英茵，據最近出土的資料說，她也是一位「抗日人士」，她在重慶時加入了情報人員，當時英茵已是一顆璀璨明星，她的一舉一動都會引起外界的注意。一九三九年就要過新年時，她忽然長時間失蹤，於是大報小報以「英茵情奔」為題大肆渲染，尤其是香港和九龍的報刊，簡直是炒得火上澆油。對各種報刊的揣測性渲染和誇張，英茵一直保持緘默。此時，她已身居上海，男友平祖仁已加入反日的諜報人員行列（曾經與平祖仁同過事的文學家鄭振鐸曾為文寫道，平祖仁是國立暨南大學的畢業生，「八•一三」以後，他做了某區的專員，但在上海做工作，行蹤很祕密。），同時又介紹英茵加入，就這樣一對情人成為「抗日鋤奸」的情報員。工作性質決定了他們身分的隱秘，因此「情奔」更為有利地做煙幕彈。後來平祖仁由於工作出色，被提升為負責上海對日情報戰的站長。英茵則配合他的工作。地下工作，危險而艱苦。她和平祖仁究竟怎樣進行諜報工作的，不得而知，但在公開場合，英茵的演員身分卻是有目共睹。

一九四二年一月八日，平祖仁被殺害了！英茵為避免成為敵人的線索，平祖仁的朋友和同志，她一個都沒去找，只在影劇圈向自己的夥伴募集了一些錢，她親自去領屍，把平祖仁的遺體送到大眾殯儀館，讓化妝師把他額上的槍孔補好，又把他葬在萬國公墓。她不僅辦妥葬事，還留下一部分錢，供給平祖仁的家屬作以後的生活費用。

一九三八年話劇《日出》公演時正是蕭瑟冷寂的冬夜，英茵穿著短袖的晚禮服，數著安眠藥，一粒，兩粒，三粒——這時她在舞臺上，叫陳白露，一個末日的交際花。誰又料到僅僅隔了四年，一九四二年同樣嚴寒的冬天，英茵自己出現在上海國際飯店七〇八號房間，手中不是安眠藥，換成了生鴉片，她結束了自己生命，在她生命即將落幕之際，她可曾想起扮演陳白露的這一幕？她孤傲地開放在藝壇，於悲劇的底色上，從盛開而戛然折斷。

對於英茵，好友導演屠光啟始終以「一個偉大的女演員」稱之。他說：「一個偉大的演員為國犧牲了，但是，她死了差不多三十多年了，到了現在，誰還會記得她？沒有人對她有一點表示，連提也沒提到過她，大家已經把她忘記得乾乾淨淨，很多人為英茵不值，但我不這麼想，我只覺得至少她已經盡到一個中國人民應盡的責任了。」然而距屠光啟寫文章時，又三十多年過去了，無庸置疑地英茵更是被人遺忘了。在電影《色．戒》的王佳芝及真實的女間諜鄭蘋如，一再被熱烈討論之餘，另一個抗日女英雄英茵，是該被人們關注了。

林庚白算不了自己的命

林庚白是位奇人，他的《孑樓隨筆》是本奇書。然而林庚白早於一九四一年在香港為日軍所誤殺而身亡，而《孑樓隨筆》在一九三四年出版後，至今已過七十多個春秋，早已成絕版之書了。人往風微，誰還記得當年的流風遺韻呢？往事如煙，早就看慣了春風與秋月！但冥冥之中總有些因緣，辛卯（二〇一一年）「四月天」，余赴南京開胡適研討會，會後往蘇州訪友，再到吳江廟港太湖畔拜訪作家沈鵬年先生，蒙沈老一家人殷勤接待，銘感五內。臨別當日沈老以《孑樓隨筆》初版本見示，曾經夢寐以求之書，如今見著，真是大喜過望。徵得沈老同意當場複製一本，帶到機場，在候機的兩小時間欲罷不能一口氣讀完，深感這是此行「美麗的收穫」之一。

林庚白恃才自傲，目中無人，不可一世，自稱「詩狂」。他所作詩詞，具有盛唐遺風，又有時代特色。聞一多、章士釗評其詩詞「以精深見長」；柳亞子評價他「典冊高文一代才」。陳石遺的《近代詩鈔》選有他的詩，且稱其「早慧逸才，足與當代諸家抗手。」而他最所自負的也是他的詩，他在《麗白樓詩話》中說：「曩余嘗語人，十年前鄭孝胥詩今人第一，余居第二。若近數年，則尚論古今之詩，當推余第一，杜甫第二，孝胥不足道矣。淺薄少年，譁以為夸，不知余詩實『盡得古今之體勢，兼人人之所獨尊』，如元稹之譽杜甫。而余之處境，杜甫所無，時與世皆為余所獨擅，杜甫不可得而見也。余之勝杜甫以此，非必才能凌鑠之也。」

《孑樓隨筆》一書論詩詞之篇章亦不少，如「凡詩、詞皆以意深而語淺，辭美而旨明者，為上上乘，於文亦然。試讀李杜之詩，二主之詞，便知此中之真諦。」他還指出同光以來的諸多作者，皆多「食古不化」者，喜套用古人的詞語，以為如此方稱得上「雅」。他則認為字面無所謂雅俗，僅有生熟之別耳。他舉例說古時因是燃燈而有「剪燈吹燈」之說，而今日大家都使用電燈，何自剪之，吹之哉？他強調：「徒喜其字面之美，因襲不改，非僅『遠實』，直是『不通』。今人詩、詞，犯此疵累者，指不勝屈，幾使人不辨，作者所處之時代，與所經歷之日常生活，寧非笑柄？」。因此他不但大力提倡以新詞語入舊詩，還甚至以白話文譯法國詩人Paul Vailaine的〈秋之歌〉。這都由於他是一位傑出的詩人，對於詩的見解自然高妙之故也。

曾讀盧冀野《柴室小品》談到林庚白好替別人算命，其中有兩件很靈驗的事：一是在他十年之前算到章行嚴（士釗）要入閣，而且一定是長司法；後來不獨時間推準了，連部亦被他說著了。還有一件是李根源的「過鐵」，他預先算定。害得這位李痲老高臥小王山不敢出來，到時果然生了個對嘴瘡，動手術開刀，「過鐵」算是過了的，只不曾送掉性命，這也不能說林庚白推算的不對！

《孑樓隨筆》書中提到林長民和林寒碧的死，似有定數。他說林寒碧在死前二三日，以贈別之作見示，有「領取車行已斷魂」之句，後竟以誤觸汽車死，豈真冥冥中有定數在耶？而林長民於一九二四年春半，自瀋陽寄詩給他，有「欲從負販求遺世」之句，翌冬郭松齡之變，林長民果死於亂軍中，奉天軍隊，以其狀似日人，恐釀成交涉，遂焚骸骨，真乃羽化矣。其中林寒碧就是林北麗的父親，後來成為林庚白的岳父；而林長民是才女林徽音的父親，他也曾一度追求過林徽音，但終究不成。

對於林庚白的星命之說，柳亞子這麼認為：「君好星命之學，嘗探取當代要人名流之誕辰年月而推算之，謂某也通，某也蹇，某也登壽域，某也死非命。儕輩嗤為迷信，君縱談自若也。……實則偶而言中，不足信也。」對此「掌故大家」高伯雨有一番看法，他說：「一九一五年袁世凱竊國，準備下一年元旦『啟基』，庚白就揚言袁世凱明年必死，相沖相剋，說得頭頭是道，老袁果然在一九一六年死了。因此人們都說他是『神機妙算』，找他批八字的朋友多到不可勝數，高興時他也樂於應酬。其實他並不迷信，他說袁世凱死，不過是他恨袁世凱叛國，乃利用社會人士的迷信心理，借算命來煽動民氣與咒詛袁早死而已，用心是很苦的。可是為了這個，後來卻得了不好的反響，就是他死在九龍時，有些人卻說他『對別人的命算得準，對自己的命反而不清楚，好好地安居在重慶，怎會到香港送死呢？』這實在不知道他談命理是隱晦的煙幕。他對當時袁世凱的政權很不滿意，時有批評，未免遭時忌，故此大談命理，又高談闊論，裝出一副狂士的面目，使當政的人不注意他，一提到他就說：『這人麼，狂人而已！』此乃庚白處亂世的哲學也。」

一九四一年十二月一日，林庚白由重慶帶了家眷來香港，擬與旅港文化人共同探討社會形勢問題，還擬在港辦一日報，宣傳抗日，這一計畫得到了愛國華僑陳嘉庚的支援；另外還要籌辦詩人協會，以團結進步文化人士；撰著一部民國史。盧冀野說：「他在重慶動身前，我曾去勸止他，但他去志已決，沒法能挽留得住。」林庚白抵港甫一周，太平洋戰爭爆發，九龍隨即淪陷。林庚白住於友人家中，被日軍間諜誤認為國民黨中央委員，被日本佔領軍通緝，為避免累及眾鄰，十二月十九日下午，他和林北麗出門另覓避難所，走了幾百步到天文臺道口，遇見站崗的日軍喝問他何往，林庚白不懂日本話，伸手入衣袋取紙筆，意欲借文字說明他的意向，日軍誤以為他要取武器，便開槍向他射擊被擊斃，沒想到他竟為避凶而遭凶了！

而其遺骨當時草草掩埋於香港天文臺道的菜田之中。沒有棺木，也沒有墓碑。香港復原後，有人說其夫人林北麗曾去尋訪埋骨之所，林北麗有〈將去九龍吊庚白墓〉詩：「一束鮮花供冷泉，吊君轉羨得安眠。中原北去征人遠，何日重來掃墓田」，但了無蹤跡。而據唐之棣《香江詩話》記載：一九四七年十月，柳亞子再度到香港，想起五年前客死香港的蕭紅、林庚白兩位亡友，故有詩「碧血黃壚有怨哀，蕭紅庚白並奇才。天饕人虐無窮恨，更為賓基雪涕來。」柳亞子先後前往淺水灣、天文臺道訪尋蕭紅、庚白之墓，第一次，兩人之墓均未找到。後來，在友人周鯨文等陪同下再度訪尋，終於一一找到了。

感舊儒門惜此才

說到林長民今人都不識了，但若說起他的女兒才女林徽音，那知道的人可多了。一部《人間四月天》連續劇播出後，可說是「滿城爭說林徽音」。但才女的父親也稱得上是「一代才人」，當年他身死於郭松齡之役，福建耆宿、曾任溥儀老師的陳寶琛輓以聯，就有：「喪身亂世非關命，感舊儒門惜此才」之嘆了。

林長民字宗孟，號雙栝廬主人，福建閩侯人。生於書香門第的閥閱世家，其父名孝恂，光緒十五年進士，曾任浙江金華、孝豐、仁和、石門等知縣。宗孟幼即穎慧，父嘗聘林琴南課其國學，敦請林白水授其新學，又請日人嵯峨峙教其日文。光緒二十三年考中秀才，旋棄舉業返福州。從華南女子大學教授Ethes Wallace習英文，因此中、英、日文造詣，遂皆深邃。一九〇六年負笈東瀛，入早稻田大學，專攻政治。由於他慷慨俊爽，宏抱偉志，故蹤之所至，皆受人欽敬。不旋踵間，即被推為留日福建同鄉會會長。與日本名人中野正剛、風見章為同班同學，與日本政治家犬養毅、尾崎行雄交誼尤篤。國內名流如張謇、岑春煊等對之特加垂青。而當時的立憲派人士梁啟超、湯化龍、劉崇佑等，以及君憲派之楊度，同盟會之黃興、宋教仁等，均有交誼，真不愧為面面俱到、長袖善舞之流。

民國元年，南京臨時參議院成立，林長民被推為閩省代表，參與臨時約法之議訂。迨袁世凱任大總統，林長民當選第一屆眾議院議員，並被推任眾議院秘書長。民國二年，兼任憲法起草委員會職務。在天壇議憲期中，參加憲法研究會，世人多稱林長民為研究系之魁傑。當時民主黨、共和黨、統一黨合併而成進步黨，林長民與梁啟超、湯化龍等均為進步黨的領導人物。

民國六年，進步黨與段祺瑞結合，張勳復辟，馬廠誓師，黎元洪下野，馮國璋代理總統，段祺瑞仍為國務總理。林長民、梁啟超、湯化龍、汪大燮、范源濂諸人，同時被邀入閣，林長司法，湯長內務，梁長財政，范長教育，汪長外交。未幾，馮、段失和，段祺瑞辭國務總理，林與梁、湯、汪、范等也同時去職了。林長民的官癮極大，要做大官，不做小官，他的司法總長等同前清的尚書，一品大官也，做官做到總長，已是「八座之尊」，可無憾矣。雖然只幹了三個月，但在履歷上添此一筆，亦大丈夫得志之秋也。於是他曾刻了一顆「三月司寇」之印，為人書件，每喜用之。

民國七年十二月，總統徐世昌特命在總統府內設立外交委員會，林長民仍因其辦事才能，受命為事務長。民國八年巴黎和會期間，梁啟超適奉命赴歐考察，旅次巴黎，得知其事，乃於四月底急電外交委員會，請其警告政府及國民，嚴責各全權代表，萬勿簽署合約。林長民更於五月二日在北京《晨報》發表〈山東亡矣〉一文，文章最後表示：「國亡無日，願合我四萬萬眾誓死圖之！」林文慷慨悲壯，語調激昂，雖僅三百餘字，其效力卻不啻一枚重磅炸彈。因此群情激憤，各大學相率罷課，要求懲辦外交總長曹汝霖、駐日公使章宗祥、以及參與祕密借款的陸宗輿，五月四日，北京十三校學生數千人，齊聚天安門開會並遊行示威，「五四」運動就此爆發。

民國十四年十一月，郭松齡醞釀反奉。他是一介武夫，身邊雖然猛將如雲，卻苦無政治人才。他認為林長民既擅長政治，亦善於外交，又留學日本，如能動之以利，邀其出關，則對自己的圖謀，必大有幫助。幾經輾轉，由京漢鐵路局局長王乃模與李景龢、蕭其瑄之介紹，請林出關，共商大計，許以事成之後，郭主軍林主政。對此其友人梁敬錞、弟子陳頤諸人，後來為文皆為「親者」諱，而認為宗孟之出京實係避禍，並非圖附叛將以取富貴者。然林長民當時在執政府，初無重要職位，僅參加制憲工作，亦非如段氏其他親信大員章士釗、梁鴻志輩之職居要津，而彼等尚且安居無恙，林長民何需避禍？再者若真要避鹿鍾麟之威脅而出京，儘可於專車過天津時，避入租界，辭而不往，又誰能強勉其行乎！

而在臨行之際，他曾告梁敬錞說：「兩三日來，吾有一新發展，將於今夜出京」。是知林之出京，實為求發展，林本來是急功近名的，又因閩省長弄不到手，不滿於段祺瑞，郭松齡對之優禮有加，視為平生唯一知己，他以為果能使郭言聽計從，舉東北之兵力財力人力，好好運用一番，不特大有可為，且可問鼎中原，多年懷抱之政治主張，或可藉此得以實現。這或許才是他千里迢迢追隨郭松齡於錦州之意圖。

郭松齡打到錦州後，眼見勝利在望，當即召開了權力分配大會，內定了東北三省和熱河的

「領導班子」。林長民被任命為東北三省的總理兼奉天省長。可惜好景不長，郭松齡反奉很快失敗。郭松齡夫婦被俘後，以身殉。而林長民亦遇難於亂軍中。林長民死後，京城震驚，很多人都為這個不世之才的慘死極為惋惜。梁啟超、章士釗等都為他寫了輓聯。梁啟超的輓聯是：

不有廢，孰能與，十年補葺艱危，直愚公移山已耳；
均是死，奚庸擇，一朝感激意氣，遂捨身飼虎為之。

林長民工書法，是由晉唐人入手的，美妙絕倫；中歲參了北碑的態勢，更在雅秀之中，顯出樸茂勁遒的意味，所謂「融碑入帖」。康南海作《廣藝舟雙楫》，以評書家自命，曾和伊峻齋（立勳）說起：「你們福建書家，卻只有兩位……」伊峻齋以為他會是其中一個，那康聖人卻從容地說：「一個是鄭蘇戡（孝胥），一個是林宗孟。」而當年王世澂、黃濬所辦的《星報》，蒲殿俊、劉崇佑所辦的《晨報》，常登林長民的詩。《晨報》是研究系的喉舌，孫伏園、徐志摩先後皆曾任副刊主編。這兩家報紙的編輯校對，一見有林長民送來的詩稿，爭著搶到手，把詩謄錄一過，留起原稿，而以抄件付字房排印。原來林長民的詩稿都用特製的箋紙所寫，書法秀逸如不食人間煙火，見者愛不釋手也。

張默君的婚戀傳奇

說到張默君（原名昭漢），恐怕有許多人覺得陌生，她就是黨國元老邵元沖（翼如）的夫人。她的詩文與書法，氣勢磅礴，久為人所稱道。她很早就加入中國同盟會，後來又創辦江蘇《大漢報》，鼓吹革命。民國成立後創刊《神州女報》；又創辦神州女校，任校長。一九一八年她赴美國入哥倫比亞大學，專攻教育，回國後任江蘇省立第一女子師範學校校長。一九二三年暑假，胡適就曾為曹佩聲轉學之事，寫信給她，張默君回信云：「……函詢曹君轉學一節，寧校招考具畢，各級已聲明不收插班生，均經婉謝，……」面對胡適的關說，她毅然予以拒絕。

到了一九二四年，年已逾不惑（四十一歲）的張默君，才和邵元沖結婚。在那個時代四十一歲已堪稱「老小姐」，而且比新郎大六歲，稱得上是「姐弟戀」。何以如此晚婚呢？這其間的秘辛，很多人不知。根據蔣作賓之子蔣碩平（蔣碩傑之弟）的說法，原來在這之前張默君對蔣作賓是有過一段愛戀的。

蔣作賓曾以遜清秀才赴日學陸軍，畢業回國，任保定軍官速成學校步科教官。有人說蔣介石在保定軍校時，即與蔣教官相識，奠下師生之情；也有人說，蔣介石之被保送赴日本陸軍成城預備學校，實由蔣作賓在段祺瑞面前保舉，始促成此事。因此後來蔣作賓受知於蔣介石，迭任要職，以軍人從政，又轉入外交仕途，其眷遇之隆，直至一九四〇年十二月，病逝重慶，都令中樞顯要，無不為之側目。

根據蔣碩平的說法，大概在民國前三、四年時，蔣作賓與張默君由於志同道合而相識成為摯友，蔣作賓甚獲張默君之青睞，但蔣作賓對張默君則敬為長姐，因此數年來一直不敢有非份高攀之想。某日張默君興高采烈地約蔣作賓赴其家中拜謁其母，意在給予大好求婚之機會。抵張家後，沒想到蔣作賓對張默君的三妹淑嘉印象特佳，驚為天人；而淑嘉對蔣作賓之英俊瀟灑，也極樂意與之交談，彼此有說有笑，旁若無人，因一見鍾情，靈犀互通，心心相印，已默默相許矣。飯後蔣作賓終於鼓足勇氣大膽向張伯母提親，欲娶張淑嘉為妻。張伯母見到蔣作賓一表人才，當即暗表同意，促其速派媒人攜聘禮正式提親，不數日蔣作賓果然邀其上司黃興（克強）作媒，而於一九一二年娶了張淑嘉。可是此舉，在無意間卻傷害了張默君之自尊心，雖一方面為胞妹慶幸，一方面也為自己無緣而傷心。她是一絕頂好強之奇女子，在表面上絕不顯露心情，但暗地裡則獨自飲泣。經過多年，她後來在哥倫比亞大學的同學好友陳鴻碧則陪她到西湖散心，陳鴻碧基於同情心，乃與張默君雙雙宣誓「永不嫁人」。

一九一二年同盟會改組為國民黨，國民黨成立後本部設在北京，各省有分會支部，在上海、漢口不叫支部，而稱交通部。上海的交通部長是居正，而張默君則是編輯課課長。當時課中有位課員邵元沖對她十分仰慕，但張默君卻沒把這個小六歲的部屬放在眼裡，甚至為了打消他的非分之想，她還提出了三個條件：「要留學，武要將官，文要掌印」來為難他，也好讓他知難而退，死了這條心。邵元沖聽到這「三條件」自然十分絕望，而這「三條件」後來也傳到孫中山的耳裡，後來邵元沖在孫中山身邊當秘書，工作非常認真，並到日本協助其成立中華革命黨。孫中山答應幫他完成這「三條件」，一九一九年邵元沖去美國哥倫比亞大學、威斯康辛大學留學，返國後孫中山又派他擔任中華革命黨紹興司令官及東北軍司令部的警備司令（當時蔣介石為參謀長），一九二四年又任黃埔軍校政治部代主任等職，這些工作都可說是將官之職。

一九二四年當邵元沖把他曾編寫的一本《美國勞工狀況》送給張默君，張默君對其著述甚為滿意，立即回信說：「自丙辰（一九一六年）別翼如八載，彼此音塵斷絕，昨忽得自美歸後一書，媵以近製，極道離懷別苦，感而有作，時甲子秋孟也。」並附上六首詩，其中一首云：「放眼蒼茫萬劫餘，八年一得故人書；天荒地老傷心語，忍死須臾儻為予。」邵元沖見到張默君的詩後，雀躍萬分，馬上回函說：「留歐美八載，苦不得默君書，民十三年歸國，佐總理粵東，致默君長函及近著，獲詩大喜，次韻六章。」並依原韻唱和六首，其中一首云：「危涕重攜話劫餘，夢魂時篆掌中書；披衷朗月精貞見，萬里來歸儻起予。」邵元沖苦戀張默君十三年，其中又分別八年，皇天不負苦心人，有情人終成眷屬。

婚禮在上海舉行，大喜前夕，一對新人前去飯店看新房，飯店侍役看見張默君年紀已經不小了，以為是新娘的母親或長輩，脫口問道：「老太太，小姐明天什麼時候來？」當時有好事記者黃季陸曾作打油詩以記此事，詩曰：「邵張喜事本天裁，洞房滄州飯店開；侍役笑問老太太，小姐明日何時來？」，一時傳為笑談。又邵元沖原本請孫中山證婚，但孫中山在廣州公務忙碌，乃改由于右任證婚。婚禮上，于右任致詞道：「一位是浙中名士，為黨國奔勞多年，為總理左右手；一位是湘省俠女，教育名家。真是郎才女貌，天生佳偶。而且民初時代，張女士是邵先生的上司，不知今天成家之後，誰是上司？誰是下屬？」一時賓客譁笑。

婚後兩人感情甚篤，又皆好旅遊，公餘之暇，常偕遊各地名勝，「五嶽歸來不看山」，到處都有他倆的蹤影。邵元沖也官運亨通，平步青雲，除在上海、廣州等地任職，還當過第一任杭州市長，最後官至立法院副院長。一九三六年十二月邵元沖為收撫察哈爾、綏遠匪偽軍隊前去西安面見蔣介石，卻遇西安事變，被楊虎城的憲兵開槍擊中，兩天後不治身亡，年僅四十七歲。噩耗傳來，共同生活十二載的張默君悲痛萬分。直到抗戰勝利後，才將其葬之杭州西湖邊，張默君親撰墓門聯云：「學繫黎洲船山一脈；葬依鵬舉蒼水為鄰。」蓋黃黎洲為浙江人，王船山為湖南人，正與邵張二氏之籍貫相合也。

冼玉清與陳寅恪

在陸鍵東的《陳寅恪的最後二十年》一書中，提到陳寅恪人生最後歲月裡的兩位重要女性，一是跟陳寅恪十三年的助手黃萱，一是同為廣州嶺南大學（後改為中山大學）的女教授冼玉清。

冼玉清生於一八九五年，小陳寅恪五歲。她原籍廣東南海縣，但出生於澳門。她十二歲入澳門灌根學塾（即子褒學校），跟從中國近代文化教育革新者的先驅陳子褒學習，並深受其影響。冼玉清說：「我一生受他的影響最深：也立意救中國，也立意委身教育。自己又以為一有室家，則家庭兒女瑣務，總不免分心。想全心全意做人民的好教師，難免失良母賢妻之職；想做賢妻良母，就不免失人民教師之職，二者不可兼。所以十六七歲我就決意獨身不嫁。」儘管如此，年輕的她仍不乏追求者，聽秦牧說當初有位相當有名的教授曾追求過她：但冼玉清曾賦詩笑談其事，其中兩句是「香餌自投魚自遠，笑他終日舉竿忙」，話說得相當決絕。

冼玉清二十一歲時，尤其父送她到香港聖士提反女校（St. Stephen's College for Women）讀英文。兩年後轉入廣州嶺南大學附中讀書，又兩年畢業，升入嶺南大學文學院，一九二四年畢業。次年起任教於嶺南大學，直至一九五五年退休。

冼玉清除了是位著名學者之外，還是位傑出的女詩人、女畫家。一九二九年在翰林學士江孔殷（霞公）、嶺南大學國文系主任楊壽昌的引薦下拜見嶺南詩宗黃節（晦聞），她回答黃氏作詩之法，頗為黃氏所讚許，更常讀其《蒹葭樓詩集》，以學習詩法。同年十月冼玉清復見黃晦聞於北京大羊宜賓胡同之「蒹葭樓」，並以其所作《碧琅玕館詩集》呈覽，黃氏批曰：「陳想未除，陳言未去，獨喜其真。」，其意要其「務去陳言」，追求「真切」。是月，冼玉清也拜謁詩人鄭孝胥，並呈上詩稿，鄭氏題曰：「古體時有雋筆勝於近體。」

一九三七年夏，冼玉清以《碧琅玕館詩集》呈給當時客居故都北平的陳寅恪之父陳三立，散原老人給予很高的評價，稱其「淡雅疏朗，秀骨亭亭，不假雕飾，自饒機趣，足以推見素抱矣。」並親筆為冼玉清的書齋「碧琅玕館」題寫一匾。不久，北平淪陷，陳三立日夜憂憤，拒藥治病，後竟絕食五日，於同年九月十四日以死殉國。

一九四一年陳寅恪受香港大學中文系系主任許地山之邀，任職客座教授，年底日軍佔領香港，當時港大停課，陳寅恪生活極其困苦，正如他詩中所云：「乞米至今餘斷帖，埋名從古是奇才。劫灰滿眼看愁絕，坐守寒灰更可哀。」當時客寓香港的冼玉清，託人給陳寅恪送去四十元港幣，雖然陳寅恪沒有接受，但雪中送炭之誼，銘感五內，無時忘懷。當一九六五年冼玉清逝世後，陳寅恪悲痛地寫下一首輓詩。詩云：「香江烽火猶憶新，患難朋交廿五春（太平洋戰起與君同旅居香港，承以港幣四十元相贈，雖謝未受，然甚感高誼也）。此後年年思往事，碧琅玕館吊詩人」。

一九四九年一月陳寅恪受陳序經校長之聘，來嶺南大學任教，在北門碼頭上迎接陳寅恪一家的隊伍中就有冼玉清的身影。同年九月冼玉清出版《流離百咏》詩集，並贈之陳寅恪。陳氏為題曰：「大作不獨文字優美，且為最佳之史料。他日有編建炎以來繫年要錄者，必有所資可無疑也。」一向「以詩證史」的陳寅恪，無疑地視冼玉清的詩作有「史詩」的另一種意涵。

一九五〇年一月，陳寅恪夫婦與冼玉清結伴作了一次郊遊，即遊覽清代名勝漱珠崗純陽觀，該地距離嶺南大學僅四里，是當時許多詩人詠梅之處。陳寅恪寫有〈己丑仲冬純陽探梅柬冼玉清教授〉詩云：「我來祇及見殘梅，嘆息今年特早開。花事已隨浮世改，苔根猶是舊時栽。名山講席無儒士，勝地仙家有劫灰。遊覽總嫌天宇窄，更揩病眼上高臺。」冼玉清以〈漱珠崗探梅次陳寅恪韻（己丑仲冬）〉和之：「騷懷惘惘對寒梅，劫罅憑誰訊落開。鐵幹肯因春氣暖，孤根猶倚嶺雲栽。苔碑有字留殘篆，藥竈無煙剩冷灰。誰信兩周花甲後，有人思古又登臺。」

一九五二年二月陳寅恪有〈題冼玉清教授修史圖〉，三絕句，其一首云：「流輩爭推續史功，文章羞與俗雷同。若將女學方禪學，此是曹溪嶺外宗。」冼玉清治學嚴謹，其研究側重史學，又以考據、藝文、人物為主，畢生致力於嶺南文化歷史人物的發掘與系統研究，開一代之風氣。陳寅恪以曹溪六祖慧能南派禪宗作喻，給予極高的評價。第二首云：「國魂消沉史亦亡，簡編桀犬恣雌黃。著書縱具陽秋筆，那有名山淚萬行。」此詩陳寅恪用了他最擅用的「今典」，陸鍵東就指出：「其時，新編的中國歷史『簡編』一類的書籍在文化界大行其道，並成一統天下之勢。陳寅恪連用『桀犬吠堯』、『信口雌黃』兩典貶之，直見電閃雷鳴之色。」陳寅恪痛罵了當時修史的「應時」之作，也同時肯定了冼玉清的著作自有見地，「文章羞與俗雷同」。

一九五七年一月三十一日正逢舊曆正月初一，陳寅恪贈與冼玉清一副由他撰寫、唐篔手書的春聯云：「春風桃李紅爭放，仙館琅玕碧換新」。冼玉清何其有幸得到陳氏父子兩代人先後題匾及寫聯。

一九六四年冼玉清到香港治病，留港約十個月，當時好事者卻謠言滿天飛，說她「逾期不歸」，必定已經「逃港」了。殊不知冼玉清在香港立下遺囑，將自己多年持有的香港股票全數捐給廣東有關醫院。同年十月她帶著十萬捐款返回廣州，陳寅恪寫了〈病中喜聞玉清教授歸國就醫口占二絕贈之〉，其一云：「海外東坡死復生，任他蜚語滿羊城。碧琅玕館春長好，笑勸麻姑酒一觥。」給予冼玉清「同情的瞭解」，並褒揚她的一身正氣。

一九六五年十月二日冼玉清病逝廣州，幸運的是她沒有遇到「文革」的風暴，而反觀陳寅恪卻在四年後，在目盲足臏之下，被紅衛兵活活整死。一代史學大師晚年「涕泣對牛衣，卌載都成斷腸史；廢殘難豹隱，九泉稍待眼枯人。」，令人不勝唏噓！

冼玉清寧守孤寂，不談婚嫁，兀兀窮年，專心致志做著補史證史的工作，這和陳寅恪的研究何其相似，他們在劇變的時代中找到了最後的精神寄託，雖然這段患難之交只經短短的四分之一世紀，但卻帶給兩人無限的暖意！

想起畫家陶元慶

數年前香港作家鮑耀明先生寄來周作人送給他的絕版書的書影，在他收藏的這三十四冊書中，絕大部分是知堂老人的著作，其中有民國二十六年三月宇宙風社出版的《瓜豆集》，知堂老人在上面題有「洙鄰先生尊誨　受業周作人呈」，該書原是送給老師壽洙鄰先生的（他是魯迅老師壽鏡吾的次子），現何以在鮑先生的手中呢？原來知堂有說明：「壽先生以九十歲去世，其家乃以見還，今以轉贈耀明先生」。這書除了平添一段來歷外，卷頭又有壽先生的批語，更見史料價值。

而在眾多樸實無華的周作人書衣中，赫然驚見有一九三三年《沉鐘》半月刊（《沉鐘》週刊創刊於一九二五年十月十日，至第十期停刊。一九二六年八月十日，改為《沉鐘》半月刊，出至第十二期又停刊。一九三三年十月十五日復刊，為第十三期。出至第三十四期一九三四年二月二十八日停刊。）第十八期的封面，那瑰麗奇特的風格，原是出自陶元慶的手筆。

陶元慶（一八九二－一九二九），字璇卿，浙江紹興人。自幼喜歡畫國畫，擅長仕女、花卉。一九一三年，他入讀紹興省立第五師範學校，畢業後留校擔任附小教員。一九二三年，他考入上海時報館，成為該報館的一名美術編輯，專門負責《小時報》的刊頭設計。同年，他進入吳夢非辦的上海師範專科學校，從陳抱一研習水彩、油畫，吸收西洋技法。一九二四年七月，他初到北京，住在紹興會館，因作家許欽文之介，而結識魯迅。當時魯迅在北京各高校授課，其中作為文藝理論講義而翻譯的日本廚川白村的《苦悶的象徵》即將出版，就請陶元慶作封面畫，陶欣然接受。圖成，這封面畫由一個半裸體的女子，披著長長的黑髮，用鮮紅的嘴唇舔著鐺釵的尖頭變化而成。魯迅盛讚其「使《苦悶的象徵》披了淒艷的外衣。」許欽文更認為它「首創了新文藝書籍的封面畫」，而「五四」新文學書籍以圖案為封面的這是第一本。該書初版時因新潮社經費拮据，封面用單色印刷，魯迅覺得過意不去，於是待初版售完後，魯迅以他的版稅來補足印書經費，並將封面由單色還原為三色，視覺效果也更加強烈了。

陶元慶其後續為魯迅的著作《彷徨》、《墳》、《朝花夕拾》、《工人綏惠列夫》、《出了象牙之塔》、《唐宋傳奇集》等書繪製封面畫，其中最著名者首推《彷徨》一書之封面。畫的是三個人同坐在一把椅子上，看著逐漸西移的落日，給人一種日暮西天的彷徨之感。整幅畫採用了魯迅最喜愛的版畫形式，構圖簡潔、變形誇張中傳導了深邃的內蘊。魯迅稱讚說：「《彷徨》的畫面實在非常有力，看了使人感動。」《彷徨》的封面設計成為當時書衣畫的代表作。可是當時有人卻看不懂其寓意，以為居然連太陽都沒有畫圓，陶元慶只好憤憤地說：「我真佩服，竟還有人以為我是連兩腳規也不會用的！」。

許欽文是陶元慶終生不渝的好友，許欽文的小說、散文集的封面，幾乎都出自陶元慶之手。一九二六年許欽文出版第一本小說集《故鄉》，以陶元慶的「大紅袍」作封面。許欽文後來回憶說：「當時住在北京的紹興會館裡，日間到天橋的小戲館去玩了一回，是故意引起一些兒童時代的回憶來的。晚上睏到半夜後，他（陶元慶）忽然起來，一直到第二天的傍晚，一口氣就畫了這一幅。其中烏紗帽和大紅袍的印象以外，還含著『吊死鬼』的美感——紹興在演大戲的時候，臺上總要出現斜下著眉毛，伸長著舌頭的吊死鬼，這在我和元慶都覺得是很美的。」魯迅見到此圖稱讚道：「有力量，對照強烈，自然調和，鮮明。握劍的姿態很醒目。」後來魯迅又對許欽文說：「我打算把你寫的小說結集起來，編成一本書，定名《故鄉》，就把『大紅袍』用作《故鄉》的封面。這樣，也就把『大紅袍』做成印刷品，保存起來。」《故鄉》出版後，人們立即為其精美的封面畫所傾倒。之後陶元慶又為許欽文的《毛線襪》、《幻象的殘象》、《回家》、《一罈酒》、《蝴蝶》、《鼻涕阿二》、《趙先生的煩惱》、《彷彿如此》、《若有其事》、《無妻之累》等書作封面。

魯迅曾多次稱讚陶元慶的作品，並因一再請其作畫，說自己是「得隴望蜀」。除此而外魯迅還轉請陶元慶為文學刊物《沉鐘》和《未名》等書刊作封面，還有代王品青轉請為其女友「淦女士」（馮沅君）的小說集《卷葹》（後由司徒喬創作），以及董秋芳翻譯的俄國小說《爭自由的波浪》、李霽野翻譯的安特萊夫戲劇《黑假面人》等作封面。

一九二九年八月六日陶元慶因患傷寒，經醫治無效，在杭州廣濟醫院去世，終年三十七歲。許欽文將此噩耗告知在上海的魯迅，魯迅在八月十日的日記中，悲痛地寫道：「夜得欽文信，報告陶元慶君於六日午後八時逝。」隨後，許欽文去滬，魯迅「付以錢三百」，並叮囑許欽文「為陶元慶君買塚地」，妥善處理後事，還打算出版陶元慶的遺作。一九三一年的八月十四日晚上，魯迅偶翻陶元慶生前送給他的畫集，不禁百感交集，在畫集的扉頁上寫下：「此璇卿當時手訂見贈之本也。條忽已逾三載，而作者亦久已永眠於湖濱。草露易晞，留此為念。嗚呼！」其實讓魯迅可以存念的還有陶元慶為他畫的肖像，魯迅一直想請陶元慶給他畫肖像，陶元慶自是願意，不過因為兩人的時間一直湊不好，始終沒能找出時間來做素描，後來陶元慶返鄉在臺州任教，魯迅才把自己的照片寄去，請陶元慶在假期對照照片畫一張肖像。一九二六年五月，陶元慶把畫成的頭像寄給魯迅，這就是魯迅生前最喜愛的一張自己的肖像了，後來這幅畫就一直擺放在北京阜成門外西三條胡同的「魯迅故居」客廳正中。哪天您在景仰魯迅之餘，也別忘了陶元慶！

淩叔華之「淩」姓考

看到歷史學者王爾敏先生發表於二〇一三年三月號《傳記文學》的〈淩叔華身後不寂寞〉一文，初看標題第一眼的反應以為是手民之誤，怎麼把淩叔華的姓從兩點水，變成三點水呢？隨著文章看下去王先生說：「淩女士無意中向我提到我中央研究院前輩凌純聲先生，她說明凌先生和她並非一個同族宗姓。她說凌先生之凌是兩點水，她自己本姓之淩是三點水。此言是我親聽她講。當時不覺奇異，但卻始終記得此說。近時廣閱有關淩叔華著作各本以及學者之討論淩叔華，絕無一人一書寫對。再加上大陸使用簡體字，此錯真難糾改。」他接著說學者專家提到淩叔華的父親淩福彭，也只有中研院近史所魏秀梅教授所編的《清季職官表附人物錄》用的是三點水之「淩」，是正確的。他有淩叔華寫給他的六封信，「其簽草書，必是三點水畫一直下之線，自非兩點水字樣。」後來透過中研院近史所陶英惠先生的聯繫，蒙王先生慨然贈予我六封淩信的影本，果然所言不虛。網上又見丁貞婉提供淩叔華〈花氣薰人〉帖，簽名樣式亦同書信。王先生苦口婆心地說：「奉勸研究淩叔華之名家，速為改正。想想研究其人，而把其人姓名弄錯，會說得過去嗎？」那當然說不過去，筆者之前也曾寫過幾篇有關淩叔華的文章，當時也用兩點水，理當道歉，乃作此文。

「淩」、「凌」兩字同音，但意義有別。「淩」，是恐懼而戰慄也。姓也。而「凌」是積冰曰凌，戰慄曰凌，犯也，越也，升也，暴也，又姓也。所以「淩」、「凌」兩種姓氏是共存的。據鄭樵《通志》氏族略說：「衛康叔支子為周凌，子孫以官為氏，吳志有淩統。」也就是說，凌是春秋時衛康叔有子在周朝為凌人之官（掌管冰政），這一支的子孫後來就以官為姓，到了三國時代，孫吳的大將淩統大概就是其後裔。但《廣韻》說：「淩，水名，出臨淮。亦姓，吳將有淩統。」因此《姓譜》云：「淩本作凌，自《廣韻》引作淩，後乃混用。」清朝的經學大師淩廷堪在〈寧國淩氏宗譜序〉中云：「竊謂吾族受氏之由，當據《通志》以官為氏，而字則當據廣韻從水『三點水』作淩。猶之邵氏出自召公奭，後加『邑』作『邵』，袁氏出自轅濤塗，後省『車』作『袁』也。何也？《廣韻》於三點水『淩』字下注引吳志偏將軍為證，而與二點水旁凌字下面注但云『冰凌』，別無他語。則當時所見吳志原文，固是從三點水之『淩』字也。」因此可知三點水旁之淩是從兩點水旁凌姓分支而出，但何時分出，目前尚無證據，只知道三國時東吳就有淩統大將了。

淩叔華的父親淩福彭（一八五四－一九三〇），字仲桓，號潤臺，廣東番禺人。光緒十一年考取拔貢，光緒十九年為軍機章京，光緒二十一年與康有為同榜進士。淩叔華於光緒二十六年（一九〇〇）春出生。是年有庚子之亂，同年十月淩福彭補授天津府知府，然因拳亂影響，直到光緒二十八年才到任，從此開始了他直隸地方官的生涯。光緒三十一年起他署保定府知府，光緒三十四年任順天府府尹。宣統二年任直隸布政使。凌家平日往來無白丁，康有為、齊白石、辜鴻銘、姚茫父、陳半丁等社會文化名流，多為其座上賓。加之凌福彭思想開通，早年在張之洞幕府時就與辜鴻銘交情甚篤，因此凌叔華自小即跟辜鴻銘學習英文和詩詞。後又跟繆素筠學繪畫，繆曾為慈禧太后的御用畫師，後又拜山水名畫家王竹林（人）、郝漱玉為師。得天獨厚，打下良好的繪畫根基，因之她的畫名還早過作家之名。

走筆至此，突然想到被譽為繼詹天佑之後的「鐵路聖人」，曾負責修建隴海鐵路、粵漢鐵路等，並於一九四八年獲選第一屆中央研究院院士的淩鴻勛（一八九四－一九八一）。他是廣東廣州市人，與淩福彭同鄉。據他的訪問錄說，他的祖先原來也是姓「凌」，近一百多年來才用「淩」姓，他後來在《年譜外紀》也說：「我遠祖的墓碑都是刻著凌字，故都雍和宮前清進士題名碑我見著一位遠祖的姓名是刻凌字，又偶然得到一本我六世祖乾隆年間的殿試原卷，卷上所寫姓也是從兩點，這都是極有力的考證。」至於後來如何多上一點，他說到了他的叔祖於光緒三年丁丑科中進士，禮部在榜上寫成三點的淩。當時有向禮部質詢，而禮部說淩是對的，而且進士的榜已給皇帝親閱核定，不能輕易變更。此後他們全族將姓多加一點而為淩。或許當日真有好古的大臣見殿試的舉人姓凌，便自作聰明，認為凌字不見於《廣韻》與《康熙字典》，便提筆替他多加一點，進呈御覽，於是成了鐵案，以後便不能改了。但此說亦未必可靠，因為到光緒二十四年戊戌科，有凌福動，又有凌春鴻，他們都是翰林，是兩點水的凌。淩福彭是光緒二十一年進士，據魏教授查對過《清實錄》是三點水的淩沒錯，至於其祖先是否原本兩點水抑或是三點水，則未可確知。

凌鴻勛說，對於他的姓多年來時感困擾。他自從入學讀書，所有紀錄都寫作兩點，他曾一再向學校聲明是三點的凌，但因為改不勝改，他也沒法，只得聽其自然，他本人寫的三點水凌就好了。因此當他被問及和社會上稍知名的凌某是不是一家？他總以詼諧的口吻回答說：「我們『差一點』。」有些朋友知道他是三點的「淩」以後，常向他道歉說：「真對不起，我以前寫信給你，總是把你的姓寫作兩點的『凌』。」凌鴻勛總是回答說：「不要緊，我不在乎『這一點』。」（見之《年譜外紀》的前言），但據見過淩先生的陶英惠先生、魏秀梅教授說，其實淩先生非常在意他的三點水「淩」姓。

我們不知道凌叔華有無類似的困擾否？但她既然向王爾敏先生說過是三點水的「淩」姓，而且記載淩福彭的「淩」姓是官書，其正確性理應無庸置疑了。儘管如此，我還是打了電話給北京的凌叔華女兒陳小瀅女士，問她能否找到祖譜，她說沒有，後來找到一份一九二六年一月有關史家胡同的一份文件，後面的簽名卻是兩點的「凌」字，不同於她其他草寫的「淩」字，是否凌叔華有時也約定俗成寫成兩點，不得而知。「凌」、「淩」雖是同音，儘管「淩」姓還是從「凌」姓分出，但「必也正名乎」，我們還是蠻在乎多「那一點」。

背叛與寬容

徐志摩曾讚美淩叔華的小說集《花之寺》，有「最恬靜最耐尋味的幽雅，一種七弦琴的餘韻，一種素蘭在黃昏人靜時微透的清芬。」確實淩叔華的作品像是溫室裡的幽蘭，蕭閒淡雅、清芬微微。而沈從文、蘇雪林等作家，更是把她和英國近代女作家曼殊斐爾相比，在淩叔華寫小說最勤的歲月裡，對她藝術趣味影響最深最直接的身邊友伴，諸如徐志摩、陳西瀅皆迷於曼殊斐爾，加之曼殊斐爾擅寫殷富人家婦女，在婚愛上的淒悲心理，頗引起淩叔華的共鳴，因此在作品中必然會有所投影。總之，淩叔華給人感覺是「錦心繡口」的閨閣派女作家。

但隨者有關她的資料的發掘，尤其是他與朱利安貝爾的婚外情的曝光，讓人得重新認識淩叔華。一九九五年六月的《讀書》雜誌曾刊登蕭乾先生的短文〈意外的發現〉，談及有位正在寫淩叔華的美國學者曾拜訪過他，並提及她在英國劍橋大學王家學院（案：也是蕭老的母校）查閱資料時，看到那裡珍藏著一大批自二〇年代以來留英的中國文人給英國朋友的書信，其中涉及這些作家生活中罕為人知的事。她還特別列舉了朱利安貝爾，蕭老說朱利安三〇年代曾在北京大學及武漢大學任教，他們曾謀過幾面，朱利安當時與奧登、依修午德都屬於左派作家，後來在西班牙的戰爭中犧牲了。朱利安去世之後，他的家人就把他的全部日記及書信全部捐贈給王家學院了。該位美國學者說她簡直就像發掘了一座金礦。貝爾幾乎每天都記日記，其中詳細記述了他與淩叔華以及其他三〇年代作家之間的關係。

當時筆者亦曾透過在倫敦大學亞非學院的王次澄教授代為查詢劍橋大學王家學院的該份資料，惜未能如願。一九九九年五月大陸旅英作家虹影在臺灣出版小說《K》，即是根據朱利安的日記書信等檔案寫成，作者宣稱她花費了半年的時間研究，是真人實事的作品，書中雖沒有指名道姓，但以「林」、「程」隱指淩叔華與陳西瀅，已是昭然若揭。書中對淩叔華與朱利安有露骨的性愛描繪，則已是脫離真實而有小說的想像成分，但他們兩人之間的情愫卻非虛構，這又呈現出身為女作家的淩叔華在禮教謹嚴的規範下，內心世界的另一層面。

其實當年徐志摩與陳西瀅同時追求淩叔華，學者梁錫華就指出，從年月可見，徐志摩寫這些親暱到近乎情書的私柬給淩叔華，是在失落了林徽音而尚未認識陸小曼的那段日子，也就是他在感情上最空虛、最傷痛、最需要填補的時候。巧得很，妍慧多才的淩叔華近在眼前而又屬雲英未嫁，所以徐志摩動情並向她試圖用情，是自然不過的。而我從後來淩叔華和林徽音為了爭奪徐志摩生前留下的情書日記，不惜惡言相向的情況來判斷，淩叔華確實愛徐志摩甚深。而此段情愫常為研究者所忽略。後來淩叔華曾告訴過朱利安說，她曾經愛過徐志摩，只是當時不肯承認。而她與陳西瀅結婚是為了盡義務，是為了結婚而結婚。由這段話可知我的推測是準確而無誤的。基於種種因素，淩叔華後來終於成為陳太太而沒有成為徐太太，而在淩、陳結婚後的兩個多月，徐志摩也和陸小曼結婚了。凌叔華與徐志摩的一段情，只可說是婚前情，原是無可厚非的。

而相對於朱利安，凌叔華長他八歲，而且已婚，並育有女兒，但他們兩人卻墜入愛河。據凌叔華的妹妹凌叔浩的孫女Sasha S Welland.（魏淑凌）的《A Thousand Miles of Dreams: The Journeys of Two Chinese Sisters》一書中說，朱利安的母親擔心他們的通姦有風險，而他卻對母親說請她放心。他與凌叔華談論過是否要結婚，但他倆誰也沒有真正打算要走到那一步，不過雙雙同意他們在武漢繼續保持情人關係。後來他們的緋聞傳開了，陳西瀅當然是最後一個知道的。朱利安以其他原因自動辭去武漢大學的教職，作為院長，陳西瀅放下了自尊，為朱利安主持了歡送會。然後，朱利安悄悄地買了一張前往廣州的火車票。朱利安與凌叔華在廣州見面後，又去香港共度了他倆最後在一起的幾天。陳西瀅得知朱利安從香港上船的事，他譴責凌叔華與他見面。凌叔華對丈夫堅持說，是在她不知情的情況下，朱利安追到廣州去找她的。一九三七年三月十六日，陳西瀅以教訓的口氣，給已回到英國的朱利安寫了一封言詞尖刻的信：「我感到很受傷害，我對你的行為感到驚訝。你對我許下諾言說不會再給叔華寫信，更不會再見她，除非她強迫你。……我不知道，你會在把道德原則扔掉的同時，也把對朋友的誠信統統扔掉了。沒有信義，沒有尊嚴，不遵守諾言……」

二〇一〇年二月間，我與在英國的陳小瀅女士聯絡上了，書信往返中也觸及了他父母間的事情，陳女士寄了她寫的〈我的父親陳西瀅〉一文給我，其中說：「至於我母親和貝爾的婚外情的事，我一直不知道，一直到父親去世前的兩年。一九六八年，有一本有關貝爾的傳記出版了，我一直從小就以為他是父母的好友，因為小時候常聽到他們談到貝爾的名字，因此我買了這本書送給父親作為給他的生日禮物。過了幾個月，我因為生病請假在家，從父親那裏借回這本書來看，才發現了母親和貝爾的事。有一天，我帶父親去郊外，順便問起他這事，他說書裏說的事是真的。我問他當時為什麼他們不離婚，他說，當時女性離婚是不光彩的。再問他，他說：『你母親很有才華！』，然後就不說下去了。」

作為當時的女作家，淩叔華無疑地是非常傑出的。但在錦心繡口、溫婉柔順的外表與文風之外，或許還有著狂野、激情的潛藏爆發力。但因為她的才華，陳西瀅寬容了這一切。

張大千指上功夫

張大千被藝壇視為「五百年來一大千」。有書畫鑑賞家稱說，大千先生，於畫無所不能，尤其令人佩服的是他仿造古畫的本領，真是神乎其技，一言難盡。有一次，他臨摹了一幅石濤的山水，並仿效石濤的書體題：「自云荊關一隻眼」七個字，又蓋了一個「阿長」兩字的假圖章於其上，居然給他矇過了黃賓虹先生，他得意極了。又說，不僅如此，大千對於摹仿各家的書法，尤其簽署，更是神乎其技，不可思議。他在東京的時候，有一天晚上飯後，他興高采烈，在許多朋友面前，當場表現了他的「絕技」。他先寫了馬驎、唐寅、陳洪綬、八大山人、清湘石濤、金農幾個簽字，維妙維肖。這且不算，他還以左手寫了「子貞何紹基」五字，那簡直與真的一模一樣，絲毫無異。當時東京博物館的考古課長長杉山勇造也在場，看了之後，不禁目瞪口呆，有若木雞。此話我求證於當年也在東京的張大千好友黃天才老先生，也證實了該說法是真實不虛的。

張大千以妙手作畫，既為古今僅見之才。他以妙手寫真，卻為古今少數之筆，因為從來名畫家不屑寫人像，他們認為為人畫像那是畫匠的事，大千亦作如是觀。他為時人畫像，審慎綦嚴，惜墨如金，不輕易落筆。若必強求，或因勢不可推卻，則必索潤之巨，令聞者咋舌，其意在令其知難而退也。

反之，如其人為所心儀的前輩，或為其生平知己，則大千會欣然走筆。如他曾為其四川前輩詩人、書畫家趙熙（堯生）及他哥哥張善子的老師傅增湘畫過像，也曾為電影紅星林黛畫過像。但據大千自言，生平為人寫照，先後不出十幅而已。晚年則僅為名醫費子彬畫過一幅像，這其中還有段故事。

費子彬祖籍江蘇武進的孟河，他的遠祖費宏，在明世宗朝官居首輔，因鑑於宦海多故，勉子孫勿再從政，開始以醫為業。計自明中葉以迄有清一代，孟河費氏之醫學，代有傳人，亘數百年之久而盛譽不衰。清代著名文人如俞樾、翁同龢、李慈銘等人的著作，都有關於孟河費氏醫藥之記載。尤以從不輕許人的李慈銘，在其《越縵堂日記》中推崇孟河費伯雄為「當代第一名醫」。費伯雄有獨子費畹滋，通六藝，精書畫，著有《舌鑑》、《群方警要》二書，皆為醫學名著。畹滋有三子，其中老三費惠甫，就是費子彬的父親。

費子彬儘管家學淵源，但他並不急於繼承醫道。在他裘馬少年時代即遠走京華，公卿笑傲，極得段祺瑞之器重。燕都本為人文薈萃之區，他所結交的又都屬當代碩彥，側帽歌場，寄情詩酒，又誰知他從政之外，還懷有濟世活人之絕學？到了一九二六年秋，他南旋上海，在靜安寺路鳴玉坊，創設孟河費氏醫院。當時求者紛沓，有醫門如市之盛。其所以如此，不但是由於三百多年的名醫世家，還在於費子彬對於治症有獨擅的心得，所謂「輕藥治重症」，這是中醫最難達到的造詣，譬之太極拳術之「四兩撥千金」，寥寥幾味草藥，卻讓您藥到病除，不費吹灰之力。

一九四九年春，費子彬由上海南下，懸壺濟世於香江。一九六三年，張大千由南美來香港，擬轉往巴黎，已訂好飛機票。行前數日，忽覺喉頭浮脹，咳嗽頗劇，他原以為是感冒引起，也不太在意。一天偕友去澡堂沐浴，解衣之際，始覺右胸隆然墳起，如碗口大。浴罷，大千請其友，退去機票，獨訪費子彬，並示以病象。費子彬斷其為風邪鬱積，只須化痰清熱去邪，便可平服。語畢，授以自製藥粉（此即「費老五房」歷代相傳秘方之一種）一服，囑於歸後以溫水服用。次日，子彬又為處一方，囑服兩劑。如是三天，果見脹平咳止，胸腫若失。大千訝其奏效之速，轉以退去機票為失計。

張大千與費子彬交誼向篤，在上海時費夫人侯碧漪曾師事張大千習畫。侯碧漪江蘇無錫人，為清代侯葉唐侍郎之曾孫女，名門閨秀，家學淵源，早年從同邑吳觀岱、孫寒厓兩先生遊，詩文書畫，已自斐然。後執教於無錫競志師範學校有年，樂育英才，桃李盈門，為名震當時之藝術教育家。自歸費子彬後，五十年來，琴瑟和諧，鴻案相莊，人稱今之梁孟。其晚近書畫作品，造詣愈臻高古精純，且多喜放筆為水墨渲染之作，所謂由絢爛歸於平淡也。

張大千康復後，曾戲詢費子彬將索何物為謝？子彬答曰：「我輩功夫，都在幾個指頭上。我以是來，汝以是返，不如為我作一寫真為佳，謝於何有？」費子彬的所謂「在幾個指頭上」，是指畫家及醫生都靠著手指握筆或診脈。子彬亦工詩文，他自咏詩中有句云：「白髮蕭疏日日添，儘憑三指換油鹽。」前一句是寫實，後一句是自謙，他到了齒德俱尊的桑榆之歲，認為當醫生若無割股之心，豈不真為混飯的走方郎中？因此他確是一心一意的要以仁心仁術來壽世壽人。

張大千為費子彬畫像時，費子彬並不在座，大千全憑想像，淡淡幾筆，雖落墨無多，但卻傳神而獨到。背景又畫松樹一株，藉著虯蟠之勁質，來為仁者壽。畫好後，張大千反覆端詳，並張之於壁間，不著一字，及見先後來客，指畫問之曰：「這不是費子彬老醫生麼？」如是經過約十數人，張大千始欣然色喜，對畫像自言：「此真我老友費子彬矣。」於是乃題款云：「子彬老友七十二歲造像，癸卯二月大千弟爰」等十八字，然後送給費子彬。

費子彬得到張大千的畫作後，珍如拱璧。找來詩人、書法家曾克耑題了五絕一首云：「杏林春自滿，龍鬣熙彌青。欲逐長房去，千山斸茯苓。」費子彬又自題：「雲山何處，海日逝歟，四顧茫茫，天地無語。」等句，而囑夫人碧漪書之。又費子彬於龔定盦詩集研讀甚精，掩卷背誦，無所掣肘，故其於診務之餘，遣興寄情，每就龔句剪裁，綴集渾融，天衣無縫，曾寫有《古玉虹樓集龔定厂詩》。他一九八一年病逝後，夫人侯碧漪為其編輯《費子彬全集》於一九八四年出版，其中封面就用張大千為其所畫之像。

張大千與京劇名伶

張大千生平對中國傳統戲曲藝術，尤其是京劇十分酷愛。他認為京劇藝術與繪畫藝術有許多相通之處，補白大王鄭逸梅就說：「大千在北京，每逢金少山、郝壽臣二大淨角登臺，必往觀劇。且先赴後臺，坐在少山或壽臣開臉的桌旁，細觀用筆之法。原來二大淨角，大千都很熟悉。大千對人說：『壽臣勾臉極工細，一絲不苟，似仇十洲的畫；少山恰相反，勾臉很神速，大刀闊斧，寥寥數筆，近看極粗，似八大山人的畫。但二人登場，都神采奕奕，不分上下，這對我的畫啟發極大』。」

張大千晚年說他少年時登過臺，既演過舊劇，也演過新劇，現在老了，剃鬍子演戲當然不幹，但是還有一齣戲可唱，不但不必剃鬍子，還可以戴眼鏡，原來他要演《春香鬧學》的陳最良。當他卜居臺北雲和大廈時期，曾經在家裡拍過戲照，由哈元章、崔富芝幫他們扮戲，大千化裝陳最良，夫人徐雯波扮春香，居然似模似樣。

一九二九年五月，張大千在北京經友人介紹結識頗有詩書雅懷的京劇鬚生泰斗余叔岩，兩人一見如故，結為莫逆。他們常常在一起吃飯，最愛去的地方就是春華樓。而每一次去，張大千和余叔岩幾乎不用點菜，全由菜館掌櫃白永吉張羅，對白永吉的菜色張大千讚為「要得」，而余叔岩也稱為「行」。當時北京人有「唱不過余叔岩，畫不過張大千，吃不過白永吉」的說法，說的正是三個人的絕活。

余叔岩的得意女弟子孟小冬，先悽惻於與梅蘭芳的悲歡離合（梅氏實際是納她為第三房妾），後委身於海上聞人杜月笙的金屋藏嬌（第五房小妾），但以她的才藝，尤其是繼承余叔岩的真正衣缽，應該自有公論。晚年課帳收徒，對於余派藝術的傳播，未嘗不是一件幸事。她在港期間，雖早已息影氍毹，但應張大千之請，仍會在寓所清唱，並由王瑞芝操琴。一九六七年九月，孟小冬由港赴臺定居，她在臺十年，深居簡出；不接受電視、廣播訪問，不錄音、也未演出，雖然也有少數票友登門請益，在她家內清唱；她偶爾也加以指點，但談不上授徒。據杜月笙之子杜維善說：「孟小冬性格比較孤傲，晚年在香港、臺灣的時候，她始終不唱，連清唱都不唱，最後一次清唱是在香港給張大千唱的，因為張大千喜歡聽她的戲，這是面子很大的事情。我太太有一次問孟小冬：『您還預不預備唱啊？』孟小冬回答一句：『胡琴呢？』是啊，沒有胡琴你怎麼唱，給她拉胡琴的最後一個人是王瑞芝，他也去世了。」

張大千有贈孟小冬荷花通景聯屏，款稱其為「小冬大家」，這不是因為孟小冬亦擅書畫，也非孟小冬是女伶老生魁首，而是尊重孟小冬之意。古時尊稱女子為「大家」（即「大姑」）。這裏張大千喻孟小冬得余叔岩嫡傳，比擬續寫漢書的班昭之謂也。張大千後又為其畫一幅六尺觀世音菩薩，孟小冬告知沈葦窗說：「我這小廟哪裡容得了這尊大佛呀！」。大千說：「論平劇藝術，她是大殿，決非小廟，至於比喻我為大佛，那就太抬舉我了！」。一九七七年五月二十六日，一代名伶香消玉殞。許多人，尤其嗜好余派的戲迷，非常惋惜；甚至有人以為余派從此「絕響」了。當時總統以下各院院長暨很多立法委員多有輓聯致祭。名流雅士、學生民眾數千人，前往靈前追悼行禮。古今藝人，受此榮寵者，恐僅一人而已。她遺骨埋葬於她生前自己挑選的臺北山佳佛教公墓，墓碑上書：「杜母孟太夫人墓」，是張大千所題的。

張大千晚年定居臺北，他和臺灣著名京劇名伶郭小莊女士結成了忘年交。一九七九年，在張大千等人的大力支持下，二十九歲的郭小莊組織了「雅音小集」劇團，打出了「新派京劇」的旗號，在臺灣劇壇上引起了轟動。「雅音小集」，即由張大千命名及題字。郭小莊對京劇表演藝術那種孜孜不倦的追求精神尤為張大千所讚賞。他還特意為郭小莊繪製了一件荷花旗袍以示鼓勵。黃天才先生說：「大千生前，從來不在熟朋友面前諱言他對郭小莊的『偏心』疼愛。記得，有這麼一次，大千囑人從臺北打電話給我，說郭小莊要唱戲，新製的戲服需要上好的紡綢作水袖，大千託我到東京『鐘紡』（Kanebo）總公司去買兩段白紡綢，……還一再叮嚀：『要彈性好的，可以抖得開的，不可太厚，也不可太薄，你要抖一抖試試，……』」。

張大千有詩〈贈郭小莊〉云：「月曉風清露尚寒，羅衣微怯倚欄杆。鄭家婢子輕相比，艷極何曾作態酸。」詩後有小註說：「郭小莊是名伶，青衣花旦，武打均工。（這個註解是為百年以後的讀者所寫）」可見大千居士對郭小莊評價之高，期望之殷。一九八三年元月二日，郭小莊獲紐約林肯藝術中心的「亞洲最傑出藝人獎」。在領獎時，她激動地說：「我是將張大千先生對我的要求，當作人生奮鬥的座右銘。」

言猶在耳，大千居士卻於一九八三年四月二日病逝。十六日在臺北第一殯儀館舉行家祭、公祭。喪禮結束後，靈骨罈安厝在摩耶精舍後院的「梅丘」石碑下。黃天才先生看到在他身側不遠處的郭小莊，雙膝一跪，俯伏在地上低聲飲泣。小莊身軀瘦弱，全身素服，跪伏在地上更見得嬌小，想到大千生前對她的百般疼愛呵護，小莊對大千的逝去，自然是傷心欲絕的。之後小莊更寫了〈生離竟成永訣——憶我永遠喚不回的張伯伯〉一文，以示哀悼。

一生數變的戴季陶

一九四九年二月十二日凌晨，曾經當過孫中山的秘書、考試院院長的革命元勳戴季陶，突然在廣州東山東園寓所去世。當時外界風風雨雨，多所臆測，有謂「仰藥」、「服毒」者；甚至誤傳：「戴夫人可能是和戴先生一齊仰藥。」而據當時在場的國民黨中央黨部秘書長鄭彥棻說，之所以會有此臆測，一方面是由於當時局勢影響，另一方面是大家對戴先生身體孱弱的情況不清楚，又受了劉紀文曾說過戴先生服安眠藥過量的話所致。當時由戴季陶之子戴安國檢查有無遺書，結果不但沒有遺言，即常服之安眠藥也尚餘大半瓶，再衡量各種情況及其夫人的所見所聞，大家都認定並非服藥過量。戴季陶有服安眠藥之習慣，曾服之逾量，以致昏迷，其服藥亦是為了治疾，絕非所謂舉目河山大勢已去，而自我了斷，此殆愛之深而疑之切也。鄭彥棻又說，在戴先生逝世的四天前，國民黨中央遷廣州後的第一次常會，戴先生在常會記錄簿上簽名，執筆時手抖得厲害。於談話中，見他從煙灰碟取煙復吸時，竟將燃燒的一頭放到嘴裡去，很像已經失去了控制力一樣，可見其精神身體確是極度衰弱的。因此其病逝，恐因心臟過度衰弱之故也。

回顧戴季陶的一生，有四變，大致不時以變換的名號，作為他在某一階段的象徵。清光緒三十一年（一九〇五）他十六歲到日本留學，是用戴良弼的名字。先畢業於日本某師範學校，一九〇七年秋入日本大學法科，同年十月十七日梁啟超、蔣智由、楊度、陳景仁等所組織的「政聞社」在東京召開成立大會，革命黨人張繼、馬君武、陶成章等約集同志多人，到會場示威。張繼還糾眾毆打梁啟超，因此聲名大噪。若說張繼早年在日本參加革命是對的，若恭維到戴季陶，那就與事實不符了。至於戴季陶加入同盟會，那要到一九一一年的事了，說他早年到日本留學即參加革命工作，完全是子虛烏有的事。

一九一〇年戴季陶任上海《中外日報》筆政，是他進入輿論界的開始。不久，《天鐸報》徵主筆，戴季陶獲選，不逾月就擔任總主筆。為示其與韃虜不共戴天，以「天仇」為筆名，寫社論鼓吹革命，其辭鋒之犀利，議論之弘暢，讐闢一時，聲聞海內。不久《天鐸報》文字獄起，戴季陶只得亡命於南洋檳榔嶼，為《光華報》主筆，益加鼓吹革命。一九一一年由雷鐵崖、陳新政介紹，黃金慶主盟，戴季陶正式加入同盟會。民國元年，任《民權報》主筆，持論剛正不苟，一如主《天鐸報》時。同年九月十一日孫中山督辦全國鐵路，戴季陶受任為機要秘書，襄贊大計，從此未嘗輕離，直至民國十四年三月十二日孫中山病逝於北京為止，歷時十四年。

民國九年間，上海市場掀起交易所的狂熱，炒購本所股票的商人獲利甚巨。「上海證券物品交易所」於同年七月一日開幕，理事長為虞洽卿，代理理事長為聞蘭亭。戴季陶與交易所的發起人趙林士、周佩箴是屬好友，遂亦捲身其中，從事於證券的買賣。此時他所用的名號就是「季陶」兩字，一般同業，每笑他放下筆管，拿起算盤，有心想做陶朱公。當時革命黨人，幹上這一行的，還著實不少。據周谷文章提到，蔣介石當時就是上交所的經紀人，其經紀人牌號為「恆泰號」，營業範圍以代客買賣各種證券及棉紗。「恆泰號」合同參加者計十七股，其中蔣偉記即蔣介石，小恆記為戴季陶，陳明記為陳果夫，吟香記為周佩箴，張靜記為張靜江，朱守記為朱孔陽（守梅）。這批人雖最後未必發財，但當時生活都賴此維持。後來北伐成功，他們都變成了風雲人物，可見交易所對於革命是有間接貢獻的。

而此時戴季陶雖溷跡商場，但筆管並未放下。當時上海可說是中國新文化中心，陳獨秀在法租界主編《新青年》雜誌，張東蓀負責《時事新報》和《解放與改造》雜誌，邵力子主編《民國日報》的〈覺悟〉副刊，戴季陶、胡漢民編輯《星期評論》和《建設》雜誌。戴季陶在《星期評論》中，大寫文章，提倡社會主義。後來周佛海、陳公博遂謂陳獨秀、沈玄廬、陳望道、施存統等人，發起組織中國共產黨前夕，戴季陶為此草擬了〈中國共產黨黨綱〉，而建黨以前最初文件也多出自他的手筆。只是在成立的前一天，戴季陶忽然動搖起來，去函表示，他與國民黨關係太深，「孫先生在世一日，他不能加入別黨。」此是周、陳兩人惑於陳獨秀的浮言，以訛傳訛之故。後來更是眾口鑠金，竟釀成西山會議時戴季陶被數十人，擁往他所住的西山香雲旅社，拳腳交加，飽予毆辱的不愉快事件。曾經加入陳獨秀「社會主義青年團」後來又退出的袁同疇曾就周佛海、陳公博、張國燾等人的說法為文辯駁，其結論是戴季陶對社會主義，乃至共產主義有研究，是事實；陳獨秀拉攏他，要他參加發起共產黨，是事實；但他沒有參加發起，也是事實。

當時黨國舉凡政治、經濟、外交的決策、規劃、特案都由戴季陶親自起草或建議，政府的五院制也出自他的建議。自民國十七年起，迄民國三十七年國府遷廣州為止，戴季陶擔任考試院院長凡二十有一年。其居官之久，除雄踞山西三十八年的閻錫山外，恐無人能比。此時他用的名字是「傳賢」（孫中山逝世後，他改此名），傳的是道統，他以孫中山上承文、武、周公、孔子，而又隱然以自己上承總理，傳聖傳賢，一脈相傳。他又在考試院的寓所中供奉佛像，焚香頂禮，誦經不輟。之所以如此，是民國十一年十月底孫中山派其赴四川，勸說川中將領息兵合作開發四川實業，船航至湖北宜都間，他覺得公私兩方面都無半點光明，遂跳長江自殺。據他說，當他落在江中時，彷彿有神靈呵護，捧著他，不讓他沉下去似的。自此他開始篤信佛教。後來考試院變成叢林，院長成為護法，所有公務，多由副院長朱家驊代行，他很少置理。直到國難當頭，上海發生「一二八」戰事，政府遷往洛陽辦公，他亦莫不關心，而於追薦先人，廣延僧眾，假洛城長壽寺大做功德，則視為急務。

論者謂戴季陶在晚清之際，以「天仇」為筆名，為文犀利淋漓，甚具朝氣。民國十年之前，從事新文化運動，與陳獨秀、沈玄廬輩，大倡社會主義，亦還有維新氣象。迨官居考試院院長，則一變原有之慷慨激昂，反而仗馬寒蟬，唯唯諾諾，只剩長樂老之風。「良弼」、「天仇」、「季陶」、「傳賢」這些名號，正代表戴季陶一生有此數變矣。

蔣夢麟「無大臣之風」

一九二八年十月，蔣夢麟被任命為教育部部長，但只有短短的兩年，一九三〇年十一月二十七日，他突然辭去教育部長之職。他在回憶錄《西潮》一書中說：「我以中央大學易長及勞動大學停辦兩事與元老們意見相左，被迫辭教育部長職。在我辭職的前夜，吳稚暉先生突然來教育部，雙目炯炯有光，……他老先生問我中央、勞動兩校所犯何罪，並為兩校訴冤。據吳老先生的看法，部長是當朝大臣，應該多管國家大事，少管學校小事。最後用指向我一點說道：『你真是無大臣之風。』我恭恭敬敬站起來回答說：『先生坐，何至於是，我知罪矣。』第二天我就辭職，不日離京，回北京大學去了。劉半農教授聞之，贈我圖章一方，文曰『無大臣之風』。」

一般對蔣夢麟的辭職都以偶發事件視之，其實這其中暗潮洶湧，內幕重重。回顧二〇年代中後期的教育界，可說是派系林立，有留法派，以李石曾、張乃燕（國民黨元老張靜江之侄）為代表，有歐美派，以蔡元培、蔣夢麟為代表，有留日派，以丁惟汾、經亨頤為代表，以及本土派，則是未出國門的。由於利益和教育理念的不同，四派之間時常發生摩擦，蔣夢麟作為教育部的掌門人，不幸也捲入到這場無止境的「惡鬥」當中。

成立於一九二七年四月的勞動大學，在一九三〇年九月二十四日遭到撤換校長的命運。勞動大學為吳稚暉、李石曾諸公所倡辦，設於上海江灣，由易培基擔任校長。而當年易氏在北京高居教育總長之職，對北京大學代理校長蔣夢麟並不太理睬，凡有事找就找北大教務長顧孟餘談，易、蔡兩人早已有了積怨。據彭海厂撰《吳稚老紀念集》中指出「蔣氏運籌，巧謀藉機褫免易校長職。」而曾任勞動大學社會科學院院長彭襄更道出其中的細節：「其時適因中央調整部長缺額，準備騰出教育、內政兩部，讓與張學良部高級人士。於是蔣可能仍回任校長之職。同時又以易氏曾任北平教育總長，有接掌南京教育部長之可能。蔣氏特在中央政治會議提議，中央院部會首長以不兼大學校長為原則，並列為決議。但蔣氏一面先密函戴季陶速辭中山大學校長，孫科預辭交通大學校長，以避明令免職。對於易氏則趁勞動大學開學前一天，易氏在京尚未來校時，免去校長之職。迨易到校，已成事實。且不派代理人員，以致群龍無首，全校譁然。」易氏是李石曾的左右手，當時在南京高層即有「李石曾利用國民黨清客地位，貌為清高，卻借黨行私，專幹些不光明的勾當」的批評。易氏又以黨國元老與農礦部長接掌勞動大學，農礦部每年都有一些款項需繳付財政部，他常常直接把款項移到勞大來，這些手續上的問題，常引起財政部的不滿，加上他具有湖南驢子的倨傲態度，得罪了南京政壇上的新貴，如財政部長宋子文等人，人事上的恩怨，再加上財務上的糾纏，都是易氏被撤換的原因。

據當年《現代快報》報導，一九三〇年十月，中央大學因行政經費擴大，校務會議改組，而導致學生非難，終於釀成風潮。校長張乃燕逕自寫信給蔣介石，並提出辭職，且不等教育部批准即離開南京。他的做法引起蔣夢麟的不滿，蔣夢麟稱他身為教育部長卻也是從報紙上才知道張辭職的事。他不僅對張的做法頗有意見，而且對蔣介石也頗有微詞。他認為中央大學位居首都，校長的去留關係重大，「絕非一二人所能決定」。此處的「一二人」，則是直指蔣介石。十月三十日，《中央日報》援引張乃燕從上海的來函。張先是指責蔣夢麟在該校演講時，挑動學生和教職員工聯合對付校長；又說，去年夏天，學校的教職員工和學生向政府要求增加辦學經費，他身為校長卻是事後才知道消息的；最後又說，最近蔣夢麟又到蔣介石那裡告狀，說中大如何如何，他覺得實在沒法再坐在這個位置上，因此堅決要辭職以讓賢。就在同天報紙的同一版面，也登出蔣夢麟的答覆。他逐條地反駁張乃燕，雖句句溫和，但其實流露出對張的不滿。事已至此，十一月二日，蔣介石乃委派人轉告《中央日報》記者，稱中央大學學風敗壞，張乃燕應該負責；而所謂的蔣夢麟在他跟前告狀，根本子虛烏有；另外，蔣介石還表示，「張向余個人提出之辭職書，余無批答之必要」。對此事當時《大公報》的社論就有評論：「吾人認蔣夢麟與張乃燕之互訐，皆有失態錯誤之處。而學生行動，亦不免超過其與聞校務之範圍。質而言之，即蔣主席謂中大不良非蔣夢麟報告，亦不無失言之憾。蓋中大壞至如此，教部長官，所司何事，固應有失察怠職之咎在也。」

中央大學與勞動大學的「易長」風波，其實是派系的惡鬥。當蔣夢麟辭職後，同李石曾、蔡元培關係都不錯的吳稚暉，提了一個折衷方案，提議以高魯（天文學家）為教育部長，但胡漢民則說：「高魯何許人也，乃可以任教育行政之責任，豈不羞煞天下之士！」，堅決反對。蔣介石在無法平衡派系鬥爭的情況下，只好以行政院長名義自兼教育部長，他同時要陳布雷來當教育部常務次長。陳布雷在其回憶錄中說：「教部之改組，由於李（石曾）、蔡（孑民）兩系之齟齬，石曾先生方面常視蔣夢麟為蔡所提挈之人，不但對蔡不滿，且對於現代評論派之人物亦不滿，而諡之曰吉祥（胡同名）系。然石曾先生所汲引之人如易培基（勞動大學）、褚民誼（中法大學工學院）、鄭毓秀（上海法政學院）及蕭蘧（中法大學）、譚熙鴻等，在平、滬等處辦學成績極不佳，且常蔑視教部法令，教部屢欲裁抑之，石曾先生以為難堪，主張去蔣夢麟甚力。」道出了蔣夢麟辭職的原委。

因此蔣介石特別告誡陳布雷說：「教育為革命建國計，凡事當請教於吳、李、蔡諸先生，然必勿墮入派別之見。總之，不可拂李、蔡諸公之意，亦不可一味順從李、蔡之意見。宜以大公至誠之心，斬絕一切葛藤，而謀所以整頓風氣。」

其實蔣夢麟在回憶這件往事時，也說：「我當時年壯氣盛，有決策，必貫徹到底，不肯通融，在我自以為勵精圖治，在人則等於一意孤行。我本世居越中，耳濡目染，頗知紹興師爺化大為小化小為無的訣竅。今背道而馳，自然碰壁。武力革命難，政治革命更難，思想革命尤難，這是我所受的教訓。」是頗堪玩味的。

趙元任「婦唱夫隨」

趙元任會講三十三種漢語方言，會說英、法、德、日、西班牙語等多種外語。而且說得和當地人一樣，還會使用他們的方言。趙夫人楊步偉在自傳中就說：「戰後我們到歐洲去參加世界科學會議，在巴黎車站，趙先生和提行李的紅帽子即刻說他沒有機會說的巴黎市俗土語。那提行李的聽了，便向他嘆道：『您回來啦！現在可不如從前了，巴黎窮了。』後來我們到了德國福蘭克福，趙先生又說福城的土音德語，他們又向他說：『您回來了？打完仗頭一次回來呀。』趙先生最大的快樂就是到了世界任何地方，人家都說他回來了都認他是老鄉。」

趙元任之所以能成為二十世紀國際上負有第一等聲譽的語言學家和音樂界早已公認的中國最好的「和聲學家」，大概就因為他有一對超乎尋常的耳朵，這在國際上公認是全球一共不到五對中的一對，它能聽出極細微的方言的分別，能辨出用儀器才能測出的「音的偏差」。趙元任就說過胡適好像有點Tone deaf（音盲），他們在康乃爾大學同學時，偶然有音樂會他總是拉胡先生一道去，但胡先生毫無興趣。趙元任在康乃爾大學主修數學，選修物理，他說：「倒是學自然科學的比較喜歡音樂，如果像胡適之先生那樣有影響力的人早年在北平也喜歡音樂的話，說不定音樂的風氣還會開化很早些。」在他們那一輩朋友中，傅斯年、李濟也與音樂無緣，趙元任說李濟唱歌時五音不全；傅斯年一度好像喜歡過京劇，但也沒有入迷。

趙元任說當年胡適、劉半農、徐志摩都愛寫新詩，他不會作詩，只好作曲了。於是一時興起，就替他們的詩作譜上一曲，往往一個晚上就寫好了。像〈上山〉、〈教我如何不想他〉、〈小詩〉、〈茶花女飲酒歌〉、〈海韻〉、〈瓶花〉、〈也是微雲〉，都是這樣寫成的。他最怕人家稱他作曲家，他說他充其量只是一個「譜曲家」而已。

今聖嘆（程靖宇）說，在民國十幾年代中，中國儒林「懼內」的名家，名列前茅的當推清華教授李四光，趙元任不列第二，也是第三。他說楊步偉管教她四個女兒——如蘭（Iris）、新那（Nova）、來思（Lensey）、小中（Bella），都採用自由民主教育，個個書讀得極好，後來都在美國或中國當教授，皆卓然有成。但其管教丈夫卻不講自由民主，而是採用東方傳統「子曰館」老學究——「動輒夏楚以威之」——打人的辦法，如此一來趙元任不懼也得「懼」了。晚年，有學生某，笑問趙博士夫婦說：老師與師母，能相處得這樣好，有何秘訣？楊步偉說：「完全是因為他耐性好」；趙元任則幽默的回答：「哪裡的話，是我的忘性好！」。弦外之音，頗堪玩味！

民國十七年，清華大學改為國立，羅家倫被任為校長，但在任不久，民國十九年五月二十日就為學生代表大會所驅逐。民國二十年，吳南軒就任校長，僅過月餘，又引發師生「驅吳」風潮。教授會通過決議致電教育部要求「另簡賢能」。聽說當時有人提議由趙元任來出長清華大學，蔣介石行將批准照辦了，適吳稚暉先生在側，笑曰：「那不如圈定楊步偉女士做校長好了，因為反正兩個禮拜以後，便要歸趙太太掌管的。」這一說，趙元任之懼內，連蔣介石都知道了，於是改而圈定了梅貽琦，也造就了梅貽琦一做就做了十七年的清華大學校長。

儘管如此，程靖宇還是肯定楊步偉之為東方最有中西文化根基之賢妻良母，是無人否認的。楊步偉早年在日本東京女子醫學院學醫，民國八年年學成回國，在北京創建「森仁醫院」。民國十年年六月一日與趙元任結婚。趙元任在語言學界空前的大成就，應該三分之一歸功於夫人，三分之一歸功於趙之天才，三分之一歸功於趙的絕對有恆的研究精神。楊步偉寫有菜譜《做、吃中餐》（How to Cook and Eat in Chinese）及《教你一些在中國餐廳點菜，吃飯的高招》，非常暢銷。她是以做菜著名的文化人太太，而且來客必留飯，生怕人家沒有吃得舒服。

張繼高（吳心柳）在回憶文章中，提到民國四十八年趙元任第一次回臺灣，當時住在福州街錢思亮家，他約好去看趙先生，出來接待的是趙夫人，談話間，他發現趙先生正光著上半身，下面用一條大毛巾圍著，一半身子躲在走廊裡面，看到他來，很不好意思。這時趙夫人也發現了，對張繼高說：「你坐一下，我給他拿衣裳。」大約過了五分鐘，趙先生才穿著整齊，出來和他見面。張繼高說：「這一幕，使我對外傳趙太太如何巨細無遺的照顧趙先生的事情，充分得了證實。」

民國三十五年為趙元任與楊步偉銀婚之期，原證婚人胡適之曾作詩向他們道賀，詩曰：

「蜜蜜甜甜二十年（胡適誤銀婚為二十年），人人都說好姻緣；新娘欠我香香禮，記得還時要利錢」。胡適已夠幽默風趣了。民國五十年六月，趙先生七十生日，又值他們結婚四十年，前往慶賀的友朋不少。當時李濟在慶祝會上說了話：將趙元任求學與研究精神，比之為《西遊記》上的玄奘和尚。玄奘之所以成功，又是得力於觀音菩薩的保護協助，楊步偉乃趙元任的觀音菩薩也。李濟一言驚四座，引得楊步偉更笑逐顏開，眾人亦為之拍掌狂歡！其實世俗之談懼內者，多尊太太為觀音菩薩，行家話不明言，實寓意其中也。

民國六十年六月，為兩人金婚之期，其門生故舊，在舊金山四海酒家，稱觴奉賀，場面更為熱烈！楊步偉首先興發，仿胡適銀婚詩體，自題了一首賀詩：「吵吵鬧鬧五十年，人人反說好姻緣，元任欠我今生業，顛倒陰陽再團圓」。懼內的趙元任也不能不助興，回了一首：「陰陽顛倒又團圓，猶似當年蜜蜜甜，男女平權新世紀，同偕造福為人間」。夫婦唱和，本是他們的燕暱之私，不足為外人道，不管他們來生如何顛倒陰陽，但此生確是「婦唱夫隨」了！

頭白相逢亦惘然

施蟄存先生有首詩，談到一段如煙往事，四十二年後兩位男女主角再度相逢，雖已是頭髮斑白，但仍是情不能自已。詩云：「兒女賡詞舊有緣，至今橐筆藉餘妍。碧城長恨蓬山隔，頭白相逢亦惘然。」這詩是一九六四年間施蟄存在讀了陳小翠的《翠樓吟草》後寫了十首絕句，又殿以兩首贈陳小翠的其中一首。話說一九六四年元月，當施蟄存從好友鄭逸梅處得知了陳小翠的住址之後，即於同月二十日到陳小翠家中登門拜訪，施蟄存在《閑寂日記》日記寫到：「訪陳小翠於其上海新村寓所，適吳青霞亦在，因得並識之。坐談片刻即出，陳以吟草三冊為贈。」三天後的日記又云：「讀《翠樓吟草》，竟得十絕句，又書懷二絕，合十二絕句，待寫好後寄贈陳小翠。此十二詩甚自賞，謂不讓錢牧齋贈王玉映十絕句也。」可見這詩還是他極為滿意的得意之作，因為它裡面還蘊藏了一段感人的故事。

後來施蟄存在一九九九年出版的《北山談藝錄》內中有一篇〈交蘆歸夢圖記〉，談到他與陳小翠這一段「並不如煙」的往事云：「余少時嘗與吾杭詩人陳媛小翠有賡詠聯吟之雅，相知而未相見也，逾四十年，歲甲辰（一九六四年），人日（農曆正月初七）大雪，始得登元龍之樓，披道蘊之帷，晤言一室。」這也就是他詩中所說「兒女賡詞舊有緣」一事。其實早在一九八五年施蟄存就編有《翠樓詩夢錄》，在集子中施蟄存談及這段往事，只可惜這集子一直未出版，故甚少人知。

施蟄存在年少時曾以「施青萍」或「青萍」的筆名，在所謂「鴛鴦蝴蝶派」的刊物中發表文章，據黃轉陶〈卡黨小傳〉文中說施蟄存曾譯〈生育女子須知〉載於浙江民報《婦女週刊》中，另外還有小說〈寂寞的街〉刊登於《星期》雜誌、小說〈伯叔之間〉刊登於《半月》雜誌、小說〈紅禪記〉刊登於《蘭友》雜誌，除此而外，他也寫過不少舊詩詞。他說施蟄存「撰稿好用鋼筆，字跡細勻，不稍參差，墨水喜紫羅蘭色。有瘦鵑風也。」

一九二一年九月，周瘦鵑在上海創辦《半月》雜誌（共出四卷九十六期，一九二五年十一月停刊。），曾邀請當時以「月份牌」美人畫而名噪一時的謝之光繪製每期的封面。謝之光所繪仕女圖，其畫筆法採中西之長，別具一格。當年施蟄存被這些封面所吸引，於是從第一期至第十五期，逐一以詞題之，十五幀封面用十五個詞牌，如〈一斛珠〉、〈蝶戀花〉、〈行香子〉、〈醉花陰〉、〈巫山一段雲〉、〈喝火令〉、〈極相思〉、〈憶籮月〉、〈好女兒〉、〈步蟾宮〉、〈錦帳春〉、〈羅敷媚〉、〈減字木蘭花〉、〈醉太平〉和〈步虛調〉填詞而詠之。施蟄存說這十五闋詞寄給周瘦鵑後，卻一直杳無消息。其實周瘦鵑在收到詞稿後馬上找到鴛鴦蝴蝶派作家陳蝶仙之女陳小翠，以〈洞仙歌〉、〈賣花聲〉、〈浣溪紗〉、〈一搦花〉、〈如夢令〉、〈菩薩蠻〉、〈鷓鴣天〉等詞牌和之，寫了九闋詞，分別配以十六期至第二十四期之封面。這「珠聯璧合」的二十四闋詞，後來在一九二二年的第二卷第一號（即第二十五期）以〈《半月》兒女詞〉刊出，當時施蟄存時年僅十七歲，而陳小翠也近雙十年華，稱得上是青春「兒女詞」。

施蟄存有位表叔沈曉孫當時在陳蝶仙創辦的「家庭工業社」中任職，而陳小翠也在該社中兼任配料員之職。沈曉孫也讀過〈《半月》兒女詞〉，覺得這對小兒女頗有「文字因緣」，遂向老闆陳蝶仙提親，期望促成施、陳兩人的姻緣。陳蝶仙對施蟄存的才華頗為欣賞，但女兒更是他至為鍾愛的，故提出要施蟄存親自登門拜訪，或許他想要進一步再考察施蟄存的人品和學識。沈曉孫於是帶上陳小翠的照片回松江見過施蟄存的父母。施父隨即到杭州的之江大學與施蟄存商說小翠之事。可惜施蟄存聽罷此事，即以「自愧寒素，何敢仰托高門」為由，婉謝了這門婚事。原本一對「絕配」的才子、才女，就此錯過了一段人世姻緣。

鄭逸梅談及小翠的婚姻時說，最初南匯顧佛影很追求她，佛影詩神似漁洋，和小翠很合得來，可是佛影一介書生，門第上是有差異的，終未能成佳偶。結果由父母之命，小翠嫁給了在辛亥革命時任浙江都督的湯壽潛的孫子湯彥耆。怎奈婚後兩人意趣不相投，沒多久，夫婦分食，後竟分居，但並沒有離婚。後來湯彥耆於鼎革之際渡海去臺灣，陳小翠在一九五四年寫的〈詠湯氏園白藤花〉一律，有「東風吹冷黃藤酒，翠羽明珠漫寂寥」之句，用陸游贈其前妻唐琬〈釵頭鳳〉詞中語，言破鏡重圓已無希望；此生只有寂寥獨守了。

學者劉夢芙指出，陳小翠與湯彥耆分居時，正當盛年，才情豔發，詩畫兼工；處杭州、上海金粉繁華之地，乃父事業興旺，家境殷實，按今人觀念，完全可以再覓一知音伴侶。但小翠卻恪守「烈女不事二夫」的古訓，忠於盟約，謝絕友人的追求，獨立謀生，這正是貞介人格的表現。到一九四六年秋，顧佛影返回上海，與小翠相見，重敘舊情。大概佛影流露了結為伉儷之意，但小翠卻以詩明志：「梁鴻自有山中侶，珍重明珠莫再投」，她表明兩人只能做好朋友，不能進一步發展關係。因此一九五五年顧佛影病重自知不起時，乃將小翠所寫書、函、詩、詞，親付一炬，謂不願小翠負此不好聲名，這是對小翠的尊重和愛護。也因此在《翠樓吟草》只僅存幾首她和顧氏唱和的詩詞，其中有〈南仙呂・寄答佛影學兄〉一詞，記述兩人相識、相別又相逢，哀婉淒怨，令人不忍卒讀。

歷經四十二年，施蟄存、陳小翠兩人才首次見面，當年曾是小兒女，如今都兩鬢斑霜。陳小翠在後來為施蟄存寫的〈題畫〉一詩中，有句云：「少年才夢滿東南，卅載滄桑駒過隙。」真是不勝感慨萬千。尤其在那「萬馬齊瘖」的年代裏，他們以詩詞書畫進行心靈的交流，感受到了那種人世間少有的真摯情義。只是好景不長，他們只再續了一段為時四年半左右的「文字因緣」。「文革」禍起，小翠因兄陳定山在臺灣、女湯翠雛在巴黎的親屬關係，飽受凌辱。一九六八年七月一日，陳小翠甫及上海中國畫院之門，即望見諸畫師均羅列成行，為階下囚，小翠返身逃回其寓，卻被發覺，紅小將追踵而來，小翠堅閉其門不納，一時叩門如擂鼓，勢將破門而入。小翠沒有辦法，乃引煤氣自盡，終年六十七歲。

當有研究生問起陳小翠時，施蟄存爽直地說：「她是才女啊！能詩能畫，才藝雙全，可惜文革時死得慘。」而二〇〇〇年五月，沈建中為施蟄存編《雲間語小錄》時，用心良苦，將陳小翠的一幅「落葉荒村急」作為封面，並故意問施老：「把您二人的名字排在一起，有何感想？」施蟄存說：「她要是還活著，不得罵死我啊！」，臉上卻笑成一朵花。……

畢竟是書生

說到葉楚傖，一般人的直覺反應，會說他是黨國大老。他在北伐後，曾擔任過中央宣傳部部長、江蘇省政府主席、中央政治會議秘書長、立法院副院長。論者謂葉楚傖以文人參與政事，功業炳然。其實葉楚傖雖躋高位，掌要政，但恂恂儒雅，一仍書生本色，未嘗有驕衿之態，又絕無官場習氣。惟作文章，則挺勁疾厲，絕不稍貸，嘗謂「做人不可露鋒芒，做文章卻不可不露鋒芒」。令人想起他早年在汕頭創辦《中華新報》，民國初年在上海又先後參與《民立報》、《太平洋報》、《生活日報》、《民國日報》筆政，不論鼓吹革命，或倡言時政，文筆均雄渾犀利，當非無因也。

其實葉楚傖也不僅是位報業先進，他在文學上的造詣和成就，放眼當時的文壇，可以說是極為難得的全才，舉凡散文、詩歌、小說、戲劇，他無一不精，無一不能。他同時代的文友姚鵷雛就這樣評價過：「楚傖於詩為中盛唐，於文為《戰國策》、《韓非》、《淮南》，於小說則時近施耐庵。」而周劍雲也說：「所為論著，汪洋浩瀚，氣勢縱橫；作小品則又婉約風流，筆有餘妍，殆具英雄骨格兒女心腸者。先生豪於飲，往往醉後得佳構，任情揮灑，初不求工，而信手拈來，都成妙諦，才大心細，並世所不能及也。」

葉楚傖因父親字鳳巢，於是便號小鳳，並以之為筆名寫小說。但他長得狀貌魁梧，如關西大漢，河朔健兒，為文卻很秀麗，因此胡樸安向他開玩笑說：「以貌求之，不愧楚傖；以文求之，不愧小鳳。」葉小鳳在民國初期的通俗小說家中，還是響叮噹的一號人物，他寫有長篇小說《古戍寒笳記》、《蒙邊鳴筑記》、《如此京華》等作品。學者孔慶東說：「葉小鳳是英雄轉化為作家的，他做英雄是名士式的英雄，他當作家是英雄式的作家。他將歷史、武俠、言情、諧趣熔為一爐，可以說，開後來的現代武俠小說之先河。」其實在辛亥前後，許多能文之士是真正具有俠肝義膽的英雄豪傑，他們面對清廷的腐敗，「不握纖毫握寶刀」，獻身於革命。而到收拾「寶刀」握「纖毫」的時候，這些俠骨柔情的事蹟，就成為「失意英雄」的詩了。他們藉著它來澆心中的「塊壘」。

詩酒風流，葉楚傖性嗜酒，每於案頭置黃酒一盂，且飲且揮毫，不這樣的話，則索然寡歡。他有個好友叫林一厂（百舉），為人敦篤，行事徑直，楚傖每飲，非一厂在座不歡。據鄭逸梅說，有一次兩人喝得酩酊大醉，楚傖獨自離去，一厂酒醒後遍尋不得，突然心頭一顫，驚慌地向海邊跑去，一邊跑一邊大喊：「楚傖蹈海死了——」海邊空蕩蕩的，一厂光著赤腳在沙灘上狂奔，直至筋疲力盡，方才怏怏然返回報館。途中遇見一賣杏仁露的小販，抓住小販的手臂大喝：「快說，你把我的楚傖藏匿到哪裡去了？」小販莫名其妙，抱頭躲避，幸好報館同事看見了，將酒醉未醒的林一厂扶回報館休息。楚傖知道後有詩紀念此事，云：「能飲高歌未是狂，傷心除酒沒商量。它年兩個淒涼塚，合勒雙碑傍杜康。」

葉楚傖的好飲酒，即使位居要津亦如是。據他中宣部秘書方治說：「楚公嗜飲舉世皆知，總統蔣公曾特許他於開會時以酒代茶，但須杯上加蓋，以免酒氣沖人。」方治又說，葉楚傖的辦公室桌櫃中儲有各種名酒，當時中宣部秘書蕭同茲、張廷休、朱雲光皆好飲酒，他們經常中午不回家用餐，偷了葉部長的美酒，然後就近到對面小餐館叫菜數碟，同桌共飲。葉楚傖發現酒櫃瓶空，心裏自然有數，只是不願說破，繼續拿新酒來充填。如此一來，幾位秘書膽子更大了，某日竟喝得大醉，在辦公室中伏案酣眠，直至下班時仍未醒。有人要叫醒他們，卻被葉楚傖攔住，道：「酒醉叫醒，最為難過，不必驚動他們了。」說罷輕輕掩上了門。這幾位酒徒事後知情，不禁赧然。

葉楚傖是性情中人，也極為風趣，尤其是對非常相熟的朋友，他會展現他慧黠的幽默感，朋友間也不以為忤的。當年上海《晶報》，為文人彙集之處，有天臺山農者，常為《晶報》寫作，面麻，與楚傖最要好，詩酒往還，無虛日。有一天，大夥相聚暢飲，楚傖見山農面部，似敷有雪花膏，因即席賦詩嘲之云：「不揚何用飾鉛華，即飾鉛華總莫遮，嫁得胡麻非兩好，比來玳瑁果無差，鬢眉以外留鴻爪，口鼻之間帶玉瑕，豈是簷前貪午睡，風吹額上落梅花。」讀之令人絕倒，羞得山農藉口小解，不告而別。又有吳三癡者，亦與楚傖善，他患有重聽，楚傖嘗贈以詩云：「未作家翁疾已成，天公相戲太無情，昂頭屢問心方識，側耳重聽事乃明，會友詼諧須書字，逢人談笑請揚聲，傳聞古有治聾術，社日宜酣酒一甕」，甚為有趣。人們但知葉楚傖擅長政論，而不知其遊戲筆墨，亦別具風趣也。

葉楚傖有詩云：「承先啟後大事業，立於方寸安於默。」又云：「酒中人是性中人，豪放恬祥各有真。」好友汪東稱「恬祥」二字，是葉楚傖的寫照。他說葉楚傖「案牘疲神，憂勤銷骨，而仍能以吟詠自遣，篇章工拙不論，其涵養之深，於此可驗。」說到涵養，葉楚傖有幾具名言：「讀書難，做事不易，做人最難。」「人不願為，而必須為，雖至難亦當為之。」因為「人都會做的，想做的，又何需乎你。」

曾經是「星斗羅於胸中，風雷動於腕底，文則雄健，詩則高古」的葉楚傖，雖說時至今日，他的小說長才鮮為人知，他的作品也鮮被論及。但他始終如一的書生本色，卻是難能可貴的。

詩人的歌喉何以瘖啞了

孫毓棠曾是三〇年代著名的現代詩人，雖然在詩壇活躍的日子極為短暫，但他憑著一首長達八百行的史詩〈寶馬〉，便可在詩壇占有一席之地，學者陸耀東稱他是後期「新月社」成就最大的詩人。

孫毓棠一九二五年入南開中學就讀，結識已在南開就讀的曹禺，兩人建立了深厚的友誼。一九二九年孫毓棠考入清華大學，主修歷史；而曹禺則是從南開大學政治系插班到清華大學西洋文學系二年級。一九三二年十一月孫毓棠在《新月》月刊第四卷第四期發表新詩〈船〉、〈燈〉，為新月派詩人之一。這時他結識清華中文系教授詩人聞一多，聞一多對孫毓棠的詩歌創作影響頗大。一九三三年孫毓棠在清華大學歷史系畢業後，曾在天津河北省立女子師範學院史地系任教。一九三五年八月留學日本，在東京帝國大學歷史學部攻讀中國古代史，一九三七年七月肄業於該校文學部大學院。

一九三七年春，東京的部分中國留學生組成「中華留日戲劇協會」，準備排演曹禺的《日出》，但是缺少扮演陳白露這個角色的演員。留日學生中的林一屏與鳳子（封季壬）是復旦大學的同學，他知道鳳子演過陳白露，便代表協會來函邀鳳子赴日參加演出。而就在這次演出中，鳳子認識了孫毓棠。據孫毓棠晚年與友人追述往事：最初似乎是鳳子採取主動，常藉機接近他。他雖然眩於她的亮麗和嫵媚，但並沒有一見鍾情的悸動，不過幾經接觸後，他們還是雙雙落入了情網。鳳子是個活潑外向，生活比較浪漫的女子。孫毓棠曾耳聞許多有關她的緋聞，而且也逐漸知道她熱中政治，是「左聯」的外圍分子，而當時孫毓棠專注於學問，並無意介入政爭的漩渦中。雖然如此，年輕的詩人仍抱持著愛情至上的信念，接納了鳳子，並於一九三七年的下半年，與鳳子在南京悄悄地結為連理。

在抗戰初期，孫毓棠曾輾轉於上海、武漢、桂林等地，最後撤退到了昆明。初在雲南大學教書，當時也在雲大的施蟄存說：「一九三八年，鳳子也和她的新婚夫婿孫毓棠來到昆明。她倆在雲南大學附近租了三間民房。中間是客廳，東西二間作臥室鳳子和孫毓棠住在東間，西間讓給獨身的王以中。吳晗也在雲南大學，我和他同住在一個宿舍。孫毓棠搬來之後，吳晗就常去他家打橋牌，每星期總有三四個晚上。有時我也去參加。」孫毓棠後來轉至西南聯大專任講師、副教授，與清華故友共聚一堂，而昆明寧靜宜人的湖光山色，似乎也助長了孫毓棠的詩興，此時他寫了不少詩歌和文藝作品，分別發表在昆明的《中央日報》副刊及《今日評論》上。

在昆明初期孫毓棠和鳳子的生活尚稱美滿。鳳子憑著靈活的交際手腕和出色的容貌，成為山城眾所皆知的人物。但沉寂的山城生活，逐漸使愛熱鬧和掌聲的鳳子感到難耐，為了滿足她的精神生活，孫毓棠也曾嘗試為她撰寫劇本，鼓勵她在舞臺上露臉。鳳子加入昆明「聯大劇社」後，曾演出由陳銓導演的《祖國》一劇，轟動一時，這齣戲的舞臺設計全出自聞一多之手，孫毓棠則擔任舞臺監督。不久為了慶祝戲劇節，孫毓棠等人又商請曹禺搭機由重慶到昆明，導演《原野》一劇。從一九三九年八月十四日起，由鳳子主演的《原野》在昆明正式公演。公演的廣告在昆明幾家報紙登出後，票子很快搶購一空。儘管開場的頭幾天，每天都是大雨滂沱，但仍然天天爆滿。《原野》演到九月三日，共演了九天。但各界觀眾紛紛來信要求繼續演下去。又連續演了七天，在觀眾強烈要求下，又續演了兩天，場場滿座。有一次，觀眾為購票竟與檢票人員打了起來。這次演出的盛況「在雲南話劇運動史上可算是破天荒的第一次。」鳳子在這次演出中扮演的「金子」獲得空前成功。

學者王次澄說：「但這一切仍不能滿足鳳子的表演慾，當曹禺回返重慶時，鳳子意欲隨往發展其舞臺生命，孫毓棠為了成就她的才華，竟然欣然同意了。於此，詩人表現了無私的感情與深愛；但另一方面，詩人也擁有個人的理想和抱負，一時無法丟下自己的學術工作，不料此一別離，似乎就注定了兩人未來分手的命運。鳳子到重慶後，有了更多演出的機會，而且進入了電影界，聲名如日中天。然而隨之而來的是：她與曹禺間的緋聞不斷地傳到孫毓棠的耳裡。一個是自己的妻子，一個是十多年的至交，他的傷痛、難堪與無奈，實非筆墨所能形容。在無可奈何的情況下，孫毓棠打了電報給鳳子，以自己生病為由，要她即刻返回昆明。最後鳳子終於回到孫毓棠的身邊，但見面後，他倆都明白無法再續前緣了，然而他們並沒有立即分手。一九四一年鳳子曾到香港為共產黨工作，一九四二年又輾轉回到桂林，後定居重慶。一九四五年九月抗戰勝利之後，他們在平和無爭的情況下，正式辦理離婚手續。」

從那時起，孫毓棠不再寫詩了，當時有人說：「詩人的歌喉瘖啞了」。我們無法確知詩人封筆的真正原因，但愛情的創痛必不無影響。據孫毓棠晚年追憶：與鳳子分手後，他的感情世界是灰暗的，直到十年之後（一九五二年三月）與王務灼女士結合，它才重現光與熱。王務灼一九五一年畢業於清華大學經濟系，大學時代曾修過孫毓棠的「中國經濟史」，對老師的學識和風範十分仰慕，經過平淡卻真摯的交往後，她終於以身相許，雖然孫毓棠大她有十六歲之多。後來他們的婚姻卻十分美滿，患難與共，老而彌篤。

詩人終究成為著名的歷史學者了，但他對於「文學」還有他的「苦戀」，在他生命臨終時他拒絕了弟子要為他編輯史學文集的請求，卻囑託為他編一本詩集。他特別告訴了他曾用過「唐魚」這個筆名（這是「毓棠」顛倒過來的諧音）發表詩作，可見他對自稱是「半個文學家」的封號還是鍾情無悔。一九九二年弟子為他編輯的詩集《寶馬與漁夫》，終於出版了，但那已是詩人故去的第七個年頭了。詩人寂寞，千古如斯！

葉恭綽不上掃葉樓

盧冀野在《柴室小品》中談到葉恭綽說：「對於文化事業非常熱心，為著輯《清詞鈔》費了不少精力；那印行的《廣篋中詞》四本，完成在抗戰初期，怕流傳還不甚廣，這是補譚復堂的書，並時作者的作品，收入了不少。戰前，他常來南京，只是不到掃葉樓，疚齋翁（案：冒鶴亭）告訴我，為的是樓名掃『葉』，他是不願意被掃的。」

葉恭綽又名譽虎，一作裕甫，號遐庵，晚年別署矩園，廣東番禺人。是我國現代著名詞學家、書畫家、鑒賞家、收藏家。出身於書香門第，祖父葉衍蘭以金石、書、畫名世。父親佩瑲通詩、書、文。葉恭綽自幼受家庭薰陶，喜愛書畫。京師大學堂仕學館畢業後，於光緒三十四年任郵傳部路政司主事，繼擢員外郎，又超擢郎中，旋轉承政廳僉事，後兼總局總科長，一年之間，連升五次，實屬罕見。民國肇建，袁世凱就總統職，任梁士詒為總統府秘書長，葉恭綽亦在秘書廳任事。曹汝霖在回憶錄中說：「余與譽虎，本不相識，民初項城設秘書廳，始見一人身矮而小，狀類侏儒，不與人招呼，忽進忽出，狀似很忙，詢知為鼎鼎大名的葉恭綽，為梁士詒的紅人，遂不敢小覷他。」葉恭綽是梁士詒一手提攜的大將，歷任交通部次長、總長，始終是北洋政府中，「交通系」的要角，直至梁財神鐵羽下臺，他才閒散下來。

國民政府統一全國後，一九三二年十二月，孫科出任行政院長，葉恭綽一度出任鐵道部長，未久即去職。此後未再出任政府官職。何以故呢？論者認為是得罪了丁文江、翁文灝的原因。因為在葉恭綽長交通部時，政府鬧窮，丁、翁兩人主持的地質調查所，經費積欠甚久，幾致解體，一再呈請撥款，當時閣議中，有人以學術機關，非同一般衙門，而所需款項，又不甚巨，主張由交通部酌量撥給。詎葉恭綽堅持該所不屬交通範圍，深閉固拒，辭氣甚傲。丁、翁兩人因之銜恨，到了後來丁、翁以教授身分入閣，葉恭綽遂無起用之望矣。

一九三九年梁士詒年譜在香港編印，由岑學呂編纂而葉恭綽綜其成。就其與譜主的關係，可說是最適當的人選。但葉恭綽卻說：「梁先生身當國步艱危之際，加以項城的知遇之感，所以不惜毀身辱名，甘願以一身赴天下之重謗，人之不諒項城者，遂不免遷怒於梁先生，因此此一年譜的編訂，為著牽涉國事者太多，而且更多顧忌處，一再刪改，可又不能不顧全事實真相。」可見有些事還真是難以著筆，因為譽之則眾怒難犯，毀之又私恩難忘。到了晚年葉恭綽還就其所知，口述《太平洋會議後中國外交內幕及其與梁士詒之關係》一書，文長十五萬言，為當年指梁士詒藉山東案為賣國之說，做一剖辨。草稿既成，而葉恭綽卻謝世，然其所言，足備文獻之徵，也還梁氏身後是非毀譽矣。葉恭綽對老友的清白，至死護衛，平生風義，求之今世，實亦難見。

鄭逸梅曾稱讚葉恭綽是政壇上的風雲人物，也是藝林中的典範傑才。葉恭綽曾祖、祖父兩世皆以詞鳴，自其垂髫，濡染家學，即能為詞。後隨父寓居南昌，師事萍鄉文廷式，又結交新建夏敬觀，詞風近似蘇東坡之清麗。而其退出政界後，與朱祖謀、黃公渚、冒鶴亭諸詞老過從甚密，還與龍榆生創辦《詞學季刊》。葉恭綽云：「古今中外之文學，皆以表其心靈，故胸襟見識，情感興趣，觸景而發，遂成詠唱。初無一定之矩矱也。」所以他主張寫其胸臆，不太注重藝術形式的推敲和鍛鍊，以真性情為歸，則文文山之〈正氣歌〉、岳武穆之〈滿江紅〉詞，令人感性觸發，豈遽不若李、杜、韓、柳？他認為「蓋詞學濫觴於唐，滋衍五代，極於兩宋，而剝於明。至清，乃復興。……二百八十年中，高才輩出，異曲同工，並軌揚芬，標新領異，迄於易代，猶猗餘霞……斯不可不謂之極盛也已。」因之他傾畢生之精力於清詞之蒐集整理，完成《全清詞鈔》和《廣篋中詞》二書，為清代詞學文獻整理做出不可磨滅的貢獻。

葉恭綽五歲，祖父教其執筆作書，年十二，臨魏碑，十五習晉唐人書，自幼至老，每日必親筆硯，故其書法是震鑠於時的。他主張「書法應根於篆隸，而取法則碑勝於帖」。他認為：每個字的結構，不應呆板規定。字的結構解決之後，還要講究骨力，字無骨力，就沒有精神。有了骨力，還要有韻味，否則一味硬挺，就索然無味。最後還要有氣勢。氣勢不但從顏真卿那種雄健的用筆中看出來，並且也從趙佶那種柔中有剛的「瘦金體」中看出來。而歸結於「書法須有修養，修養之道，第一為學問，第二為品格，否則雖對書法曾下苦功，然其字之表現，未免有卑卑不足之感。」

葉恭綽五十後始作畫，能松、竹、梅、蘭，而專精寫竹。他說：「……南下居滬，與余君紹宋、吳君湖帆往來，始究心於繪竹，習之不懈，三數年間，積至二三百幅，自不愜意，則悉棄之廢簏。抗日戰起，余由滬至香港，為日寇拘繫，乃畫竹自遣，始稍窺蘊奧。又由港至滬，資物盪盡，無以給朝夕，遂與梅畹華、張大千諸君賣字及畫，所繪亦略有進，荏苒數年，兼習梅松花卉之屬，然皆小景也。」然其畫竹，亦為世所珍視。

葉恭綽又是書畫收藏家、鑑賞家。他的收藏不亞於昔之項子京天籟閣，今之龐萊臣虛齋。然可惜的是，變亂頻仍，所藏十之六七燬失於兵燹中。他著作宏富，編有《全清詞鈔》、《廣篋中詞》、《廣東文物》、《清代學者象傳》等，又自撰《遐菴彙稿》、《遐菴詞甲稿》、《遐菴詩乙稿》、《遐菴談藝錄》等。

因高伯雨想到陸丹林

高伯雨說劉成禺（禺生）的《世載堂雜憶》有補編，其實該書在劉成禺生前並無單行本印行，此書稿後來由錢實甫整理，一九六〇年由北京中華書局出版，收為「近代史料筆記叢刊」之一種。後來還有臺北文海版、臺北長歌版、山西古籍版、遼寧教育版。然這些版本完全根據中華書局版。但當時錢實甫在整理編輯此書時，可能有他的取捨標準，因此有許多文稿並沒有編入。後來高伯雨在他創辦的《大華》半月刊第二十五期（一九六七年三月十五日出版）開始連載《世載堂雜憶續編》，分十期刊畢，共有二十七篇。這《續編》下署「劉禺生遺著，雋君注釋」。雋君並對文中的人物別號事蹟加以註解，讓讀者免去查考之煩，此非精通清末民初之史事者，不易為也。我一度猜想是高伯雨本人，今看牛津版《聽雨樓隨筆・六》，方知是陸丹林也。

陸丹林（一八九六－一九七二），字自在，號非素，齋名紅樹室，廣東三水人。陸丹林廣額長臉，身材瘦長。據鄭逸梅說他一目失明，以瓷目代之，宛如天成，人罕知之。他一足微跛，係早年遇盜，他大膽抵抗，為盜開槍所傷。幼年就讀於家鄉達立學堂，因在祭孔時拒絕充當陪祭並反對行禮，被校方記大過一次。後入廣州朱執信任校長的培英學校。一九一一年黃花崗之役前夕，加入同盟會，在此期間他結識了一些國民黨中「元老」級的政治人物，曾有過一段短暫的從政經歷，一九一八年，任職廣州軍政府。他學西醫一年多，後來到上海，住中國寰球學生會宿舍，得識該會主幹事朱少屏，並尤其介紹加入南社。並開始從事報刊編輯，先後曾主編許多報刊雜誌。尤其以文史和書畫刊物而聞名，堪稱是當年國內和港澳兩地的第一「名編」。

陸丹林主編的刊物，有《人之初》、《中國晚報》、《大光報》、《國畫月刊》、《蜜蜂畫刊》、《廣東文物》、《道路月刊》等刊物。但其中為人們耳熟能詳並津津樂道的是《逸經》和《大風》。《逸經》，一九三六年在上海創刊，是半月刊的文史雜誌。簡又文任社長，由謝興堯任主編，社址在滬西愚園路的愚谷邨。一九三六年底，謝興堯以體弱多病，加上不習慣上海的生活，編輯工作的繁劇，而辭職北上，所以從第二十二期起，由陸丹林繼任主編。陸氏乃將內容大加調整，如「逸經」、「文學」、「建國史實」、「今代史料」、「太平文獻」、「藝林」、「考據」、「詩詞」、「人志」、「特寫」、「紀遊」、「小說」、「掌故」、「秘聞」、「史乘」等。撰稿人有俞平伯、周作人、葉恭綽、陳子展、謝國禎、王重民、柳亞子、胡寄塵、郁達夫、林語堂、宋春舫、趙景深、瞿兌之、金息侯、徐一士、徐蔚南、謝冰瑩、李青厓等，均一時名作家。還有馮自由與劉禺生，也是《逸經》的臺柱。馮自由根據他自身的經歷與見聞及其在民初「稽勳局」局長任內而彙集的資料，分段寫成《革命逸史》。劉禺生曾為兩廣監察使，每期寫《洪憲紀事詩本事注》，每事作七絕詩一首，加以註釋，並附有圖片，專記袁世凱竊國稱帝事。馮、劉之文，先在《逸經》連載，後來才刊行單行本的。

鄭逸梅說陸丹林對於名作家特別尊重，如周作人要求保留原稿，不得沾污，陸丹林特委事務人員為之謄鈔，以副本發排，原稿奉還。且凡名作家，每篇刊出，將該文多印二十份，寄給作者，俾作者保存。續有所作，即續為覆印，積多了，裝訂一下，儼然為一單行本，這個辦法很博得作者的歡迎。

《逸經》在宣傳抗日，曾與《宇宙風》、《西風》聯合出刊了《宇宙風・逸經・西風非常時期聯合旬刊》。之後迫於形勢，這幾個雜誌的骨幹成員，又避聚香港，於一九三八年三月五日共同創辦了《大風》雜誌（初為旬刊，第七十二期改為半月刊），由著名作家簡又文和林語堂任「大風社」社長，陶亢德和陸丹林任編輯。夏曼（陶亢德）在〈香港的雜誌〉文中說：「香港之有『海派』雜誌，恐怕要推宇宙風逸經社合辦的《大風》為開山祖了。……簡君舉家遷港，烽火漫天，而辦雜誌之心不死，函邀《逸經》編輯陸丹林君去港，並請宇宙風社合作，於是一陣大風，遂起於香港。」《大風》為抗戰期間在「精神上智識上」感到貧乏的讀者，提供文化滋養和精神食糧。內容方面，「為適應時勢之需求」，故「由一元而演為多元」，其中包括文藝創作、書評、譯文、專著、史實掌故、各地通訊、漫畫等。但從第十期開始陶亢德和林語堂的名字就從編輯名單消失了。

《大風》最為人所知曉的是在一九三九年三月五日第三十期刊出郁達夫的《毀家詩紀》，全組詩共二十首，其中七絕七首、七律十二首、詞一闋。這些詩詞當是郁達夫一九三六年春至一九三八年冬陸續寫成，並經多次修改，最後加上注文，每首詩後注文詳細記述他與王映霞婚變的過程，淒惻動人。王映霞以詆語太多，心不甘服，也如法炮製，做了許多詩，附有注釋，反唇相譏，交給陸丹林發表，那就是刊於第三十四期的〈一封長信的開始〉。只是陸丹林覺得太失達夫面子，便僅登了詩，注釋都被刪掉，王映霞對此認為厚此薄彼，有失公允，頗不以陸丹林為然。

陸丹林性情不隨流俗，做事往往與眾不同，個性獨特，好惡分明。據鄭逸梅回憶，陸丹林死前數月預寫遺囑，別具一格，說：「我離世後，遺體送殯儀館，不要再穿衣服，也不要整容，這是愚蠢人所做的笨事，切勿盲從，否則是糟掉物料，對死者無補，對生者有損。遺體送到殯儀館，自行結帳，定於何時火葬，不必管它。這樣做得灑脫，省卻許多無聊瑣事。骨灰不要取回，交托殯儀館即可。因為它沒有一些用處，反成累贅的廢物。」

由於陸丹林經歷變革時代、又與革命人物多有往還，近水樓臺，收集當時資料以及文獻，故得以造就相關著述亦豐，著有《革命史譚》、《革命史話》、《當代人物誌》、《從興中會組織到國共合作史料》（據鄭逸梅說，該書稿約二十萬言，其中頗多珍聞秘事，外間從未發表，材料十之七八，是由陳少白、于右任、譚延闓、徐季龍、汪精衛、唐紹儀、馬君武、馮自由、居正、葉恭綽、鄒魯等口述，由他筆錄，惜乎沒有刊成，稿都散失了。）、《新文化運動與基督教》、《孫中山在香港》、《美術史話》、《紅樹室筆記》、《楓園瑣談》等，其他散見於各報刊的文章甚多，十之八九為文史資料。

高伯雨說當年香港有位喜歡翻印書的朋友找他商量，要就《大華》所登的《世載堂雜憶續編》排印出版單本，他也竭力贊成，但終究未果。二〇一〇年，我就《續編》重新排版，補入原有的書稿之後，成為「全編本」《世載堂雜憶》（秀威資訊出版），如此讀者當可得窺全豹，而無遺珠之憾矣。只因劉成禺、陸丹林、高伯雨都是我敬佩的作家，因而成就此一段因緣。

錢鍾書也寫影射小說

中國的小說，有「影射」這一傳統，尤其是在晚清民初時，一些報人寫小說，他們對於時政及社會秘辛知之甚詳，但又不能指名道姓地直接寫，於是將「真事」改頭換面，人物也改名換姓。其中最著名的是曾樸的《孽海花》，經後人考證出來，它所影射的人物高達二百餘人，其中還相當多的人物，如洪鈞、賽金花等在當時都是響噹噹的。而我佛山人（吳趼人）的《二十年目睹之怪現狀》亦是此類的小說，該書寫了晚清的梁鼎芬「讓妻」給文廷式的事。梁鼎芬字星海，文廷式字芸閣，吳趼人以「溫對涼（梁），月對星，江對海」，以「武對文，秀對芸，樓對閣」，於是到小說中就成為「溫月江義讓夫人」，讓給了武秀樓了。

名作家張愛玲、蘇青輩都擅長寫此類小說，《小團圓》、《續結婚十年》都是她們自傳體的小說，熟悉張、蘇兩人生平及交遊的人，不難看出小說所指涉的「真正」人物。令人意料的是學者兼作家的錢鍾書也寫過影射小說，他在短篇小說〈貓〉裡，描寫三〇年代在北平的一批大學教授，文藝作家。雖然他在序中說：「書裡的人物情事都是憑空臆造的。」但顯然地這是「此地無銀三百兩」的說法。吳宓在讀過〈貓〉後，第一時間就說：「其中袁友春似暗指林語堂，曹世昌指沈從文。」之後，夏志清、湯晏陸續對出一些人來，其中小說中的男女主角李建侯、愛默二人，無疑指梁思成、林徽因夫婦，齊頤谷指蕭乾，政論家馬用中即羅隆基，親日作家陸伯麟即周作人，文藝批評家傅聚卿，則指朱光潛。這些大都是大家所認同的。

但湯晏認為小說中的趙玉山當為趙元任，他根據的理由是：一是他是「什麼學術機關的主任，這機關裡雇用許多大學畢業生在編輯精專的研究報告；二是他有個烹飪權威而且凶悍的老婆；三是他嘴上常掛著一句口頭禪：「發現一個誤字的價值並不亞於哥倫布的發現新大陸。」一但一般寫影射小說的，似乎有條不成文的規定，那就是要「改名換姓」，但又怕別人「對」不出來，於是有些有心的作者就會想盡一些辦法，如用反義的字，或諧音的字，以為其人名。因此趙玉山若是影射趙元任那就不應該姓趙。就湯晏的幾個理由觀之，似乎胡適更應該是被影射的對象，因為當時胡適所握有的學術資源遠遠超過趙元任，再者胡夫人江冬秀燒得一手好菜「一品鍋」（徽菜），胡適常在家中宴請丁文江、蔣夢麟、任叔永等好友，即為明證。趙元任的夫人楊步偉雖然個性比較強，但還稱不上凶悍，唯有江冬秀足以當之，因此胡適是有名的PTT（怕老婆）協會的會員。當然最有力的證據是胡適講過一句話：「學問是平等的，發明一個字的古義，與發現一顆恆星，都是一大功績。」這句話與錢鍾書的原文，有著異曲同工之妙。

後來錢鍾書寫了名著《圍城》，其中寫到詩人董斜川，被認為是寫他的好友冒景璠（效魯）。錢鍾書說董斜川「原任捷克中國公使館軍事參贊，內調回國，尚未到部，善做舊詩，是個大才子」，又稱「董斜川的父親董沂孫是個老名士，雖在民國做官，而不忘前清。斜川才氣甚好，跟著老子做舊詩」。吳宓也看出錢鍾書所影射之人，他說：「舊詩人董斜川，則指冒廣生之次子冒景璠，鍾書歐遊同歸，且曾唱和甚密者也。」其實吳宓記錯了，冒廣生（鶴亭）有五個兒子，冒效魯是冒鶴亭的三子不是「次子」，他少年時讀聖約翰大學中學部，英文很有根底。一九二五年「五卅」運動後，由於對帝國主義的憤慨，他脫離了聖約翰中學，改習俄文，轉入北京俄文專修館法律系，五年後，即一九三〇年六月，以第一名畢業，時校名已改為俄文法政學院。之後，又進了以俄文為主的哈爾濱法政大學。一九三三年，他二十四歲風華正茂就隨同中國駐蘇大使顏惠慶赴蘇當外交官秘書。一九三八年秋，冒效魯結束五年的駐蘇使館的生涯，取道歐洲回中國，在馬賽舟中，遇到錢鍾書夫婦，錢鍾書一九三七年在英國牛津大學獲副博士學位後，偕夫人楊絳赴法國巴黎大學從事研究，此時也正要回國。兩人一見如故，抵掌談詩，從此訂交，我們看冒效魯的《叔子詩稿》從馬賽舟中、紅海舟中開始，和默存、槐聚（都是錢鍾書的號）有關的詩篇不下二三十首，兩人的交情可見一斑。而錢鍾書的《槐聚詩存》與冒效魯唱和的詩也有近二十首。錢鍾書甚至還說他的《談藝錄》得之於冒效魯的鼓勵而寫成的，他在〈小引〉中說：「友人冒景璠，吾黨言詩有癖者也，督余撰詩話。曰：『咳唾隨風拋擲可惜也。』余頗技癢。」兩人的友誼保持終身。

《圍城》中錢鍾書復借趙辛楣之口介紹說：「董太太是美人，一筆好中國畫，跟我們這位斜川兄真是珠聯璧合。」冒效魯夫人賀翹華出身於名門書畫世家，其父賀良樸曾任北京大學書法研究會、北京畫學研究會導師，北京美術專科學校教授，擅長山水亦能詩詞。畫界曾有「北賀南齊（白石）」之稱。據冒效魯的女兒冒懷科說其母賀翹華學山水宗「四王」，人物學陳老蓮筆法，十七歲摹石田、石谷的山水卷，有張大千、謝稚柳等名人題識，並給予很高的評價。

楊絳在〈記錢鍾書與《圍城》〉中也承認董斜川「有真人的影子，作者信手拈來，未加融化。」據冒懷科說：「可是當父親『興師問罪』時，錢鍾書矢口否認，『可你硬要自認斜川，我也沒有辦法……』錢鍾書明明編派父親，卻推得乾乾淨淨，兩人平時互開玩笑慣了。」但據鄭海凌〈銘記錢鍾書先生的教誨〉文中說，錢先生對他說：「《圍城》裡的一個人物，原型就是你的冒老師，你讀了《圍城》會認出他；你冒老師當年誇自己夫人漂亮，善繪畫，我曾在她畫冊上題詩：絕世人從絕域還，丹青妙手肯長閒。」錢鍾書自己也承認了董斜川的原型是好友冒效魯。

易君左香江開「士多」

一九七二年三月三十日，「三湘才子」易君左病逝於臺北，在臺的漢壽同鄉會輓聯云：「三代擅才名，早有文章驚海內；千秋成絕唱，更無閒話到揚州。」，非常貼切地寫盡易君左的一生。其中「三代擅才名」是指其祖父易佩紳（笏山）雖是清代咸同年間的武將，但能文善詩，名重一時，曾寫下詩詞八百餘首，有《函樓詩鈔》、《函樓文鈔》二十餘卷。而父親易順鼎（實甫）更是清末民初之才子、詩人、名士，一生著述甚豐，有詩集七十二卷逾萬首，詞集十卷，雜著二十九卷。當時與晚清另一著名詩人樊增祥並峙為詩界兩雄，《全清詩》、《中國近代文學大系》均收了他的詩文。易君左出身書香世家，一門都是詩人，他曾刻有「詩人之子」的印章，足見他對其門楣的看重。而他本人亦以詩名，他的詩作，超脫飄逸，軼凌青蓮；蒼涼沉雄，直逼少陵。

易君左成名甚早，一九一六年秋，他負笈東瀛，入早稻田大學，研究政治經濟，後因反對段祺瑞與日本簽定中日共同防敵軍事協定而罷學歸國。一九一八年秋，入北京大學法本科政治門二年級，並加入「少年中國學會」。「五四」運動起，易君左為北大活躍份子之一。一九二一年夏，北大畢業後又東渡日本，繼續早稻田未竟的學業。後由日回國，任泰東書局之編輯，並任教於上海中國公學。後又任教於長沙湖南法政專校、嶽雲中學。一九二六年秋，革命軍北伐，易君左自動請纓，任國民革命軍第四十軍政治部主任兼特別黨部常委。北伐完成後，易君左離軍還鄉，任湖南清鄉司令部宣傳處處長及《國民日報》主筆。一九三二年，他的湖南同鄉周佛海出任江蘇省教育廳長，邀他任教育廳編審主任兼江蘇省黨部江蘇文藝社社長等職。

一九三四年易君左出版一本《閒話揚州》，是一部風情遊記，文史兼顧，筆調優美，但卻激起揚州人的公憤。只因易君左在該書的〈揚州人的生活〉一節，說「全國的妓女好像是由揚州包辦，實則揚州的娼妓也未見得比旁的地方高明」之類的閒話。於是以婦女界領袖郭堅忍為代表，組成聲勢浩大的「究易團」，聲討、抗議、告狀，攪得易君左惶惶不可終日。直至最後，揚州婦女界將易君左告上鎮江地方法庭。後來由地方名士王茂如出面調解，原被告雙方達成如下協議：一、易君左公開向揚州人民道歉，賠償名譽損失八百元；二、中華書局銷毀《閒話揚州》版本。此事平息後，南京《中國日報》乃以：「易君左，閒話揚州，引起揚州閒話，易君，左矣。」一聯徵對，由川籍名醫葉古紅以：「林子超，主席國府，連任國府主席，林子，超然！」獲選。林子超，乃林森也。確是切題之作，後世多謂為文壇絕對。

一九四九年二月易君左離開上海直飛臺北，在臺北住了九個月後，就到香港，而且一住十八年。易君左初到香港，人地生疏，幸好找到青年黨黨魁湖南同鄉左舜生，左舜生原是行政院農林部長，逃難香港，蟄居九龍郊外鑽石山，頂了正街邊一層小樓，聽到易君左來非常歡喜，見面情商之下，願將木板隔著的尾房一小間讓給易君左和他太太住。這時左舜生已在所居附近正街的聯誼路租了一間門面，開了一家小「士多」（雜貨店），名為「榮康商店」，並邀易君左加入股東。易君左說，這個士多恐怕是全世界最小的士多。這間小店的門面只有三扇門，室內擺滿了貨物，假使有三個顧客同時進來買東西，那店員只有翹起腳跟來應付了。「榮康商店」股東有六人，各湊了幾百元，請准了賣香菸、罐頭食品、雜貨及化妝品的牌照，並兼賣文具。開張以後，生意也還興隆，尤其在頭一年舊曆年尾，門庭若市。大年初一，易君左還用灑金紅箋親自寫了一副春聯貼在商店門口，聯云：「店如斗大，貨比山高！」。但後來這個小士多，波折重重，開了一年多便關門大吉了，作家南宮博說他們這家榮康商店，既不榮，又不康，大約被三山五嶽的訪客吃光而關門的吧？

作家方寬烈說，易君左和左舜生「分居」後，他在鑽石山自造一屋，名「雋溪書屋」，並親撰春聯：「一角溪山容小住，百年家國費長吟。」書屋落成，好友左舜生、梁寒操、陳孝威、黃宇人、馬漢嶽、余也魯，書畫界陳芷町、朱省齋均到賀。張大千也繪了幅《雋溪書屋圖》相贈。詩人鄭水心則戲言易君左的對聯，可添幾字，成：「一角溪山容小住，住一天，算一天；百年家國費長吟，吟幾首，是幾首。」沒想到竟一語成讖，原來建築工人沒有計算上蓋去水的斜度，每逢雨天，積水不涉，室內床褥都濕透了，無奈只得在那年冬天將其出售，另擇地而居了。

易君左在香港留住十八年，曾任珠海學院教授、香港美國救助中國知識份子協會編輯所文藝組主任、《星島日報》副刊主編、香港浸會學院專任教授兼中國語文系主任、國際筆會香港分會理事兼出版主任。其中救助中國知識份子協會，是一九五二年美國為了救濟逃亡香港的文化人士，在九龍塘公爵街成立的機構。主要是資助作家出版著作，而編輯所負責審查和批核的工作，所長是留德的丁文淵博士，負責社會書刊的是左舜生，文學書刊是易君左，翻譯世界名著的是王聿修。但該機構只到一九五三年便結束了。

除此之外，易君左在香港又復刊《新希望週刊》，初時只出版五期，虧損累累。後又繼續辦了一年零三個月，出版六十三期，終告停刊。而據南宮博說，易君左和王同榮、陵道揚的太太等人，還合辦一所「大學」。聘請李璜在那裡教社會，左舜生教近代史，南宮博則教先秦諸子。南宮博的教授聘書，是易君左親筆寫在一張信紙上，頗像中醫師吳子深開的藥方，只是多了一個學校的橡皮圖章而已。

張愛玲夢魘紅樓

張愛玲給夏志清的一一八封信即將於二月底（二〇一三年）在臺灣出版，雖然這批信早在一九九七年四月號的《聯合文學》第一五〇期開始披露，陸陸續續直至二〇〇二年七月號的第二一三期，還尚未登完。這批書信的特殊性是夏老對它都加上按語，使原本不甚明晰的人物、事件，更能溯本清源，一目了然；也同時看到夏、張兩人對話（雖然不是直接的）的可能性，這對讀者而言，無疑地是多了一重的解讀。周作人曾認為日記與尺牘是文學中特別有趣的東西，因為它比別的文章更鮮明的表出作者的個性。是的，日記和書信對一位作家或學者而言，已道盡了平生生活的點點滴滴，它比其他作品來得更真實、更生動、更本色地見出其一生的風雨滄桑。這其中最具代表性的有《胡適日記》、《顧頡剛日記》及《吳宓日記》，還有《胡適秘藏書信》等等，都是探究作家或學者不可多得的一手材料。張愛玲沒有寫日記，但卻寫了不少的書信，其中最多的是給宋淇的六百多封共四十萬字，其次是給夏志清的一一八封，依次還有給莊信正的八十四封。

張愛玲一九六八年七月一日的信說：「我本來不過是寫《怨女》序提到《紅樓夢》，因為與趣關係，越寫越長，喧賓奪主，結果只好光只寫它。」寫著寫著，張愛玲終於寫出一部《紅樓夢魘》來。張愛玲說：「宋淇戲稱為Nightmare in the Red Chamber（紅樓夢魘），有時候隔些時就在信上問起『你的紅樓夢魘做得怎樣了？』我覺得這題目非常好，而且也確是這情形——一種瘋狂。」張愛玲八歲開始讀《紅樓夢》，以後每隔三、四年讀一次，從不中斷。她對《紅樓夢》已經熟到「不同的本子不用留神看，稍微眼生點的字自會蹦出來」。難怪張愛玲一九六八年九月二十四日的信說：「他（宋淇）承認我的《紅樓夢》比誰都熟。」這話有她的自傲與自得。

張愛玲小時候自然沒有能力去辨別續書的真偽，等到看了胡適的一篇《紅樓夢》考證，方知有個「舊時真本」，寫湘雲為丐，寶玉做更夫，雪夜重逢結為夫婦，「看了真是石破天驚，雲垂海立，永遠不能忘記。」於是開始她「十年一覺迷考據，贏得紅樓夢魘名」的辛苦歷程，其實豈只是十年，應該是三十年！在書中她對《紅樓夢》情節改寫的動機、時間次序，以及脂批年代的先後，都做了翔實精細的考訂。我們知道張愛玲雖對胡適有若神明般的敬重，但她卻不贊同胡適的「自傳說」。張愛玲以她自己創作小說的經驗認為，《紅樓夢》基本上是虛構的文學作品，其中雖有「細節套用實事」的地方，但仍要回到文學的層面來研究它，而非去研究「曹學」，那將偏離主題。因此她不厭其詳地寫了〈四詳紅樓夢〉、〈五詳紅樓夢〉就是直接地就「改寫」和「舊時真本」，反覆對照比勘，她慧眼獨具地看到曹雪芹在不同的版本中如何將寶、黛的愛情故事，不斷地增刪改寫的過程，並看出曹雪芹如何在小說中偷渡自己的靈魂，但最終仍然分得清創作和真實究竟是不同的兩碼事。張愛玲認為曹雪芹「從改寫的過程上可以看出他的成長，有時候我覺得是天才的橫剖面」。而這話又何嘗不是張愛玲自身的寫照，王德威教授曾談到，張愛玲不少重要小說都有一個修改或改寫的過程，如她的成名作之一的〈金鎖記〉，在後來的二十四年內，她先後改寫為《Pink Tears》（粉淚）、《Rouge of the North》（北地胭脂）及《怨女》，以中、英兩種語言，先後將同樣的故事改寫了四次。我們亦可從她不斷地改寫的過程中看出她寫作技法的愈趨嫻熟和她在故事原型外的「靈魂偷渡」。

張愛玲一九六九年二月二十二日的信說：「我上次信上說到《紅樓夢》前八十回改寫經過，是先證明吳世昌的〈棠村小序〉不對」紅學家吳世昌著有《紅樓夢探源》，在紅學界的成就是有目共睹的，但張愛玲認為他處處將新舊稿對立，那是過分簡單的看法。因為新舊稿之間應該是血脈相連的，而在這無數次的增刪中，能夠看出其中的端倪，才算得上是獨具慧眼的。而在二〇一二年五月三十一日方才逝世的紅學專家周汝昌，早在一九五三年即以《紅樓夢新證》一書成名，被譽為「紅學史上一部劃時代的著作」。張愛玲在給夏志清的信中卻直言他的有些理論非常「可笑」。而周汝昌說他很早就接觸到《紅樓夢魘》，但由於「夢魘」二字引起他的反感，竟沒去讀它。直到耄耋之年，眼睛都看不見了，才由他的女兒讀給他聽。這一聽之下，他為張愛玲之才華稟賦而驚歎，認為她才是「真正懂得」《紅樓夢》之人。二〇〇五年周汝昌出版了《定是紅樓夢裡人——張愛玲與紅樓夢》，只可惜張愛玲已去世十年了，當然無法與他「疑義相與析」了。

其實不管胡適也罷，吳世昌、周汝昌等所有研究紅樓夢的專家也罷，幾乎都是學者，沒有一個是有實際寫過小說的經驗與心得，他們完全不知道作者嘔心瀝血，不斷增刪改寫的意義。「改寫十年，增刪五次」，是普遍對《紅樓夢》的一個說法，其實何止如此，它可說曹雪芹窮其一生，「淚盡而逝」的未完之作，難怪張愛玲有「三恨紅樓夢未完」之嘆。張愛玲對《紅樓夢》一針見血的精闢論調，無可諱言的是來自她多年創作小說的經驗與改寫作品的心得。

於是我們看到張愛玲追蹤曹雪芹二十年間在悼紅軒的「批閱」與「增刪」，是那樣地逸興遄飛，那樣地激動喜悅！《紅樓夢魘》是讓張愛玲了卻她一往情深的有關《紅樓夢》的另一件「創作」！她是曹雪芹的知己，他們同樣都是小說的創作者，其間的百轉千迴、酸甜苦辣，也只有他們能會通，旁人無從說三道四。「字字看來皆是血，十年辛苦不尋常」，用之曹雪芹適宜，用之張愛玲又何嘗不宜呢？

人間不復鄧糞翁

記得糞翁這個名字，是因為張愛玲的《傳奇・增訂本》而引起的。一九四六年十一月張愛玲的《傳奇》出了增訂本，是由龔之方與唐大郎合作創辦的山河圖書公司出版的，唐大郎請了上海著名的書法家糞翁為此書題簽，當時糞翁已改名為散木了。不管是糞翁或是散木，其實都是指鄧鐵（學名世傑）一人。從二十年代起，他的書法和篆刻便名揚海內，他由於不滿時政，佯狂避世，行為古怪，被稱為怪傑。

他因喜操刀治印，與吳昌碩（苦鐵）、王冰鐵、錢瘦鐵，號稱「江南四鐵」。他字「鈍鐵」，有自謙之意。到了一九二七年，他三十歲時，他廢去姓氏，改名糞翁。拿人家所最不喜歡、最厭棄的字眼，來取為自己的名字，其脾氣之古怪可想而知。但他卻有他的說法：「行年當三十，去姓字以糞。非敢求驚人，聊以托孤憤。其時嘩眾口，謂我有畸行，吁嗟吾何言，矯枉失其正。」其實「糞」有「糞除」（掃除）之意，是「滌蕩瑕穢」也。他自刻有「遺臭萬年」、「海畔逐臭之夫」的印章，並將居所命為「廁簡樓」。掌故家鄭逸梅說，糞翁曾假寧波同鄉會舉行他個人書法篆刻展，請帖印在拭穢的草紙上，不為印刷所接受，再三婉商，才得應允。印成，印刷所以草紙吸油墨特多，要求補償印刷費。

舊時文人生活清苦，寫市招（商店招牌）取得潤筆費，是書法家藉以貼補家用的重要來源。鄭逸梅說：「其時有兩位名書家，商店素不請教，一是鄧糞翁，這糞字太不順眼。一是錢太希，商店唯一希望是賺錢，這個姓和賺錢有抵觸。」聽說有一富商，願出厚潤，求他的書法，只求落款不署「糞翁」而改署鄧鐵為條件。他非但沒有答應，還一氣之下把那富商推出門去，說：「你也想附庸風雅，另找別人！」。然而他也曾自動棄用「糞翁」這個名字，那是南京「中山陵」的碑額和「吉祥寺」的橫匾，前者是他所景仰的偉人，後者更不便署此名，否則豈不「佛頭著糞」矣！

抗戰勝利後，他企望能出現一個清平世界，自己也想為社會多做一些事，但總是事與願違。他痛感自己無能，於是借用《莊子‧人間世》「散木」（指無用之木）之喻，遂改名以自嘲。晚年他遷居北京，然而不幸卻降臨在他身上——因血管堵塞不得不截去左下肢。但他並沒有悲觀沮喪，而是樂觀地署名為「一足」，並寫詩道：「腿乎腿乎別矣汝勿憂，汝存我命危，汝去我命留。我命留，猶得為社會主義建設備一籌。」雖僅存一隻腳，但亦足矣！

由鄧鈍鐵而鄧鐵，由鄧鐵而糞翁，由糞翁而散木，由散木而一足，是他一生的五個階段。其中以糞翁時期最長，以一足時期最短；而書件之多，收入之豐，則以散木時期為最高峰。

糞翁的書法篆、隸、真、行、草各體皆精，雄渾拙樸，在書壇上有「江南祭酒」的美譽。篆書早年學蕭蛻庵，而蛻庵又師法吳昌碩，因此他受吳昌碩影響極大。晚年則融合甲骨、大小篆、竹木簡，自創一格，橫不求平，豎不必直，結構恣意開張，布局隨心所欲，他說：「非篆非籀，非古非今，是自己家數，不自門入。」隸書以漢張遷碑為主，真、行、草源於「二王」而歸於「二王」，味道醇厚，意趣橫生。篆刻早年學於李肅之，壯年以後又歸於趙古泥、蕭蛻庵門下，三〇年代便以篆刻而揚名海上，在藝壇上有「北齊（白石）南鄧」之稱。

一九三四年，他在上海湖社舉行書法篆刻展覽，章士釗往觀後致書《晶報》編輯，云：「今日得覽糞翁所設各體書法，並皆精妙。糞翁弟不知何許人，亦並未聞有人道及，並世有此善書之畸士，而名譽不聞，似是讀書人之公恥。」書後贈詩一首，以誌欽佩之忱。而在臺灣能傳其衣鉢的吳平談到糞翁的印，說：「真是如徐青藤所說『冷水澆背，陡然一驚』，這一種驚心動魄的氣勢，快馬斫陣的刀法，突兀險奇的布局，變化無窮的篆法，實在使我嚮往不盡。」論者謂其印「以秦漢為經而緯之以皖浙，旁搜遠紹，遂集大成。」

糞翁曾取書齋，名為「三長兩短之齋」。「三長」為長於篆刻、詩、書；「兩短」為拙於繪畫、填詞。但那是中年以前的事，後來他畫得一手好竹，也能填詞，這個齋名便不能成立了。他的學生說見過他曾印過一種卡片，正面是名字，反面卻是他的「約法三章」，依稀記得：「婚喪喜慶概不往來，酒食徵逐恕不奉陪，諸親好友要刻要寫，事前講好錢銀先惠。」他很好客，只是痛恨寒暄客套，他認為把時間花在互相恭維上最不值得。所以他在書齋裡掛著一紙「款客約言」，寫著：「去不送、來不迎，煙自爇，茶自斟，寒暄款曲非其倫，去！去！幸勿污吾茵！」這和畫家高劍父在客廳中貼著「誤我五分鐘者非我好友」的作風，有異曲同工之處，大都是承襲「揚州八怪」的古怪脾氣而來的。

文人大多好酒，龔翁也沒有例外，他酒量之宏，只要是曾經跟他共過席的，都能道之。據他夫人說，「龔老」曾與人打賭，一下子喝了一罈黃酒，足足有五十斤，嚇得別人目瞪口呆。他家中的院子裏分兩邊放酒罈子，一邊是滿的，一邊則是空的，他買酒從來不是一瓶一瓶地買，是一次進好幾罈黃酒，放在院子裏，喝完了就扔在空的一邊。他曾仿漢官印刻過一方「酒泉令」的章子，自言識飲以來，鮮遇敵手。

與龔翁有過交往的鄭逸梅說他，憤世嫉俗，凡不入眼的，便作灌夫罵座。即朋友有過，他當面呵責，毫不留情。某人做了一件不正當的事，他知道了，及某來訪，他立斥拒之門外。隔了幾天，某再踵門，引咎自責，即彼此和好如初。謂「其人能知過，知過能改，無害友誼。」

龔翁一生狂詭率真兼而有之，如此真性情的「名士」，如今已不復存在。他曾說：「我行我素，不媚俗，不趨時的兀傲性，是我的一貫作風」。睹其作品，想見其人，就如同前人讚他的詩句曰：

酒色才氣是真人，雕蟲小技也成尊；
縱有千杯還不醉，人間不復鄧龔翁。

澤存藏書今何在？

在南京頤和路二號曾是江蘇省作家協會的辦公處所，現在作家協會又已遷走，此處已成頹然的空樓一座了。這三層樓環形封閉建築，在四〇年代是一座藏書樓。藏書樓的主人是陳群，字人鶴，福建長汀人。早年就讀福建巡警學堂、福建法政學校，一九一三年，留學日本，入早稻田大學專攻法律、經濟。次年七月，在東京加入中華革命黨。一九一七年任孫中山大元帥府秘書。一九二一年孫中山在廣州任非常大總統，以馬君武為總統府秘書長，陳群為秘書，一日不知何故，陳群竟與馬君武動武，孫中山為調停起見，調馬君武長廣西，調陳群任諮議。一九二六年任中國國民黨上海政治分會委員、國民革命軍東路軍前敵總指揮部政治部主任。次年，上海「四一二」政變事起，陳群與淞滬警備司令楊虎（嘯天）大肆逮捕共產黨人，像羅亦農、汪壽華、陳延年、趙世炎等領導人，都在此次被槍決，在短短兩個月中，就槍殺四百多人，當時有「養虎成群」之稱。但此後陳群卻因金錢及派系問題和蔣介石鬧翻，成為反蔣人物。

一九三八年初，日本軍部派陳群留日的老友岡田尚、岡田清兄弟至上海，要陳群出來組織偽政府。陳群本是親日分子，現在可以出山和蔣介石唱對臺戲，正是求之不得。於是同年三月二十七日「維新政府」成立，它的組織不倫不類，不設「政府主席」，僅有「行政」、「司法」、「立法」三院。梁鴻志為「行政院長」、溫宗堯為「立法院長」、陳群為「內政部長」、陳籙為「外交部長」，等等。可笑的是，一個「政府」，竟設在上海日軍租界虹口的「新亞酒店」內，由日本憲兵及特務流氓常玉清的「皇道會」保護，直到一九三八年夏天，方始遷往南京。

一九四〇年三月三十日汪精衛在南京成立偽政權，維新政府及臨時政府同時解散。陳群任汪偽「國民政府」的「內政部長」，一九四三年九月，汪偽江蘇省長李士群被日軍毒斃後，由陳群繼任。一九四四年十一月二日，陳群被調回南京接任原本江亢虎的考試院院長。一九四五年八月十四日，日皇裕仁宣布無條件投降，八月十六日，汪偽政府宣布解散。當晚陳群知事無可為，寫好遺書後遂仰藥自殺。桌上留有遺書五十餘通，均分寄親友者。其中有遺書，略云：我一生不受他人裁判，應赴九泉請總理處斷，遺體可用火化。我絕無所蓄，一生精力在正始學校（按：該校為陳氏所創辦）及澤存書庫，死後送之於國府，冀得保存，使其勿替也。又有一遺書致馬星野，言：「弟八年來在南京設立澤存書庫，為紀念先人者，搜集舊籍凡七十餘萬冊，又日文書籍數萬冊。內有中國圖書之珍本、鈔本、孤本、善本不計其數。其中有弟於卅年來蒐購者，中國文化前途所關，謹獻於市有書庫，改名與否聽便。八年淪陷區諸君，誰肯為此事者？尚有正始中小學各一所，亦乞維持之。」

陳群在南京的私人藏書樓，名曰「澤存書庫」。是汪精衛取《禮記》「父沒而不能讀，手澤存焉」之意，所賜名的。陳群早年並未以藏書聞名，而是在偽內政部長任內才大舉蒐藏，其中一部分以他豐厚的利祿高價收買，並以明版書為主，來往交易有上海、杭州、蘇州遠及北平的琉璃廠書肆，見有珍本書籍，均一一購之，因此他也成為淪陷區少見的書林豪客。此外，大部分是戰爭期間各公私藏家、文獻機構等等，不及疏散後方或無力保存而散落的圖書檔案，由各地方偽組織接收後轉送內政部，他一概照收。例如南京烏龍潭圖書館藏書最夥，事變時，所有古版書籍均經散失，陳群廣為蒐集，許多散失者復經搜回。而據「中醫才子」陳存仁說他見過陳群蒐集的二十多部宋版書，「其中有幾部書，書的第一頁好像見到過，想了半天才想出來，就是在商務印書館出版的幾巨冊倫敦古物展覽畫冊圖片中見到過，再一想，就想到了這批書可能就是南京『朝天宮』中的東西，被陳群據為私有了。」一九三五年，北平故宮博物院曾挑選存滬文物精品，前往英國倫敦參加「中國藝術國際展覽會」（International Exhibition of Chinese Art）。一九三六年十二月，故宮南京分院建成，故宮文物遂由上海移運南京朝天宮新建的庫房存放。而八一三戰事既起，不過三個月時間，日軍就進攻南京，雖然大批文物搬遷重慶，但肯定還有古物古書，留存在南京，而有些部分後來卻成為陳群的囊中之物。

當時所有入庫書籍都依經、史、子、集四部分類法分類，每大類下又分成若干小類，依次著錄該書書名、卷數、著者、版本（包括擬校題跋，收藏源流）、冊數。編成四大冊《南京澤存書庫圖書目錄》，兩冊初編、兩冊次編。該目錄出自著名的版本目錄學家周子美之手，他先前曾任嘉業堂藏書樓編目部主任，長達八年之久。

一九二〇年商務印書館影印李慈銘《越縵堂日記》時，缺最後五冊（由光緒十五年至二十年李逝世止），李慈銘最後那幾本日記，當時是為樊樊山借去，一般的說法是說樊樊山見其中有罵他之語，遂不歸還。汪辟疆甚至說被樊樊山取去的《越縵堂日記》，「或云病篤之時，已取而納諸火矣。」這大概是採用了掌故家徐一士所渲染的樊樊山一怒焚書的說法。其實樊樊山沒有毀滅他老師的日記，樊死後七、八年，他的家人先後把他的遺書出賣，有一次賣書時，其中夾雜了好些文稿，李慈銘的最後《日記》亦在其中，整批給書商買走了。後來那些《日記》幾經輾轉，被陳群所獲得，就藏在他的澤存書庫中。半個世紀之後，這最後《日記》終於被「發現」。一九八八年，由北京燕山出版社影印出版這《越縵堂日記》的最後一函——《郇學齋日記．後集》，如此一來，李慈銘《越縵堂日記》得以完整流傳，其學術價值和意義自不待言。

抗戰勝利後，澤存書庫先由教育部上海區接收委員會接收，再轉交復原回京的中央圖書館。一九四九年中央圖書館館藏移往臺灣，原澤存書庫的善本書大部分被運往臺灣，而澤存書庫的普本書一直保存在南京圖書館的古籍部。筆者在臺灣國家圖書館（原中央圖書館）善本書室查閱，鈐有「澤存書庫」的印章者，就有五四九筆，當然還有沒蓋任何印記的。摩挲這些琳琅萬卷，在紙潤墨香之餘，我們是否想到在戰火紛飛中，人命已如草芥，遑論斯文，大批的圖書文物在砲火中飛灰湮滅。如果不是這位「好書如好色」的陳群（按：陳群除大老婆外，有小妾六人）的強取豪奪的收藏，恐怕結果是不堪聞問了。這些圖書有幸，「澤存」下來了，但藏書家卻因大節有虧，在歷史中「蒙塵」了。哪天您在圖書館發現有「澤存書庫」或「來書恐在蠹魚中」的藏書印記時，也請記得這一位最短命而在歷史中「蒙塵」的藏書家！

盛家孫女穎若館主

梅蘭芳、程硯秋、尚小雲、荀慧生，號稱京劇「四大名旦」，他們在藝術上各樹一幟，雄踞舞臺，表演唱腔精益求精，並各有獨自的劇目、師承及傳人，四大名旦也成為京劇界的一個傳奇。荀慧生習花衫，尚小雲演技比較呆笨，宗他們的人當然也不少，但最受人歡迎的自然梅、程兩派了。而當日程硯秋在故都竄紅時，曾經也下過一番苦功，他的行腔走調，常常唱到柳暗花明疑無路時，登時豁然開朗，迭見高潮，引人入勝，人皆目之為「鬼腔」。在臺灣五、六〇年代，京劇中的「程派」傳人，有所謂「四大天王」者，即名伶章遏雲，名票高華、穎若館主，名琴周長華四人。

其中穎若館主盛毓珠（岫雲）是江蘇武進前清郵傳部尚書盛宣懷的孫女，袁世凱大總統時代內閣總理孫寶琦的外甥孫女。其父親是人稱盛老四的盛恩頤，他留學英國倫敦大學和美國哥倫比亞大學，回國後繼承父業，歷任津浦鐵路局局長、漢冶萍公司總經理，豐盛實業公司總經理及董事長、三新紗廠和中國通商銀行經理。他從小席豐履厚，備受寵愛，養成揮霍無度的習性。雖然繼承父業，家財萬貫，但聲色犬馬，揮金如土，在上海灘跑馬聚賭，日斥萬金。老北站對面一百多幢房子的弄堂，可以一夜輸盡。一九四九年，盛宣懷嫡系後裔大部分均留大陸，流散至海外者僅盛老四的子女毓郵、毓度、毓珠、毓綬等數人，及盛老五重頤、盛老七昇頤，還有盛宣懷的五小姐盛關頤嫁給臺灣板橋林家花園的林熊徵（薇閣），他們分別散居美國、日本、臺北、香港。

宋路霞在《盛宣懷家族》一書中說：「盛家女孩子中還有一個『發燒』的節目，就是唱戲。五小姐、六小姐、八小姐，孫女中有盛毓珠、盛毓青、盛毓菊，還有盛毓郵的太太任芷芳、盛毓度的太太彭菊影、任芷芳的姪女任潁華、孫用慧的妹妹孫用魯、八小姐丈夫彭震鳴的表妹周毓俊，還有八小姐的一群孩子們……七七八八的小姐太太們，動輒就是一大幫子人，她們請了程硯秋的琴師周長華來家拉琴，吊嗓子，一吊就是大半天，遇有家族的喜慶之事，動輒還在院子裡搭個戲臺，不用到外面請人，僅自家人就能唱全本。盛毓郵結婚的時候，小姐們就在萬航渡路的盛家花園（現在為大中華橡膠廠的療養院）搭了戲臺，大家逐個粉墨登場，唱了三天。」

盛岫雲穎若館主，生於一九一七年，自幼酷愛程派藝術，十六七歲時便與李薔華等結伴去北京看程硯秋的戲，又曾得程的親自指點。後便聘請名師在家學戲。再後來並花重金請了來上海的周長華為她操琴吊嗓。周長華生於一九〇七年，幼年曾拜王月芳為師學老生，出臺未久，逢嗓敗，於不得已中改場面，攻文場，習胡琴，時方十六歲。後繼穆鐵芬佐程硯秋操琴，指法包圓，新腔迭出。他與製琴名手史善朋合作設計製作了聲調低沉寬厚的新胡琴，用雲母片取代蛇皮蒙筒，琴筒放大外箍銅圈，音色為之一變。這把獨特的胡琴，周長華只為程硯秋伴奏時使用，首用於《鎖麟囊》。程周兩人合作如琴瑟之相和，程既以新戲大紅南北，周亦得程腔大展身手，從此扶搖直上，相依凡十數年之久。一九四六年程在上海與梅蘭芳打對臺曾演出《荒山淚》、《春閨夢》、《青霜劍》、《碧玉簪》、《金鎖記》、《文姬歸漢》、《玉堂春》、《桑園會》、《御碑亭》、《風流棒》、《賺文娟》等戲，還有最受歡迎的《鎖麟囊》，都是由於周長華的伴奏而生色不少。

程硯秋的唱做神髓，周長華學來都能為之酷似，岫雲迷戀程之腔調，一九四七年左右遂下嫁周長華。以出身盛家的名門閨秀，居然下嫁一琴師，時人均認為愚不可及，但岫雲卻答覆道：「長華教我，真是鏤肝刻肺，我為藝術而犧牲，其他非所計。」於是藝乃大進。一九四九年夫婦赴臺定居，並時常登臺演出《四郎探母》《碧玉簪》、《桑園會》、《六月雪》、《鎖麟囊》等戲。穎若館主扮相俊美，嗓音清脆甜潤，尤其佐以周長華的胡琴，真如行雲流水，無懈可擊。平時夫婦兩人更在電臺說戲，婦唱夫隨，相得益彰。一時程腔風靡全島，素習梅（梅蘭芳）者皆改而習程，時人謂之「陳（程）皮梅」。當時說戲計有《鎖麟囊》、《文姬歸漢》、《桑園會》等等，可惜這些餘音均殘缺不全。比較完整的有穎若館主與李薔華合灌的《女兒心》唱片（館主反串小生）、《四郎探母》、《玉堂春》、《桑園會》等（以上皆是周長華的胡琴）。

據某評劇家某次與周長華聊天，盛讚他忠於藝術，操琴熱心，從不偷工減料，或虎頭蛇尾。周長華回答說：「凡人做事，務必有始有終，我操琴也是一樣，那怕我就要死，我也要在臺上拉完胡琴才死。」當時不過是表明他忠於藝術的決心而已。殊不知他真的在一九五四年十二月二十五日在國民大會代表年會的晚會上，為穎若館主伴奏《玉堂春》戲演完後，即以腦溢血病逝於後臺，享年不到五十歲。再據名票陳小潭說：「周長華先生在電臺上擔任『平劇教學』節目快要滿三年了，平時操琴一向『低調』，在近來二月間，他突然改弦更張，拉起高腔來，並約有操二胡的、彈月琴的朋友，一同伴奏，更請穎若館主也唱大聲，儼然如與程硯秋登臺操琴一樣的風格，音調抑揚頓挫，令人悠然神往，頗有此聲祇應天上有之感。於是益為聽眾所歡迎。他的『空中之友』的捧場信件，正如雪片飛來，殊不知於日前溘然長逝，竟成絕響，這也許是迷信家所謂『迴光返照』吧！」

周長華過世兩三年後，穎若館主與小她五歲的馬芳蹤結婚。馬芳蹤人長得很帥，曾任康樂隊隊長，後來在警務處工作，是委任級警官，主管外僑保防，負責審核及接待各國友誼團體訪臺工作。馬芳蹤曾拜周長華為師，研習琴藝，拉了一手二胡，並擅唱彈詞。他因拜周為師，而得識穎若館主。周亡故後，馬芳蹤也與原配離婚，馬盛兩人方才結婚。

有人說：長華作古，秋聲寂矣，穎若館主息隱不出數年，而愈向藝術方面求深造。一九六〇年十月受菲律賓陽春票房邀請，穎若館主及名琴票林萬鴻、邱季湯，在亞洲戲院演出了《玉堂春》、《碧玉簪》及全本《紅鬃烈馬》等。而道經香港，由朋友拉攏，與春秋集票房合作，假香港娛樂大戲院演出著名的程派戲《碧玉簪》兩場，太平山下的顧曲周郎，為之擊節稱賞不已。

一九七三年二月，馬芳蹤接任香港邵氏電影公司臺灣分公司的經理，他不但在電影圈受人重視，本身雜文也寫的好，擅長寫掌故，屬海派文人。他在臺北《華報》用「柳上惠」寫的小品，一直很受歡迎。後來還結集出版了《有此一說》、《坐懷大亂》、《東拉西扯：古今掌故搜奇》等書。二〇〇三年三月五日他和穎若館主在臺北市家中瓦斯中毒昏迷，被好友常楓發現後緊急送醫，但馬芳蹤最後宣告不治。穎若館主獲救，後來去了美國，由她和周長華所生的女兒奉養，而今也早已作古了。

葉澄衷之孫葉仲方的怪行

當年在上海虹口有「澄衷學堂」，後來從該校走出了胡適、倪征燠、竺可楨等近代名人，該校的創辦人是「寧波幫」的葉澄衷（字成忠）。他出身係一個搖舢舨的工人，十七歲那年，突然爆得大名，其事跡不但被滬上西文報紙競相登載，而且還在半個世紀後寫入了《清史稿》之〈孝義傳〉云：「西人有遺革囊路側者，成忠守伺而還之，酬以金不受，乃為之延譽，多購其物，因漸有積蓄。」據其孫女葉吉謀說：「是年，美商洛克菲勒財團在華代理人，在滬乘吾先祖父扁舟渡江，失落價值連城的公事包一隻於舟中。先祖父數日不渡，侍候失主來領，失主領到公事包，見包內支票、公文俱在，不勝感激，當場以鉅款酬謝。吾先祖父謝絕不收，失主驚奇，高度讚揚吾先祖父如此誠實，就慷慨出資請來中文教師、英文教師，專門培養先祖父學習文化。後來又幫助先祖父經商，開設吃食五金店，經營罐頭食品及包裝葡萄乾、外國老菱和胡桃等生意。以後才改為老順記五金店，洋人稱之謂澄衷公司。」葉澄衷以貿易起家，繼而辦實業、做金融，他經營美孚石油公司石油，後又在全國各地建立分支。設可熾鐵號、開辦燮昌火柴廠、投資銀行業（錢莊業）、房地產、運輸業、繅絲業等，最終讓這位出身貧窮的少年一躍成為上海首富。至十九世紀末，他所擁有的資本約合八百萬銀兩，相當於當時清政府年財政收入的十分之一。

葉澄衷有位孫子葉謀棠（號仲方），也就是我們現在稱的「富三代」，年紀小小，便在上海社會，做出了好多稀奇古怪的事，使人聽了搖頭側目，於是人們便將他取了個「小抖亂」的頭銜，所謂抖亂，就是喜歡胡攪蠻纏，搞惡作劇，調皮搗蛋的人。他和「小東洋」黃文農、「小麻皮」沈吉誠結為兄弟，號稱「海上三小」。陳定山在《春申舊聞》中說：「小抖亂好馳快車，自御之，左坐舞女，右插一長柄雞毛帚，風馳電掣而過五都之市，遇紅燈皆不停。巡捕知為小抖亂，亦目之而不敢奈何。明日捕房傳單，一時雪片而至，皆控小抖亂違章馳車，一日之間，罰款百金。無吝色，且以為樂。時印度巡捕肆虐鄉人最甚，小抖亂左手御駕駛盤，右手執雞毛帚，見有巡捕虐待鄉下人或黃包車者立從車上予以撻掠，夾面迎頭驟落風雨，及巡捕驚覺，小抖亂車子已去得無影無蹤，然巡捕亦能審其為小抖亂所為，明日傳單又沓至矣。」

而與葉仲方熟識的盧大方說，有一次，葉仲方和大西洋餐館的一個僕歐，鬧得不愉快，他曾向僕歐罵道：「總有一天，要罰你喝我的尿。」事隔好久，已不把那句話放在心上。一次他又去大西洋宴客，偷偷的取兩瓶啤酒，攜入廁所，倒去半瓶，再撒了半瓶尿在內，蓋上瓶蓋，若無其事地放在桌上，然後叫那個僕歐來，對他說：「你們這裡的啤酒，想是壞了，怎麼味道酸酸的？」僕歐表示不信，他說：「不信你就試試。」僕歐不疑有他，呷了一口，覺得其味甚怪，葉仲方又拿起另一瓶道：「這瓶酒也壞了。」僕歐又將另一瓶酒呷了一口，面部的表情，顯得有些尷尬。於是葉仲方哈哈大笑，對座上的客人說：「我早說要罰他喝我的尿，現在不是他自己心甘情願的喝了嗎？」僕歐恍然大悟，羞憤交加，撲上去和葉仲方要拼命，經眾人勸解，葉仲方賠償二十元了事。

葉仲方是聞名的富家闊少，當其走馬章臺，使得北里中人，側目而視，何況他又長得一表人才，拿《水滸傳》中王婆對西門慶說的「潘、驢、鄧、小、閒」五個字來說，可謂無一不齊，因是在花間獵豔，也無往不利。據盧大方說，他親眼看到有位倌人和一個客人相戀，已有數年，彼此感情很好，每逢應徵，兩人聚在一起，耳鬢廝磨地總要談上半天，偏生這情形為葉仲方所見，他看不慣，又見那倌人長得不錯，便插足進來，他先是叫那倌人的堂差，接著便到她家裡設宴請客，俗語說得好：「鴇兒愛鈔，姐兒愛俏。」葉仲方又有鈔、又俊俏，不久便贏得美人的芳心，把原來的客人置之腦後，雖然有人勸她，葉仲方只是玩玩，不會真心相待，她也置諸不理，終於獻出處女之貞。那個客人，一氣成病，進了醫院。而葉仲方對這位倌人本無真愛，一經到手，便棄如敝屣。至此倌人始覺得非特對不起那位客人，也對不起自己的母親，更對不起自己，懊惱之餘，竟吞下大量安眠藥，進了醫院，倒是那位客人抱病赴醫院看她，經過急救，得慶更生。

葉仲方的原配是吳門紳士陸翥雙的女兒，因葉仲方在外面鬧得兇，夫妻感情不睦。後來葉仲方又戀上了辣斐舞廳的紅舞女陸小妹，在外停眠整宿，不肯回家，陸氏一氣之下，便委託律師，提起離婚訴訟，不久葉仲方敗訴，需付給贍養費若干，那時葉仲方已外強中乾，拿不出那筆款子，因此法院改判徒刑，刑期大約一年以上，只得入獄服刑。

葉仲方染有嗎啡癖，每日引針自扎，股肉纍纍有如蜂房。陳定山說：「嗜好終不能祛，孑然一身，疲至不能舉步，日坐一小樓，寢食飲便，皆在是中，余嘗訪之。……余歎曰：『葉仲方有才如此，何以自暴自棄，而甘以抖亂終也。』仲方瞿然曰：『如我者，尚可甦乎？』余曰：『人畏不能自立，苟有志，則更生豈待天助？』葉仲方執余手曰：『請與我期，我當面君於杭州。』余固笑而不信也。中日戰起，仲方忽戎裝至杭，曰：『看我如何？』余握其手大喜曰：『子誠奇人也。我今而後不復敢相天下士。』……余入滇聞仲方在西南邊陲，作戰甚力。其後轉入印緬竟以戰死。」

其實陳定山有所不知，葉仲方最後並非戰死。據盧大方說，在抗戰勝利後，有天他接到陸小妹電話，約在報社相晤。只見她容顏消瘦，身穿素服，髮上簪著白花，哭著說：「仲方死了，死在印度的加爾各答。」據陸小妹說，葉仲方從戎後，數年來輾轉各地，他為人本極聰明，中英文又頗有根柢，頗為軍方所重用，數年間已爬到少校軍階的地位。待到勝利，他的駐軍正在印度的加爾各答停留。加爾各答產上好的鴉片，觸發葉仲方的舊癮，於是偷偷的大吸其鴉片，事情暴露後必以軍法處置，葉仲方不想蒙受公開審訊的恥辱，便在監所服毒自殺。軍方上層對他倒很同情，並不指他畏罪自殺，祇說他是因公殉職，因之殯殮的情狀倒很光榮，遺體舉行火葬，由一個劉姓老友將殯殮的照片和一罈骨灰，帶回上海來給陸小妹，據說那是葉仲方遺書中所指定的。陸小妹之於葉仲方，可謂仁至義盡，雖然他當初不辭而別，但她對他情深一往，為他舉行了一個彌撒式的追悼會，又為他在萬國公墓買了一個墓穴，半年後並為他舉行安葬典禮，了卻了一段情緣。

葉仲方聰明絕頂又家豪於資，卻行事不以規矩，日夕趨車走馬，與市井狎媟，遂為紈袴，而傾其家財。後又染上毒癮，雖力圖振作，但終以身死，聞之令人遺憾！

名士才子葉公超

繼《民國第一才子錢鍾書》後，傳記作者湯晏於二〇一五年底又推出《葉公超的兩個世界》。錢鍾書著作等身，談論者也多，為他作傳如何脫穎而出，考驗著寫者；葉公超述而不作，資料甚少，為他作傳如何抉隱發微，也同樣考驗著寫者。但湯晏不僅厚積薄發，更獨樹一格地完成這兩本精彩的傳記，這不僅顯現他的才情及史筆，更見他治學的功底。

葉公超的英文好是眾所公認的，這使我想起同樣曾任教北大及清華，同樣曾為國民政府效力的溫源寧，也是以英文能力佳妙而著稱的。但溫源寧英文好中文卻不佳，其評論中國當代文化名人的著作《Imperfect Understanding》（後來的譯者分別譯為《一知半解》和《不夠知己》），只能以英文寫就。梁實秋也曾說葉公超「不擅中文」，但卻是言過其實的，對此湯晏在書中多所辯駁。

葉公超出身書香世家，曾祖父葉衍蘭是廣東大儒、一代文宗，以金石、書、畫名世。其叔葉恭綽（遐庵），是現代著名詞學家、書畫家、鑒賞家及收藏家。在這種環境之下，葉公超能文、能詩、能書、能畫蘭竹，就不足為奇了。他寫得一筆「褚（遂良）」字，帶有魏碑的氣勢，風骨偉岸；而其蘭竹之作亦卓爾不群，詩文造詣更不在話下。

一九六一年冬，葉公超從駐美大使任上奉召回國，卸除一切職務；次年秋，他寫下一首舊體詩，題曰〈壬辰春，奉命議訂中日和約，郭則生兄曾有步李鴻章馬關條約詩見寄；辛丑冬，余卸美使任；壬寅秋，遊野柳歸途，次其原韻。〉詩云：

黃帽西風白馬鞍，登臨卻笑步為難。
歸林倦鳥知安隱，照眼夕陽未覺殘，
欲借丹霞弭往轍，不因險巇亂心壇。
春山翠竹凌霄節，樂與遊人夾道看。

據與郭則生（彝民）熟識的資深報人黃天才說：「要不是郭寄詩逗引，公超就不一定會有此詩興。」郭則生的詩云：

一身聊此卸塵鞍，卅載馳驅行路難。
秦樹嵩雲原不識，江魚朔雁自摧殘，
客蹤寄傲無封事，杖履追歡有道壇。
善賦揚雄他日作，吹噓待送萬人看。

郭則生寫此詩正當「中日和約」告成，葉公超以外交部長身分，奉派為議和全權代表，在兩個月的商談過程中，日方多所刁難，葉公超倍受委屈，郭則生知之甚詳，因憶及甲午戰爭後李鴻章在春帆樓簽訂「馬關條約」的情景，李鴻章後來有詩詠此事，詩云：

勞勞車馬未離鞍，臨事方知一死難，
三百年來傷國步，八千里外弔民殘，
秋風寶劍孤臣淚，落日旌旗大將壇，
塞北塵氛猶未已，諸君莫作等閒看。

郭則生乃依李詩原韻寫此詩向葉公超致意，對其歷盡艱難完成和約的功績表示敬意。從「馬關條約」到「中日和約」這五〇年間沉痛歷史，前塵如夢，往事如煙，加之當時的處境，令葉公超感慨萬千，即以原韻寫下這首詩。葉公超既步郭詩又要呼應李詩，詩中既有「古典」又有「今典」，既有比興又有史筆，此非如陳寅恪之史家，不易為也。

葉公超擔任過近十年外交部長及三年駐美大使，後人所識多在其政壇功績，對他早年在文學領域的成就少有人提，湯晏的傳記在這方面提供了詳實的補充。書中對葉公超的留學經過考證非常詳細，甚至查考了當年的學籍資料。中國人對於「同學」、「同窗」，常無時間地點上之界定，含糊籠統，因此就有「嚴復與伊藤博文是留學英國的同學」之說法。這種游談之雄，好為捕風捉影之說，在本書中都得到精準的辯證。湯晏繡花針的工夫，確實做得非常細密。

一九二六年葉公超回到北大教書，是第一個把艾略特（T‧S‧Eliot）的詩文介紹給國人的學者，葉公超遊學英國便結識艾略特。一九三六年十二月，葉公超的女弟子、清華大學研究生趙蘿蕤譯出《荒原》（The Waste Land）全詩。葉公超又為該書作序，論者評述趙蘿蕤譯本：「艾略特這首長詩是近代詩的『荒原』中的靈芝，而趙女士的這冊譯本是我國翻譯界的『荒原』上的奇葩」。

葉公超的散文，深得英國小品文（familiar essay）之正宗，甘甜雋永。譬如他〈談吃飯的功用〉一文說：「悲歡離合，婚喪喜慶，都是以吃飯為表記的事體」，而「離合好像是生活的節奏；感覺敏銳點的人，半生的悲歡都發生在聚散上，其餘那半生，只是消磨在這一離一合間的回味。」他對於晚明的文章，研讀甚精，心得獨到。他又精於文學批評，他論新詩、論寫實小說的文章，到今天看來都還是重要文論。他強調新詩應該有格律，而且舊詩文中有很多寫新詩的材料，新詩人要擴大視野，要具有對傳統文化的認識和現階段的感知。這源於他深刻的觀察和真知灼見。

湯晏指出，葉公超還點撥了如錢鍾書、季羨林、馮文炳（廢名）、趙蘿蕤、辛笛、卞之琳、楊聯陞及吳世昌等人，使其成為一代名家。尤其是他辦《新月》、《學文》刊物，提拔了許多新人。曾是胡適學生的徐芳老奶奶晚年就常跟筆者提起葉公超，說當年她還在北大中文系讀書時，寫了獨幕劇〈李莉莉〉，葉師要她來見面，她到清華園拜訪，當時楊振聲、聞一多也在場，他們是葉公超請來幫他評稿子的。徐芳把劇本的對白唸給他們聽，楊、聞兩位沒說什麼，葉公超則有意見，說這句話不能這麼說。徐芳就照他的意思修改，改完即在《學文》發表。對一個在學的學生，葉公超都如此愛才惜才，何況其餘。

葉公超是才子又是名士，他的識見、學問與風采都是世上少見。但他喜怒形於顏色，他的畫壇老友陳子和就說：「公超先生有三個缺點，其一是看到別人有錯，喜歡當面指責，不作保留；其二是在他面前耍把戲，立刻就會拆穿；其三是個性倔強，對什麼事都有定見，不容易接受他人的意見。」儘管如此，他真正是個性情中人。

文人從政而能卓然特立，不改其讀書人風骨者，為數甚少。葉公超就是其中的佼佼者。他生性曠達，鄙視流俗，喜怒永遠形於色，從不惺惺作態，更不習慣於官場的虛套。這習性雖使得他宦途抑鬱，但千夫之諾諾，不如一士諤諤，不管如何，你無法不對其人格有所敬仰。

葉公超出身於大儒世家，自幼飽讀詩書，以深厚的中國文化根基，加之汲取西方文化的精華，故能學貫中西，博古通今。當其束帶立朝，守正不阿，具有古大臣之風；及至位高望隆，其待人接物，仍若一領青衿，瀟灑自如，始終不脫書生本色。

當年外國人提起喬治・葉，都是豎起大拇指的，這是名報人陸鏗從英國同業的口中聽到的讚語。據說邱吉爾本是驕傲的人，但跟葉公超談了一次話後，連對中國的態度都有些改變，當年中國訪英代表團到達倫敦後，獲得邱吉爾禮遇接談，葉公超起了極大的作用。英國人對他的敬重，遠超過他當時的級別，何以如此呢？只因為他是位人才。

追尋蘇慧廉的身影

對於蘇慧廉（William Edward Soothill，一八六一－一九三五），我曾在耿雲志編的《胡適及其友人（一九〇四－一九四八）》一書中，見過一張他和胡適、丁文江等人的合照，除此而外，餘皆茫然。沈迦以六年的時光，寫出了《日光之下——蘇慧廉和他的時代》一書。他說除了就近在加拿大英屬哥倫比亞大學圖書館查閱資料外，還去了英國國家圖書館、英國國家檔案館、大英博物館、牛津大學圖書館、劍橋大學圖書館、香港大學圖書館、臺北胡適紀念館、臺灣大學圖書館等地。而北美哈佛、康奈爾、明尼蘇達等幾所名校的圖書館也調閱過資料。還走訪了蘇慧廉曾經工作、生活過的城市，從溫州到太原，從上海到北京，從香港到澳門，從牛津到劍橋。記者出身的他說當年採訪寫作課老師的教導是「好文章是用腳寫成的」，的確如此，想當年我拍攝《作家身影》紀錄片的情景，唯有將文獻檔案資料和田野調查的歷史現場，相互映照，耙梳整理，才能逼近歷史的真實。沈迦說在英國牛津的玫瑰山墓園（Rose Hill Cemetery），一塊沒有墓碑的墳地，他們挖開界石邊的泥土，歷史終於抖落塵土，當蘇慧廉、路熙等熟悉的名字清晰地展現在眼前時，他有些感動。對於他這種「千萬里，追尋著蘇慧廉」

的執著，我也相當感動，宛如我們當年扛著攝影機，從北國到江南、從日本仙台到印尼蘇門答臘、從美國到英倫到巴黎，追尋著傳主的足跡，只為捕捉那短暫的身影。

沈迦讀到一九三七年出版的《宇宙風》第四十三期有篇筆名「華五」寫的〈英國的漢學家〉一文，記錄了蘇慧廉臨終的一幕。然後他又查出華五的真名叫郭子雄，是徐志摩的學生，曾留學英倫，讀的是政治經濟。華五文章說，英國《泰晤士報》上有蘇慧廉的傳略。但沒有具體的日期又如何去尋找到這篇傳略呢？幸運之神，似乎總是眷顧努力不懈的人。二〇〇七年秋天，沈迦在美國Ronald Purmort 書店淘到蘇慧廉著的《儒釋道三教》初版本，在封二竟然有原書主人貼的殘缺剪報，開頭兩句寫著：「《紐約時報》電訊：倫敦，五月，十四日，牛津漢學教授威廉・愛德華・蘇西爾今天去世，享年七十四歲。」由此線索，他找出一九三五年五月十五日《泰晤士報》，果然看到蘇慧廉的訃告及頗為詳細的生平資料，這應該就是華五認為有點推崇過份的那篇文章。沈迦說買到這本《儒釋道三教》的半年前，他已開始在尋找已去世七十多年的蘇慧廉了。

沈迦憑藉蘇慧廉、路熙這對夫婦留下來的兩本回憶性質的小書（是當年考古學奠基人夏鼐借給溫州圖書館而被保存在善本書庫裏的），展開他尋訪探索之旅。一八八三年（清光緒九年）一月十二日，年僅二十二歲的蘇慧廉以傳教士的身分飄洋過海，遠到中國的溫州小鎮傳播福音。他在溫州前後工作了二十五年，儘管他不是溫州新教傳播的第一人，但無人懷疑，被後世稱為「中國的耶路撒冷」的溫州，所以能福音廣布，其功首推蘇慧廉。同屬溫州人的沈迦，藉者蘇慧廉的行跡，有意將他所知道溫州的歷史細節寫得相當詳盡，如同溫州地方誌及溫州地方基度教史一斑。「君自故鄉來，應知故鄉事」，這正是別的作者無可取代的。

離開溫州後蘇慧廉短暫回到英國，一九〇七年七月，他又抵山西太原，出任山西大學堂西齋總教習（相當於校長）。該西學齋，可說是英國倫敦大學的一個預備學校。以英語為其教學語言，它的師資以外籍教師居多，而且都具有較高的學術地位。一九〇七年，就有有二十五名學生被送到英國去留學。在山西的這段期間，蘇慧廉英譯了《論語》，「長年的耕耘甚至讓他得了『孔夫子』這樣的綽號」，這也開啟了他後來成為卓越的漢學家之端。而當時還年僅二十出頭的高本漢（Bernhard Karlgren）在一九一〇年夏也到山西大學堂任教，他想研究中國方言，蘇慧廉無私地幫他找到山西各地講方言的人。高本漢後來寫出《中國音韻學研究》，被稱為「首開中國歷史音韻學研究的先驅」，其中有著蘇慧廉的勞績。

在中國近四十年的時光，蘇慧廉結識了大批的各階層的菁英，學會流利的中文，並熟研中國的經典，他儼然已成為一個「中國通」。在一九二〇年蘇慧廉接受英國牛津大學的聘請，回國擔任漢學講座教授。他一生筆耕不輟，一九二四年他出版《李提摩太在中國》，至今還是研究李提摩太最權威的著作。之後還有《中國與西方》、《中國簡史》、《中國與英國》、英譯《妙法蓮華經》及編著《中英佛學辭典》（與何樂益合編）。尤其是他前後花了十年時間來編纂佛學辭典，對於一位信仰基督教的外國人而言，是令人可敬又可佩的，這是他學術生涯的壓軸之作，也是扛鼎之作。

一九二六年二月，蘇慧廉以中英庚款訪華代表團的成員之一，再度訪華，途中也轉道香港，是應當時香港總督（兼任香港大學校監）金文泰（Cecil Clementi）之邀，可能與港大爭取庚款有關。沈迦「上窮碧落」地查考當時一些名人的日記，他發現蘇慧廉訪華期間和吳佩孚、胡適、吳宓、顧頡剛、嚴惠慶、黃炎培等人都有見面，從這諸多日記中，作者豐富了蘇慧廉此行的行跡與活動細節。同年六月，蘇慧廉還應胡適之邀，赴北大參加該校學術研究會閉會儀式，並以介紹中英關係及牛津大學的狀況做演講，而胡適以庚款代表團中方代表於七月二十日與蘇慧廉前往英國，他訪問牛津大學，也由蘇慧廉接待。

十年磨一劍，成功非偶然。一個在歷史上被遺忘的名字，一個只有幾百字傳記資料的人物，經過沈迦不斷地打撈，不斷地拼貼，最終以近三十萬字，千餘條的注釋，一六三幅的珍貴圖片，五一〇頁的篇幅，寫出蘇慧廉和他的時代。沈迦以細針密縷，嚴絲合縫地拼出蘇慧廉飽滿的形象，還原了許多歷史的現場。使得蘇慧廉不再是一個陌生而遙遠的名字，他活生生地從那個時代走來，屬於英國，屬於溫州，屬於山西，更屬於中國。從晚清到三〇年代，蘇慧廉的一生是中國近代史的一部分，是傳教史、是教育史、更是中西文化交流史。沈迦以一手資料，廣徵博採，慎思明辨地穿梭於史海之中，多少不為人知的歷史細節在他信而有徵的文筆中流淌出來。例如他考證蘇慧廉和翁同龢的後人翁斌孫的交往，甚至透過翁之熹的後人，提供翁之熹的旅歐日記未刊稿。他還比較蘇慧廉接待徐樹錚（翁之熹是徐樹錚的英文翻譯）和一年後接待胡適參觀牛津的路線，幾乎一樣，而認為這個導遊有點「死板」。而蘇慧廉在一九三五年五月死後，第四任牛津大學漢學教授是誰？據香港程寶美教授查閱檔案資料，發現他們找了三年才找到陳寅恪，但因二次戰亂的砲火及後來陳寅恪雖到倫敦治療眼疾卻無效，雙目失明，使得他不得不放棄牛津的職位，第四任漢學教授在陳寅恪的身上「空轉」了八年，這一方面也顯示出牛津的「求才若渴」。雖然「日光之下，並無新鮮事」，但若不是有心人去挖掘耙梳，那被歷史塵埃遮蔽的一角，又如何重見天日呢？

血歷史142　PC0795

新銳文創
INDEPENDENT & UNIQUE

多少往事堪重數：
百年歷史餘溫（1890－1990）

作　　者	蔡登山
責任編輯	杜國維
圖文排版	林宛榆
封面設計	王嵩賀

出版策劃	新銳文創
發 行 人	宋政坤
法律顧問	毛國樑　律師
製作發行	秀威資訊科技股份有限公司 114 台北市內湖區瑞光路76巷65號1樓 電話：+886-2-2796-3638　傳真：+886-2-2796-1377 服務信箱：service@showwe.com.tw http://www.showwe.com.tw
郵政劃撥	19563868　戶名：秀威資訊科技股份有限公司
展售門市	國家書店【松江門市】 104 台北市中山區松江路209號1樓 電話：+886-2-2518-0207　傳真：+886-2-2518-0778
網路訂購	秀威網路書店：https://store.showwe.tw 國家網路書店：https://www.govbooks.com.tw

出版日期	2019年1月　BOD一版
定　　價	420元

Printed in Taiwan

國家圖書館出版品預行編目

多少往事堪重數：百年歷史餘溫. 1890-1990 / 蔡
登山著. -- 一版. -- 臺北市：新銳文創,
2019.01
面；　公分. -- (血歷史；142)
BOD版
ISBN 978-957-8924-43-7(平裝)

1.晚清史 2.民國史 3.通俗史話

627.6　　　　107020962

穿梭近代中國人物史料的最佳入口

⊙由文史學者蔡登山主編的40本珍貴史料，帶領讀者認識梅蘭芳、袁世凱、黃旭初、杜月笙、汪精衛、戴笠等近代人物！

書籍清單

出版品牌	條碼	書名	作者	紙本定價
獨立作家	9789865729561	黃旭初回憶錄——李宗仁、白崇禧與蔣介石的離合	黃旭初原著、蔡登山主編	580
獨立作家	9789865729783	黃旭初回憶錄——廣西前三傑：李宗仁、白崇禧、黃紹竑	黃旭初原著、蔡登山主編	460
獨立作家	9789869212762	黃旭初回憶錄——從辛亥到抗戰	黃旭初原著、蔡登山主編	350
獨立作家	9789869270410	黃旭初回憶錄——孫中山與陸榮廷的護法暗鬥	黃旭初原著、蔡登山主編	360

獨立作家	9789869270403	黃旭初回憶錄——抗戰前、中、後的廣西變革	黃旭初原著、蔡登山主編	370
秀威出版	9789863263227	我親見的梅蘭芳	薛觀瀾原著：蔡登山主編	360
獨立作家	9789865729516	往事——毛彥文回憶錄	毛彥文原著：蔡登山主編	480
秀威出版	9789863261339	謙廬隨筆——日本名醫眼中的民國人物復刻典藏本	矢原謙吉　原著：蔡登山主編	290
新銳文創	9789869486484	薛觀瀾談京劇	薛觀瀾原著：蔡登山主編	280
獨立作家	9789869006255	我在蔣介石與汪精衛身邊的日子	藏卓著／蔡登山編	550
獨立作家	9789869212779	藏卓回憶錄——蔣介石、張學良與北洋軍閥	藏卓　原著：蔡登山　主編	520
獨立作家	9789869315371	藏卓回憶錄——藏書與讀史	藏卓　原著：蔡登山　主編	400
獨立作家	9789865729677	杜月笙秘書見聞錄	胡敘五（拾遺）原著：蔡登山主編	300
秀威出版	9789863260905	上海大亨杜月笙	胡敍五著／蔡登山編	320
秀威出版	9789863261377	上海大亨杜月笙續集	簾外風著／蔡登山編	450
獨立作家	9789869315364	人往風微——趙叔雍回憶錄	趙叔雍原著：蔡登山主編	320
獨立作家	9789869363082	孫中山的左右手：朱執信與胡漢民	汪希文、張叔儔原著：蔡登山主編	340
獨立作家	9789865729370	我與江霞公太史父女——汪希文回憶錄	汪希文原著：蔡登山主編	250
獨立作家	9789865729356	北洋軍閥——雄霸一方	薛大可等著：蔡登山主編	400

獨立作家	9789865729349	北洋軍閥——潰敗滅亡	畢澤宇等著；蔡登山主編	480
新銳文創	9789869486460	北洋政壇見聞錄	薛觀瀾原著；蔡登山主編	450
獨立作家	9789865729325	袁世凱的開場與收場	薛觀瀾等著；蔡登山主編	500
新銳文創	9789869486477	民初報壇變色龍：薛大可憶往錄	薛大可原著；蔡登山主編	360
獨立作家	9789869244978	春申舊聞——老上海的風華往事	陳定山 原著；蔡登山 主編	460
獨立作家	9789869244961	春申續聞——老上海的風華往事	陳定山 原著；蔡登山 主編	450
新銳文創	9789865716912	西方夜譚：抗戰西遷文人文藝彙編（復刻典藏本）	張慧劍編選；蔡登山導讀	380
新銳文創	9789865716967	辰子說林——一戰媒體人張慧劍的中外考察	張慧劍原著；蔡登山主編	270
獨立作家	9789868994621	戴笠與十三太保	蔡登山編／局外人著	280
獨立作家	9789865729097	吳國楨事件解密	李燄生等著；蔡登山編	330
獨立作家	9789869296304	民初大詞人況周頤說掌故：眉廬叢話（全編本）	況周頤 原著；蔡登山 主編	400
新銳文創	9789869545259	寄庵隨筆：民初詞人汪東憶往	汪東原著；蔡登山主編	280
新銳文創	9789869590730	晚清民初詩壇見聞：今傳是樓詩話	王揖唐原著；蔡登山主編	580
獨立作家	9789865729912	八國聯軍統帥：瓦德西拳亂筆記	Alfred Graf von Waldersee 原著；王光祈 譯；蔡登山主編	270
秀威出版	9789863260769	談余叔岩	孫養農 著；蔡登山 編	270

新銳文創	9789869545273	歐陽予倩回憶錄──自我演戲以來	歐陽予倩原著；蔡登山主編	230
獨立作家	9789865729417	王光祈帶你看清末民初外交史料──《李鴻章遊俄紀事》與《美國與滿洲問題》合刊	王光祈原譯；蔡登山主編	230
獨立作家	9789865729073	民國政壇見聞錄	李晉／口述；秦嶺雲／筆錄；蔡登山／編著	420
獨立作家	9789869244985	晚清民國史事與人物－－凌霄漢閣筆記	徐彬彬　著；蔡登山　主編	450
獨立作家	9789869006279	彭昭賢、盛世才回憶錄合編	彭昭賢、盛世才著／蔡登山編	390
新銳文創	9789578924017	況周頤談掌故：餐櫻廡隨筆	況周頤原著；蔡登山主編	290

*所示定價皆為新臺幣

訂購管道

秀威網路書店：https://store.showwe.tw/

國家網路書店：https://www.govbooks.com.tw/

欲大量訂購者，請洽電話：+886-2-2796-3638

傳真：+886-2-2796-1377

E-Mail：service@showwe.com.tw

讀者回函卡

感謝您購買本書，為提升服務品質，請填妥以下資料，將讀者回函卡直接寄回或傳真本公司，收到您的寶貴意見後，我們會收藏記錄及檢討，謝謝！
如您需要了解本公司最新出版書目、購書優惠或企劃活動，歡迎您上網查詢或下載相關資料：http:// www.showwe.com.tw

您購買的書名：________________________________

出生日期：________年________月________日

學歷：□高中（含）以下　□大專　□研究所（含）以上

職業：□製造業　□金融業　□資訊業　□軍警　□傳播業　□自由業
　　　□服務業　□公務員　□教職　□學生　□家管　□其它____

購書地點：□網路書店　□實體書店　□書展　□郵購　□贈閱　□其他

您從何得知本書的消息？
□網路書店　□實體書店　□網路搜尋　□電子報　□書訊　□雜誌
□傳播媒體　□親友推薦　□網站推薦　□部落格　□其他________

您對本書的評價：（請填代號　1.非常滿意　2.滿意　3.尚可　4.再改進）
封面設計____　版面編排____　內容____　文／譯筆____　價格____

讀完書後您覺得：
□很有收穫　□有收穫　□收穫不多　□沒收穫

對我們的建議：________________________________

____

____

____

請貼
郵票

11466
台北市內湖區瑞光路 76 巷 65 號 1 樓
秀威資訊科技股份有限公司 收
BOD 數位出版事業部

（請沿線對折寄回，謝謝！）

姓　名：__________ 年齡：______ 性別：□女　□男

郵遞區號：□□□□□

地　址：__________________

聯絡電話：(日) __________ (夜) __________

E-mail：__________________